Kindler
Taschenbücher

Geist und Psyche

Wilhelm Bitter
Die Angstneurose

Mit zwei Analysen nach Freud und Jung

Einführung
in die synoptische Psychotherapie

2. Auflage

Kindler
Taschenbücher

GEIST UND PSYCHE
Herausgegeben von Nina Kindler

2. Auflage
Copyright 1971 by Kindler Verlag GmbH, München
Alle Rechte vorbehalten, auch das des
teilweisen Abdrucks, des öffentlichen
Vortrags und der Übertragung durch Rundfunk und Fernsehen
Redaktion: Dieter Lang
Korrekturen: Franz Joseph Keudler
Umschlaggestaltung: Dieter Vollendorf
Gesamtherstellung: Friedrich Pustet, Regensburg
Printed in Germany 1976
ISBN 3 463 02072 6

INHALT

Vorwort zur 2. neu bearbeiteten Auflage 9

Vorwort zur 1. Auflage 11

I. Teil
Ätiologie und Therapie

1. *Einleitung* 13

   Symptome – Hippokrates – Westphal – Einleitendes über die Entstehung der Phobie – Allgemeines über die Freudsche Psychoanalyse und über die Psychologie Adlers – Fall einer Platzangst-Kranken nach Freud – Einleitendes über die analytische Psychologie C. G. Jungs – Archetypen und Typenlehre – Fall einer Platzangst nach Jung – Allgemeines über die Pseudophobie – Über die Zwangsneurose – Fall einer Platzangst mit Zwangssymptomen – Über religiös-philosophisch bedingte Phobien – Fall einer Platzangst wegen religiöser Schwierigkeiten

2. *Psychiatrische Forschung* 31

   Oppenheim – Meynert – Echte oder Pseudophobien – Differential-Diagnose: Psychopathie? Psychogene Reaktion – Konstitution – Zwangsneurose oder Hysterie? Bumke – Kurt Schneider – Oppenheim – Bleuler – Bing – Westphal – Jaspers – Kurt Schneider – Gaupp über Schreckneurose

3. *Psychotherapeutische Forschung* 41

   Das Unbewußte – Freud – Bumke – Bleuler – Der konstitutionelle Faktor – Hans Luxenburger – J. H. Schultz – Psychotherapie im neuen medizinischen Studium

4. *Die Freudsche Psychoanalyse* 46

Charcot – Janet – Verdrängung – Stufen der Entwicklung (über kindliche Sexualität – Ödipuskomplex – Urszene – Urphantasien) – Neurotische Angst – Kastrationskomplex – Todestrieb – Die Straße als Symbol – Platzkrankheit einer Frau mit zwangsneurotischem Einschlag – v. Weizsäcker – J. H. Schultz – Happich – Hysterie oder Zwangsneurose? – Der Traum – Freudsche Kasuistik

5. *Individual- und Gemeinschaftspsychologie* . . . 61

Das Minderwertigkeitsgefühl – Entstehung der Platzangst nach Adler – Adlers Stellung zu Freud – Adlerscher Fall einer Platzkrankheit (nach Wexberg) – Künkels Wir-Bruch als Angstursache – Der Teufelskreis

6. *Neoanalyse* 70

Schultz-Hencke – Baumeyer – Schwidder – Riemann

7. *Die analytische Psychologie von C. G. Jung* . . 74

Archetypen – Traumlehre – Das Kompensatorische und Prospektive des Unbewußten – Archetypus der Brücke – Animus – Anima – Schatten – Typenlehre – Agoraphobie eines älteren Mannes nach Jung – Phobie einer älteren Dame

8. *Synoptische Psychotherapie* 86

9. *Neurosenstruktur* 89

Fremd-, Rand-, Schicht- und Kernneurosen n. J. H. Schultz – Freud – Schultz-Hencke – Jung

10. *Therapie* 91

Verhaltenstherapie – Chemo-Therapie – Physikalisch-diätetische Anwendungen – Übungstherapie mit Beispielen von Janet und Heyer – Persuasions-Methode – Suggestions- und Hypnose-Therapie – Das autogene Training nach J. H. Schultz u. seine Technik – Behandlung einer Platzangst durch autogenes Training durch

Rotthaus – Die kathartische Behandlung – Analytische Psychotherapie – Analytische „Technik" – Persönlichkeit des Analytikers – Lehranalyse – Ausbildung zum Fachpsychotherapeuten – Institute – Kurztherapie – Gruppentherapie – Spontanheilungen – Prognose

11. *Fünf Kategorien von Angstneurosen und die Schulen* 116

Die Angst des Normalen – Existentialangst – Phobische Angst – Kardinalsymptome der Raumangst und ihre Genese – Hysterie oder Zwangsneurose? – Echte Zwangskrankheit nach v. Gebsattel – Gruppierung

a) Pseudophobien   121

b) Aktualneurosen – Kraepelins »ängstliche Erwartung«   121

c) durch Triebkonflikte verursachte Phobien – Freuds Kastrationstheorie – Adlers Machttrieb – Stekels kriminelle Triebe – Fall von Agoraphobie nach Freud – Aggression und Freuds Todestrieb – Ablösung von Angst durch Aggression – Über Errötungs- und Prüfungsangst. – Adlers Machttrieb bei Raumängsten – Grundsätzliches über Kinderphobien – Klaustrophobie nach Freud und Stekel – Ein Fall von Erstickungsphobie – Eisenbahnangst – Ein Fall von Höhenangst nach K. Horney – O. Fenichel – Tierphobien – Kindliche Hundephobie nach A. Maeder – Höhenangst – Baumeyer – Zutt – Gewitterangst – Verschiedene Phobien   122

d) Raumphobien aus Individuationskonflikten – Entstehung von Angst durch Archetypen – Kollektive und individuelle Ursachen des Individuationskonfliktes – Psychologie der Tiefe, Breite, Höhe im Sprachgebrauch (Nietzsche, Rilke) – Raumprobleme in der Kunst, in der Psychopathologie (L. Binswanger) – Elastizität und Relativität des Raumes – Agoraphobie eines bekannten Philosophen – Dimensionen des Raumes als Archetypen – Nietzsche – Goethes »Oben und Unten« – Zusätzliche Raumqualitäten: Natur, Dunkelheit, Licht – Archetypen des Übergangs. Brückenangst – Fall einer phobi-   141 schen Angst vor elektrischer Leitung über Straßenbahn – Agoraphobie einer 26jährigen Frau aus individuellen und kollektiven Individuationsstörungen – Verschiedene Phobien

  e) Religiös-philosophisch bedingte Raumängste . . . 153
  Metaphysische Probleme als Phobie-Ursache – v. Gebsattel – Karl Jaspers – Telepathische Raumprobleme – Phobien Goethes, Pascals, Tolstois, Manzonis – Unbewußtes und Überbewußtes

II. Teil
Berichtsfälle

1. *Darstellung einer Analyse nach Freud*
   (Frl. Elisabeth) 156

   Beginn der Analyse – Übertragung und Widerstand – Biographische Ergänzungen – Träume – Fortgang und Abschluß der Analyse – Abschließende Übersicht (Epikrise) – Indikation

2. *Darstellung des 1. Teils einer Analyse nach*
   C. G. Jung (Frau Clarisse) 184

   Symptome und Biographisches – Initialraum – 13 Träume – Befund und Diagnose

3. *Erläuterungen zu den Berichtsfällen* 226

Vorwort zur 2. neu bearbeiteten Auflage

Wichtiger als die anerkennende Beurteilung des Buches war die Feststellung, daß es einem vorhandenen Bedürfnis entgegenkam. Mancher Arzt wurde durch die Lektüre veranlaßt, sich intensiv mit der analytischen Psychotherapie zu befassen.

Da das Buch seit längerer Zeit vergriffen war, begrüße ich dankbar das Angebot des Kindler-Verlages, es als Taschenbuch herauszubringen.

Einige Fortschritte sind inzwischen auf dem Gebiet unserer Wissenschaft zu verzeichnen, insbesondere die Ich-Psychologie von S. Freud durch Erik H. Erikson, Heinz Hartmann u. a., und bei C. G. Jung vor allem durch die Arbeiten von Erich Neumann und Marie-Louise von Franz. Aus ökonomischen Gründen und im Blick auf den immer fühlbarer werdenden geradezu katastrophalen Mangel an Psychotherapeuten halten wir zwei Neuerungen für besonders wichtig: die Kurzanalyse und die Gruppentherapie, letztere auch in ihrer sozialpsychologischen Wirkung. Die größte Ausbreitung fand die sogenannte Neoanalyse, die in Deutschland im wesentlichen auf Schultz-Hencke beruht (Hauptvertreter in Amerika sind Erich Fromm und Karen Horney). Schließlich ist noch die in letzter Zeit in Deutschland übernommene Verhaltenspsychotherapie zu erwähnen. – Die Grundkonzeption des Buches, nämlich die Synopsis, die Zusammenschau der Schulen, habe ich nicht geändert. So konnte der Bericht über die praktische Durchführung der beiden Analysen nach Freudscher bzw. Jungscher Psychologie unverändert übernommen werden. Fachausdrücke sind nach Möglichkeit vermieden worden, um dem Anfänger das Studium zu erleichtern. Aus dem gleichen Grunde habe ich manche komplizierten Probleme stark vereinfacht zur Darstellung gebracht und Wiederholungen, die sich aus der verschiedenen Beleuchtung ergaben, nicht vermieden.

Als besonders erfreuliche Wandlung ist festzustellen, daß die Universitäts-Psychiatrie zu einer prinzipiellen Bejahung unseres Faches gelangt ist. Von grundlegender Bedeutung ist die Reform des Medizinstudiums, das eine Einführung in medizinische Psychologie und Psychosomatik vorschreibt. Die

Ausbildung zum Fachtherapeuten bleibt nach wie vor den psychotherapeutischen Instituten vorbehalten, die nach der Approbation einige Jahre der Erfahrung verlangen. Gerade für Studenten scheint mir der Komplex der Furchtkrankheiten (Phobien) für eine erste Einführung geeignet. Wird doch für medizinische Anfänger sichtbar, wie Phobien in ihrer Rätselhaftigkeit nicht zu heilen sind durch Appell an die Vernunft, noch durch Suggestion oder durch Medikamente.

Ich habe dem Titel des Buches »Angstneurose« den klinisch genaueren Begriff »Furchtkrankheiten« hinzugefügt. Diese, die Phobien, bilden den Hauptinhalt der vorliegenden Arbeit. Da der Fernstehende zum Beispiel von Platzangst, Gewitterangst, Examensangst spricht und nicht den klinisch exakten Begriff Furcht verwendet, schien es mir erlaubt, Angstneurose als Sammelbegriff für alle mit Angst und Furcht verbundenen Störungen zu verwenden und in der 2. Auflage beizubehalten.

Vorwort zur 1. Auflage

Nur langsam setzt sich die Erkenntnis durch, daß seelische Konflikte die ausschließliche oder teilweise Ursache vieler organischer Erkrankungen sein können; daß auch Psychoneurosen, Phobien, Zwangsneurosen wie Perversionen mit den bisherigen Methoden in der Regel nicht heilbar sind. Die bahnbrechenden Entdeckungen der französischen, Wiener und Zürcher Schulen haben an den meisten Universitäten Europas noch nicht die notwendige Berücksichtigung gefunden.

Bei dem lebhaften Bedürfnis nach Einführung in die moderne Psychotherapie sollen hier an der Phobie, einem Krankheitsbild, das unumstritten auf seelische Konflikte weist, die Entstehungsvorgänge der Krankheit aufgedeckt und ein Überblick auf den heutigen Stand der Therapie gegeben werden. Wir bevorzugen als Beispiel die Platzangst, denn an ihr, wie an allen Raumängsten, läßt sich unschwer das für Psychoneurosen Typische nachweisen. Die Darstellung der Platzangst ergibt somit einen Querschnitt durch die heutige Neurosenlehre.

Das große, viel zu wenig bekannte Gebiet der »normalen« Angst soll am Schluß bearbeitet werden. Die neurotische Angst erschöpfend zu behandeln, würde, da sie der zentrale Motor fast aller Neurosen ist, ein Kompendium über die gesamte Neurosenlehre verlangen. Hier müssen wir uns im wesentlichen beschränken auf *die* neurotische Angst, die auf ein bestimmtes Objekt gerichtet ist, etwa auf die Straße oder ein Tier. Diese Angst liegt dem hier behandelten Krankheitsbild zugrunde, das gemeinhin Angstneurose genannt wird.

Nicht nur unter Medizinern, auch unter Theologen herrscht meist Unkenntnis über das Problem der Angst. Wegen der Verbindung von Angst und Schuldgefühlen sollte der praktische Seelsorger über Symptome und Entstehung der neurotischen Angst und der Phobie, wenigstens in den Grundzügen, unterrichtet sein; schon um rechtzeitig den Psychotherapeuten zu Rate zu ziehen. Entsprechendes gilt für den Psychologen, Pädagogen und Juristen, zumal den Strafrechtler.

Gewisse Gruppen von Angstneurosen wollen wir kurz vorausbehandeln: körperlich verursachte Pseudophobien (Aktualneurosen) und zwangsneurotische sowie religiös-philosophisch bedingte Phobien. Dann folgt die Darstellung der zwischen ihnen figurierenden hysterieformen Phobie in ihren verschiedenen Aspekten. In Gegenüberstellung zur psychiatrischen Forschung sollen die tiefenpsychologischen Richtungen, vor allem die von F r e u d , A d l e r und J u n g mit ihren speziellen Phobie-Lehren zu Wort kommen und an zahlreichen Krankengeschichten erläutert werden. Anschließend ist die Theorie aller Richtungen darzustellen und zu erarbeiten. Zum Schluß soll die »große Analyse« der beiden Hauptrichtungen, F r e u d und J u n g , an zwei charakteristischen Fällen von Raumängsten ausführlicher beschrieben werden: die F r e u d sche Analyse einer groben Platzangst und der erste Teil einer Analyse nach J u n g (Treppenangst auf der Grundlage eines neurotischen Charakters).

Leichtere Fälle von Angstneurosen sind prognostisch günstig und eignen sich für Kurzbehandlung (»kleine Psychotherapie«) und für Anfänger in der Psychotherapie. Wenn diese Monographie als Anleitung für solche Fälle dienen würde, könnte sie vielen Leidenden, die bisher unbehandelt blieben, helfen, auch manchen Angstkranken vor falscher Betreuung bewahren. Wünschenswert wäre, wenn auch Psychologen, Theologen, Pädagogen und Sozialarbeiter einen Eindruck vom Wesen der Angstneurose gewännen.

Zu hoffen ist, daß diese Schrift einige Mediziner anregt, sich gründlich mit Theorie und Praxis der modernen tiefenpsychologischen Therapie, einschließlich der »großen Analyse«, zu befassen.

1. Teil
Ätiologie und Therapie

1. Einleitung

Angst erweckt Flucht oder Abwehr*. Diese kann sich als Aggression äußern und sich zu ohnmächtiger Wut steigern; ohnmächtig, weil Kinder und »Abhängige« nicht wagen können, Überlegenen gegenüber Aggression zu äußern. Sie manifestiert sich in Phantasien und Träumen, die nicht selten Todeswünsche gegen die angsterregenden Personen enthalten. Daraus resultieren Schuldgefühle, Gewissensangst. Die Aggression kann sich aber auch gegen die eigene Person richten und Depressionen provozieren, die ihrerseits zu Isolierung und Vereinsamung den Weg ebnen. Hieraus erwächst erneut Angst. Dieser circulus vitiosus hat eine stetige Steigerung der störenden Affekte zur Folge. Da Hemmungen und Frustrierungen besonders in der Kindheit unvermeidlich sind, müssen immanente Voraussetzungen vorhanden sein, um die genannten *pathogenen* Störungen auszulösen. Sie bestehen in konstitutionellen, meist erblichen Dispositionen (Überempfindlichkeit, Vasolabilität, Asthenie) oder kommen vor, wenn die Angstbelastung ein ungewöhnliches Maß erreicht (grausame Eltern und Erzieher). Das normale Kind findet gegen unvermeidliche Einengungen Auswege durch motorische, emotionale oder andere kompensierende Abfuhr. Die nicht kompensierte Angst kann in somatischen Störungen gebunden werden. Es entstehen Organneurosen. Der Unterdrücker, Angsterreger, »liegt im Magen« und verursacht Magendrücken, Schleimhautentzündung (Gastritis), die chronifiziert zum Magengeschwür führen kann. Die Organsprache für Angst ist Angina, »Enge«. Luftwege und Herz werden eingeengt, Asthma-Bronchiale und Angina pectoris können Folgen sein. Einengungen (Spasmen) können sich bei allen Organsystemen bemerkbar machen, so als Verengung der Gallenwege (Koliken), der Hirngefäße (Migräne). – Statt der Konvertierung in Organe kann die diffuse, frei flottierende Angst in Furcht vor

---

* Sie kann auch den sog. Totstellreflex auslösen, S. 40.

bestimmten Objekten oder Situationen gewandelt werden. Wir sprechen dann von Furchtkrankheiten oder Phobien. Der »Gewinn« gegenüber der quälenden, diffusen Angst besteht darin, daß die unbestimmte Angst beseitigt wird um den Preis, furchteinflößende Objekte (Straße, geschlossene Räume, Tiere etc.) zu meiden. Statt der somatischen Störung findet hier eine Einschränkung der Freiheit statt.

Der Angstaffekt basiert auf biologischen, instinkthaften Prozessen, bei einer Ganzheitsbetrachtung müssen jedoch auch die Ängste gewertet werden, die aus geistigen Quellen fließen. In der Pubertät, der Jugend und insbesondere um die Lebensmitte kann sich mangelnde Sinnfindung als Selbstentfremdung mit Angstfolgen auswirken. Autonome geistige und religiöse Impulse verlangen Befriedigung. Die daraus entstehenden Raumphobien symbolisieren mangelnde Bewältigung der Weite, der Unendlichkeit, des Numinosen. Das therapeutische Ziel ist die Selbstfindung (Individuation) und setzt die Annahme der »heiligen« Unruhe, der in uns wohnenden »positiven« Ängste voraus als Stachel gegen geistige Erstarrung und des Herzens Härtigkeit. Diese Annahme des Angenommenseins, accepting of acception (Paul Tillich), kann als zentraler Inhalt aller erfahrenen Religiosität bezeichnet werden. Sie macht nicht frei von Angst, aber von Angstkrankheiten*.

Phobische Ängste können sich auf alle denkbaren Gegenstände und Situationen beziehen. Am verbreitetsten in der Skala der Phobien sind Raumphobien aller Art. Sie können in Erscheinung treten beim Überqueren von Straßen und Plätzen, beim Überschreiten von Gräben und Brücken, in der Höhe oder im Keller, im Tunnel, im Lift, in Eisenbahn oder Bus. Von der Angst werden diese Menschen sowohl in engen Zimmern wie in vollen Räumen überfallen, etwa im Konzertsaal oder im Theater.

Alle Phobiker haben gemeinsam, daß sie die betreffenden Räume meiden müssen und damit eine Einschränkung ihrer Bewegungsfreiheit erleiden. Wohl sind sie sich bewußt, daß es

---

* Eine Übersicht vom Standpunkt der verschiedenen Fakultäten findet sich in: Die Angst – Studien aus dem C. G. Jung-Institut, Zürich und Stuttgart 1959. Ferner in »Aspekte der Angst« Hrsg. H. v. Ditfurth, Stuttgart, 1965.

keine vernünftigen Gründe für ihr Verhalten gibt. Versuchen sie aber, dem innern Verbot entgegenzuhandeln, so treten schwere Angstzustände auf, die geradezu den Charakter von Todesangst mit allen körperlichen Begleiterscheinungen annehmen können.

Bereits Hippokrates berichtet in seinem 5. Buch über einen Patienten, »der an Körpererschlaffung litt; er wäre neben keinem Abgrund entlang gegangen, auch nicht auf einer Brücke, noch war er imstande, auch nur den seichtesten Graben zu durchschreiten, wohl aber konnte er im Graben selbst gehen. Solches widerfuhr ihm eine ganze Zeitlang«[1].

Die Symptome dieser eigenartigen Erkrankung, speziell der Platzangst, wurde psychiatrisch von Westphal beschrieben. Er berichtet, daß in den Kranken beim Überschreiten von Plätzen, auf leeren Straßen und bei ähnlichen Situationen »ein enormes Angstgefühl, eine wahre Todesangst entsteht, verbunden mit allgemeinem Zittern, Depression der Brust, Herzklopfen, Empfinden von Frost oder nach dem Kopf aufsteigender Wärme, Schweißausbruch, ein Gefühl von Gefesseltsein am Boden oder von lähmungsartiger Schwäche der Extremitäten, mit der Angst hinzustürzen«[2]. Noch heute decken sich die von Westphal genannten Symptome mit dem von ihm geprägten Begriff der Agoraphobie.

Die Angst schwindet, wenn der Kranke begleitet wird, wozu die Mutter oder eine mütterliche Person bevorzugt wird. Manchmal genügt ein Kind, ja – ein Hund.

Ohne Behandlung oder günstige Lebensumstände zeigt die Platzangst, wie alle Phobien und Neurosen, die Tendenz zur Verschlimmerung. Der Patient meidet zunächst die freien Plätze, dann breite, belebte Straßen, später alle Straßen. Schließlich hält ihn die Angst vor »draußen« davon ab, überhaupt auszugehen. Aber auch innerhalb des eigenen Hauses müssen die »freien« Räume, Treppenhaus, Flure gemieden werden, bis der Kranke auf sein Zimmer beschränkt wird und zuletzt das Bett nicht mehr verläßt. – In der entsprechenden Abwandlung gilt dieser Prozeß auch für die andern Raum-

---

[1] Zitiert bei Robert Bing, Lehrbuch der Nervenkrankheiten, 1937, S. 611.
[2] Zitiert bei Karl Jaspers, Allgemeine Psychopathologie, Berlin 1913, S. 130/31.

phobien. So bedeutet diese Krankheit je nach Beruf und Lebenslage eine mehr oder weniger große Beschränkung der Willens- und Handlungsfreiheit, die bis zur völligen Lebensunfähigkeit führen kann.

Das unvernünftige, ja lächerlich wirkende Verhalten wird eingesehen und ohne weiteres zugegeben. Die Kranken sind selbst erstaunt über ihre Symptome, für die sie keine Erklärung finden können. Die Einsicht verbindet sich oft mit einem unbestimmten Gefühl eigenen Versagens.

Da die Angehörigen kein Verständnis für die Erkrankung aufbringen können, versuchen sie gewöhnlich, den Kranken zu überzeugen, daß er sich bloß »zusammennehmen« und beherrschen müsse. Das aber hat der Patient sich selbst ja unzählige Male vorgestellt und eingeredet, meist mit dem Ergebnis, daß sich die Beschwerden verstärkt haben. Handelt es sich doch meist um »willensstarke« und kluge, gelegentlich sehr gelehrte Kranke. Leider erfolgt dieser Appell an Vernunft und Wille auch seitens vieler Ärzte, die über das Wesen der Phobie nicht unterrichtet sind.

Manche Patienten – wie auch ihre Angehörigen – sind derart von dem Grotesken des Verhaltens beeindruckt, daß sie sich an den Arzt mit der Frage wenden, ob nicht eine *geistige Erkrankung*, etwa eine beginnende Psychose, vorliege. Diese Vermutung der Laien liegt nahe, denn die Kranken leiden an Angstanfällen, die sich zu einer schweren Panik, ja zu dem Gefühl, »verrückt« zu werden oder vor Angst zu sterben, steigern können. Die erste Hilfeleistung des Arztes, nach Feststellung der genauen Diagnose, wird darin bestehen, den Patienten und seine Angehörigen darüber zu beruhigen, daß solche Befürchtung unbegründet ist. Mit einer geistigen Erkrankung haben diese Erscheinungen, wenn sie auch einen noch so »lärmenden« Charakter haben, nichts zu tun. Medizinisch liegen sie auf einer ganz anderen Ebene, entsprechend den gegenüber Psychosen völlig verschiedenen Entstehungsursachen.

Was läßt sich nun nach dem Stande der heutigen Forschung über die Entstehung von Angstneurosen, von der Platzangst im besonderen, aussagen? Handelte es sich um geistige Erkrankungen, um Psychosen, so müßten wir von vornherein auf eine einfühlbare und verständliche Erklärung verzichten.

Tatsächlich hat es früher manche Autoren gegeben, die ein tieferes Verstehen der Phobien für unmöglich hielten, damit aber auch jede systematische und erfolgreiche Therapie ausschlossen. Erst der neueren Psychotherapie mit ihren tiefenpsychologischen Erkenntnissen war es vorbehalten, die Entstehungsursachen aufzuhellen.

Um zum Verständnis des Krankheitsbildes zu gelangen, müssen wir von den drei eingangs aufgeführten Vorgängen ausgehen, die mit den Raumphobien verbunden sind. Zunächst ist es das »innere Verbot«, gewisse Räume und Plätze zu betreten, sodann die Einsicht in die Unsinnigkeit dieses Verbotes; als drittes ist es der Angstzustand mit den körperlichen Begleiterscheinungen, der auftritt, wenn der Kranke das Verbot durchbricht.

Wenn wir uns diese drei Erscheinungen vor Augen halten, so erinnern sie uns an Beobachtungen, wie wir sie bei *hypnotischen* Vorführungen machen. Stellen wir uns solche Demonstrationen vor, sei es nun bei Varieté- oder ähnlichen Veranstaltungen, sei es für wissenschaftliche Zwecke, so können wir ein ähnliches Verhalten des Hypnotisierten beobachten, wie es der Phobiker zeigt. Wenn ihm nämlich vom Hypnotiseur suggeriert wird, daß er sich an einem steilen Abhang befinde und an ihm auf schmalem Wege entlang gehe, so folgt er diesem Befehl mit allen Zeichen der Angst, mit Zittern, Schweißausbruch, Herzklopfen usw. Noch drastischer äußern sich diese Angstsymptome, indem etwa suggeriert wird, er bewege sich auf einem Brett, das zwischen zwei Kirchturmspitzen gelegt sei. Wie bei dem Phobiker beobachten wir beim Hypnotisierten eine rein »eingebildete« Angst, die auf den Zuschauer ebenso unsinnig, ja lächerlich wirkt, wie die Angst eines Platzkranken, der eine unbelebte Straße nicht überqueren kann. Auch hier haben wir die Umwandlung, die Konvertierung der Angst in den Körper, die Symptome vegetativ-nervöser Störungen, die durch die Angst ausgelöst werden. Der Vergleich wird noch treffender, wenn die Versuchsperson erst nach dem Erwachen aus dem hypnotischen Zustand den genannten Befehl ausführt, wenn sie unter einer sogenannten *post-hypnotischen Suggestion* steht. Sie wird den in der Hypnose erhaltenen Befehl nach dem Erwachen ausführen mit allem Angstaffekt bis zur Todesangst; sie wird sich erst nachträglich darüber wundern, warum sie sich so töricht, ja unsinnig verhalten hat. Denn von der Hypnose und dem Hypnotiseur ist nun nichts mehr wahrzunehmen. Geblieben ist aber die Suggestion, die in den Betreffenden »hineingepflanzt« worden ist. Sie wirkt auf ihn wie ein zwingender Befehl, etwas Törichtes und Angstverursachendes auszuführen. Den Antrieb, aus dem sein Verhalten zwangsläufig erfolgt, kann er nicht erkennen.

Es fragt sich nun, woher die Berechtigung abzuleiten ist, phobische Erkrankungen in die Nähe hypnotischer Erscheinungen zu rücken. Wenn der Vergleich erlaubt ist, so erhebt sich die Frage, was bei den Phobien an die Stelle des Hypnotiseurs tritt und wie der eigentümliche Zwang zustande kommt, den der Phobiker ebenso empfindet wie der Normale, der einen post-hypnotischen Befehl ausführt.

Um diese Frage zu beantworten, müssen wir uns mit den Erkenntnissen der Tiefenpsychologie befassen, was ausführlicher in späteren Kapiteln geschehen soll. Hier wollen wir uns mit der Feststellung begnügen, daß sowohl der hypnotisch Beeinflußte wie der Phobiker aus Antrieben handelt, die aus dem *Unbewußten* erfolgen. Es ist kein Zufall, daß die Arbeiten von F r e u d in den 90er Jahren des letzten Jahrhunderts, die den Anstoß für die tiefenpsychologische Forschung gegeben haben, von hypnotischen Erscheinungen ausgingen. F r e u d wurde entscheidend beeinflußt von L i é b a u l t und C h a r c o t [3], den Vertretern der französischen Psychiatrie, denen wir die erste wissenschaftliche Erforschung der Hypnose verdanken.

Erst aus dem Studium der hypnotischen Vorgänge ergaben sich Aufklärungen für die Mechanismen, die bei der Hysterie und andern Neurosen wirksam sind und auch beim Zustandekommen der Phobie eine Rolle spielen. Wir werden sehen, daß die *Phobie* der *hysterischen Neurose* nahe steht. S. Freud bezeichnet sie generell als Angsthysterie. Bei beiden Erscheinungen, denen der Hypnose und der Hysterie, gehen wir von einer Spaltung der Persönlichkeit aus, die außer den bewußten Inhalten, dem Ich, eine unbewußte Seite, oder wie man in der Hypnoseschule sich auszudrücken pflegte, ein

---

[3] C h a r c o t erzeugte hysterische Symptome auf hypnotischem Wege.

Unterbewußtsein erkennen läßt. In dem Unbewußten wirken besondere, von denen des Ichs abweichende Gesetze. Von ihm gehen Impulse aus, die sich gegen den bewußten Willen stellen können. Wir sahen, daß beim Hypnotisierten wie beim Phobiker eine Art »Gegenwille« in Erscheinung tritt, der sich unabhängig von dem vernünftigen Willen der bewußten Persönlichkeit durchsetzt.

Bei der Hypnose ist eine erhöhte Beeinflußbarkeit der Versuchsperson Voraussetzung, beim Phobiker eine *nervöse Disposition*. Kommen gewisse nicht zu bewältigende Erlebnisse dieser Disposition entgegen, so kann die Spaltung der Persönlichkeit vertieft werden und eine Phobie ausbrechen.

Beim Phobiker tritt, wie wir gesehen haben, an Stelle des hypnotischen Befehls ein Zwang aus seinem eigenen Innern, eine Art innere Stimme. Sie ist vergleichbar mit der Stimme des Gewissens, die ja auch unabhängig von unserem Denken und Trachten hörbar wird und auf unser Leben Einfluß gewinnt. Wie entsteht nun diese innere Instanz, und wie ist es möglich, daß sie eine solche Macht auf den Betreffenden ausübt, daß das ganze Leben eingeengt und der Kranke häufig zur fast völligen Tatenlosigkeit verurteilt wird? Welches sind die Impulse, die aus dem Unbewußten aufsteigen und zum Beispiel das Überschreiten eines Platzes zur Katastrophe werden lassen? Diese Frage wollen wir vorweg kurz prinzipiell beantworten, um in späteren Kapiteln uns mit den Einzelheiten und den verschiedenen Gesichtspunkten zu befassen, wie sie von den tiefenpsychologischen Schulen aller Richtungen gelehrt werden. Einmütigkeit besteht darin, daß im Unbewußten ein nicht zu bewältigender *Konflikt* ausbricht, so daß unser Ich aus dem »abgespaltenen« seelischen Raum bedroht wird und mit krankhafter Angst reagiert. Welches sind nun die Ursachen des innerseelischen Konfliktes?

Da ist zunächst die klassische *F r e u d sche Psychoanalyse*, die davon ausgeht, daß als letzte Ursache ein *Trieb-Konflikt* vorliegt, nämlich ein Widerstreit zwischen den sogenannten Ich-Trieben, den moralischen, sozialen, ästhetischen Forderungen auf der einen Seite und dem Sexualtrieb auf der andern. Nach dieser Schule wird also die Angst des Phobikers letztlich durch die sexuellen Antriebe ausgelöst. Alle andern triebhaften Ansprüche stehen im Dienste der *Sexualität*. In den späteren Werken F r e u d s kommt außer dem erotischen Trieb als »Gegenspieler« der Zerstörungstrieb, *Todestrieb* genannt, hinzu. In der umfangreichen psychoanalytischen Literatur ist die Sexualität als zentrales Motiv immer wieder nach allen Seiten abgehandelt worden. Es gibt nach dieser Schule nichts, was nicht letztlich auf erotische oder destruktive Triebtendenzen zurückzuführen wäre. Bei aller Würdigung des Sexualproblems bei der Entstehung der Phobie müssen wir aber jetzt schon darauf hinweisen, daß wir das Seelenleben für vielschichtiger, komplexer halten und dementsprechend viele andere Ursachen von Konflikten beim Angstneurotiker feststellen konnten, so häufig auch die Sexualität einen überragenden Anteil an der Krankheitsentstehung hat. Damit soll die bahnbrechende Bedeutung der F r e u d schen Entdeckungen nicht herabgesetzt werden, spielen doch die sexuellen und destruktiven Triebkräfte eine unvergleichlich größere Rolle, als man in der Zeit vor F r e u d wahrhaben mochte. Auf der andern Seite hat es sich aber gezeigt, daß sich nicht alle seelischen Vorgänge auf diesen Triebfaktor reduzieren lassen und daß es noch viele andere Ursachen von Störungen in der Seele gibt, die in das Leben des Menschen tiefgreifend einwirken und zur Erkrankung führen können.

Einer der Schüler F r e u d s, A l f r e d A d l e r, war es, der dem *Macht- und Geltungstrieb* eine alles beherrschende Bedeutung zuwies. A d l e r geht so weit, alle andern seelischen Strebungen, auch die erotischen, diesem Trieb unterzuordnen. Ohne uns mit dieser Schule zu identifizieren, werden wir bei den späteren theoretischen Erörterungen, aber auch in den Krankengeschichten, die ungeheure Bedeutung des Machtwillens bestätigen. Wir müssen anerkennen, daß in einzelnen Fällen phobischer Erkrankung der Machttrieb die führende Rolle spielt und bei fast allen Fällen als einer von vielen wirksamen Faktoren berücksichtigt werden muß. Ein besonderes Verdienst A d l e r s besteht darin, das Sinnvolle, *Finale* der seelischen Vorgänge, im Gegensatz zu dem Kausalen F r e u d s, hervorgehoben zu haben. Er teilt dieses Verdienst mit andern Forschern, vor allem dem Zürcher Nervenarzt A l p h o n s e M a e d e r, der bereits vor Adler auf das Prospektive und Konstruktive, auch bei Träumen, hingewiesen hat, während bei F r e u d die Zurückführung auf das frühkindliche Erleben überwiegt. – F r i t z K ü n k e l , auf A d l e r fußend, sieht die wesentliche Ursache der neurotischen Angst in dem Herausfallen aus der Gemeinschaft, dem Wir-Bruch.

Neben den genannten Schulen haben viele ursprüngliche F r e u d - Anhänger eigene Richtungen begründet, wie S t e k e l und S c h u l t z - H e n c k e . Sie haben außer dem Sexualtrieb F r e u d s und dem Machtwillen A d l e r s noch weitere Triebtendenzen der menschlichen Seele aufgedeckt. So spielt das *kriminelle* Moment in der S t e k e l schen Psychologie eine besondere Rolle. V i c t o r v o n W e i z s ä c k e r und J. H. S c h u l t z haben tiefenpsychologische Schulen gegründet, die auf jeweils eigenständiger Anthropologie basieren.

Ein Konflikt zwischen erotischen Triebregungen und dem moralischen Streben des Ich wird deutlich in folgender Krankengeschichte:

Fall 1:
Meine Patientin ist 53 Jahre alt, eine noch jugendliche Erscheinung. Als streng behütete einzige Tochter hat sie ihr Leben bis zum 34. Jahre zu Hause verbracht. Als Patientin 29 Jahre alt war, starb die Mutter, woraufhin sie ihre Hauptaufgabe darin sah, dem herzkranken Vater die Mutter zu ersetzen und ihn bis zu seinem Tode zu pflegen. Wie sexualfeindlich sie erzogen war, geht u. a. aus folgendem Erlebnis hervor: Als Patientin vierundzwanzigjährig ein elfjähriges Mädchen baden sollte, war sie von dem Anblick des in der Vorpubertät befindlichen Kindes so angeekelt, daß sie ihre Mutter flehentlich bat, von dieser Aufgabe befreit zu werden. Voll Verständnis willigte die Mutter ein! Noch heute, dreiundfünfzigjährig, kann Patientin lebhaft den schweren Affekt des Widerwärtigen, Ekelhaften nachempfinden, den der Anblick der sekundären Geschlechtsmerkmale in ihr auslöste. Diese Erinnerung wurde durch einen Traum hervorgerufen, in dem Pat. kleine Mädchen badete. Ein anderer Traum deckt einen entscheidenden früheren Traum auf, den Pat. ca. 25jährig hatte und der sie so tief beeindruckte, daß er jahrzehntelang immer wie-

der aufstieg. Sie träumte damals, ihr Vater verlange von ihr, sie solle ihn heiraten. Die Träumerin habe ihn flehentlich, »wie ein kleines Kind«, gebeten, davon abzusehen. Es sei doch nicht möglich, sie sei ja seine Tochter! Der Vater habe sie dann getröstet, sie zärtlich gestreichelt, was er in Wirklichkeit kaum je getan hätte. Die schwere Erschütterung im Traum hätte sie bis heute nicht vergessen können. – Mitte der Vierzigerjahre lernte sie einen Mann kennen, mit dem sie eine innige, auch sexuelle Beziehung, die nach ihrer Angabe völlig befriedigend war, unterhielt. Im Alter von 52 Jahren verheiratete sie sich mit einem neunundsechzigjährigen, herzkranken Mann. Es ist nie zum sexuellen Verkehr gekommen, da der Mann impotent war. Der Mann stellte seiner Frau frei, gegebenenfalls eine sexuelle Beziehung außerhalb der Ehe einzugehen. Das wurde von der Patientin mit betonter Schärfe abgelehnt. Es genüge ihr, ihn »platonisch« zu lieben und zu pflegen (wie sie ihren Vater gepflegt hat). Zwei Wochen nach der Eheschließung bricht eine schwere Platzangst aus. Die Patientin kann nur in Begleitung ihres Mannes und auch dann nur kurze Spaziergänge machen, die sie sehr bald ermüden. Auch ist sie nicht in der Lage, in ein Restaurant oder ein öffentliches Lokal zu gehen. In Abständen von etwa 4 Wochen stellen sich regelmäßig schwere Weinkrämpfe ein, die mehrere Tage anhalten (das Klimakterium hat Patientin schon mehrere Jahre hinter sich).

Aus der Analyse ergibt sich, daß Patientin unbewußt unter Menschen, auf der Straße, in Lokalen sich erotischen Gefahren ausgesetzt fühlt. Die meisten Träume handeln von attraktiven Männern und Tänzerinnen auf der Straße, von öffentlichen Varietés mit muskulösen Akrobaten und andern sinnlichen Eindrücken, die Repräsentanten verbotener Lust (Sexuallust) darstellen. Zuletzt sind es Prostitutionsphantasien, die – da nur schwach »verkleidet« – als solche von der Patientin sofort verstanden werden. In zirka 20 Analysestunden lernt Patientin ihre Träume verstehen und ist soweit geheilt, daß sie Einkäufe und Spaziergänge allein machen und sich auch wieder unter Menschen bewegen kann.

Wenden wir die besprochenen Theorien der Triebpsychologen auf die Raumphobien an, so können wir sagen: dem Agoraphoben ist es verboten, einen Platz zu überschreiten, weil er damit Gefahr läuft, mit seinen übermächtigen Trieben in einen gefährlichen Konflikt zu geraten. Nach F r e u d wäre es die Gefahr, dem Sexualtrieb nachzugeben; nach A d l e r muß der Kranke sich von einer Person begleiten lassen, um Macht über sie auszuüben; nach S t e k e l bedeutet die Straße eine Möglichkeit, seinen kriminellen Trieben zu erliegen. Immer handelt es sich um Versuchungen, die Gefährdung bedeuten, wenn der Kranke die Straße betritt. Die Straße wird also zum *Symbol der Versuchung*. Alle diese Triebkonflikte spielen sich vollkommen im Unbewußten ab, so daß der Kranke sie weit von sich weisen würde, wenn wir etwa den schweren Fehler begingen, ihm gleich zu Anfang der Behandlung »auf den Kopf zuzusagen«, daß die Straße für ihn eine Versuchung bedeute.

Nach den genannten, überwiegend triebpsychologischen Richtungen kommen wir nun zu C. G. J u n g und seiner »analytischen Psychologie«. C. G. J u n g geht wesentlich über die F r e u d sche Auffassung des Unbewußten hinaus, das nach ihm nicht nur das persönlich Verdrängte, sondern auch das *kollektive Unbewußte* enthält. Er versteht unter dem kollektiven Unbewußten die »gewaltige geistige Erbmasse der Menschheitsentwicklung«. Für J u n g ist das Unbewußte die schöpferische Instanz im Menschen. Im kollektiven Unbewußten sind die machtvollen *Archetypen* wirksam. Zu ihnen gehören z. B. Anima, Animus, Schatten, die Große Mutter. Die Archetypen können sich als störende Mächte bemerkbar machen. So kann der Mutter-Archetypus zum Mutterkomplex führen. Der Mutterkomplex ist also nach J u n g nicht, wie bei F r e u d, ausschließlich durch die Beziehungen zur wirklichen Mutter verursacht. Besonders bei Beginn der zweiten Lebenshälfte, also etwa im Alter von 40 bis 45 Jahren, ergibt sich für viele Menschen die Notwendigkeit, sich mit diesen Archetypen zu befassen. Sie sind erkennbar an Symbolen in Traumbildern, Phantasien und andern Äußerungen des Unbewußten; sie kehren wieder in den Mythen und Märchen aller Völker und Rassen. Das Unbewußte ist nach C. G. J u n g also nicht identisch mit dem persönlichen Unbewußten, sondern enthält auch überpersönliche Faktoren. Die analytische Verarbeitung unbewußter Prozesse führt zu einer Erneuerung der gesamten Persönlichkeit. Der psychologische Typ des Menschen erfährt dabei eine Modifikation.

Das führt uns zu der Jungschen *Typenlehre,* die von zwei gegensätzlichen Grundeinstellungen ausgeht, der Extraversion und der Introversion. Hinzu kommen vier verschiedene seelische Funktionen: zwei rationale (Denken und Fühlen) und zwei irrationale (Intuieren und Empfinden). Der extrem Extravertierte wird in der Analyse die vernachlässigte introvertierte Seite entwickeln und umgekehrt. Dasselbe gilt von den seelischen Funktionen, so daß etwa ein einseitiger Verstandesmensch die vernachlässigte Fühlfunktion, der Intuitive seine Empfindungsfunktion, die »fonction du réel«, entfalten muß.

Eine Neurose kann ausbrechen, wenn der notwendige Reifungsprozeß unterbleibt. Die Erkrankung ist dann ein Alarmsignal wie das Fieber beim körperlich Erkrankten. Das soll an der folgenden Krankengeschichte, die typisch für die Jungsche Psychologie erscheint, verständlich werden.

Fall 2:
Es handelt sich um eine Patientin, deren Neurose beim Beginn der Wechseljahre ausbricht. Der Konflikt liegt in dem unbewußten Festhaltenwollen an der bisherigen Einstellung zum Leben und der Angst vor dem »Altern«. Die Patientin kann sich nicht der inneren Wandlung unterwerfen, die zur Bejahung und sinnvollen Gestaltung der zweiten Lebenshälfte führt. So stellt ihr die Platzangst die für ihre künftige Existenz entscheidende Aufgabe, sich zeitweilig von der Welt »draußen« zu lösen. Das geschieht stufenweise mit unentrinnbarer Konsequenz: zunächst muß sie das Überschreiten von Straßen und Plätzen meiden, um von schwersten Angstanfällen verschont zu bleiben. Dann kann sie das Haus überhaupt nicht mehr verlassen. Aber auch ihre Bewegungsfreiheit innerhalb des Hauses reicht nicht aus, sie zur absoluten Sammlung und inneren Umstellung zu zwingen: sie kann bald nicht mehr ihre Wohnung verlassen und ist schließlich ans Bett gefesselt.

Gewiß ist hier die Straße auch Versuchungssituation, aber in einem andern als dem Freudschen sexuellen Sinne. Der Konflikt liegt in der Krise der Persönlichkeitsreifung im tiefsten Sinne des Wortes. Das Symptom zwingt zur Auseinandersetzung mit diesem Problem, erscheint also sinnvoll. Es zwingt die Patientin zur Introversion. Nachdem in der Analyse diese unbewußte Situation aufgedeckt worden war, und die Patientin ihr psychisches Lebenszentrum neu gefunden hatte, war die Platzangst verschwunden und der Weg frei für ein erfülltes neues Leben unter Bejahung des Älterwerdens. (In der Jungschen Terminologie ein Individuationsprozeß.)

Wir werden auf die verschiedenen tiefenpsychologischen Schulen eingehend zurückkommen und die Bedingungen untersuchen, die im einzelnen Fall bei der Entstehung der Angstneurose von entscheidender Bedeutung sind.

Vorerst aber wollen wir uns von den echten Phobien wieder abwenden, um zu Angstneurosen im engeren Sinne überzugehen. Bei diesen liegt kein unbewußter Konflikt, wie oben angedeutet, zugrunde, sie zeigen aber ähnliche Symptome. Es entsteht die Frage, ob auch für diese Erkrankungen eine verständliche Erklärung möglich ist und wie sie von der echten Phobie diagnostisch abzugrenzen sind.

Wir wenden uns zunächst der Angstneurose zu, die wir Pseudophobie nennen wollen. Um sie verständlich zu machen, gehen wir von Erscheinungen des täglichen Lebens aus, in der Hoffnung, auch dem Uneingeweihten ein gewisses Verständnis für den pseudophobischen Angstanfall zu vermitteln. Eine scharfe Abgrenzung zwischen der Pseudo- und der echten Phobie (in Freudscher Terminologie: Angsthysterie) ist häufig nicht möglich, vielmehr bestehen zahlreiche Übergänge.

Wir wollen uns an Erlebnisse erinnern, die uns in den Entwicklungsjahren selbst zugestoßen sind, oder die wir bei andern, etwa bei jungen Mädchen, beobachten konnten. Das junge Mädchen kommt in ein gefülltes Restaurant und sucht die Mutter, mit der es verabredet ist. Während es durch den langen Saal an den Tischen vorbeigeht, um die Mutter zu finden, fühlt das Mädchen alle Blicke auf sich gerichtet, auch die der anwesenden zahlreichen jungen Männer. Das Mädchen fühlt sich geniert, es leidet unter der Vorstellung, daß die Leute sie ansehen und ihr nachblicken; es fühlt sich unter einer erhöhten Kontrolle der Außenwelt, und vor allem empfindet es fast schmerzhaft die interessierten, vielleicht begehrlichen Blicke junger Männer auf sich ruhen. Dieser Vorgang wird noch peinlicher, wenn es etwa von seinem Platz aufsteht und durch das große Restaurant geht, um die Toilette aufzusuchen, zumal dann, wenn die Gäste wissen oder wissen könnten, daß es nur die Toilette sein kann (und nicht etwa das Telefon oder das Buffet), dem das Mädchen zustrebt. Unter den Blicken der Anwesenden wird es die Kontrolle über sich selbst verstärken, was in seinem Gang, seiner Haltung, seinem Gesichtsausdruck, sichtbar wird. Und nun tritt als Folge davon das ein, was wir in der Regel zu sehen gewohnt sind, wenn unbewußt und unwillkürlich ablaufende Funktionen unter die Kontrolle des Bewußtseins gestellt werden. Immer finden wir, daß die »instinktive« Sicherheit dadurch eine Hemmung erfährt, daß der Betreffende seinen bewußten Willen auf sie richtet. In unserem Fall wird also das junge Mädchen nicht mehr so frei, beschwingt und unbekümmert durch den Saal gehen, sondern es wird sich wahrscheinlich – auch für den Außenstehenden bemerkbar – gehemmter bewegen. Vielleicht wird es erröten und den Blick starr auf den Boden oder auf einen bestimmten Gegenstand richten, der am andern Ende des Saales liegt. Dann wird es da und dort anstoßen, was es unter andern Umständen nicht getan hätte, im schlimmen Fall sogar im Vorbeigehen etwas herunterwerfen, über den Teppich stolpern, und was solche kleine »Unglücksfälle« mehr sind, die in derartigen Situationen einem zustoßen können. Hat die Betreffende aber mehrfach eine solche Erfahrung gemacht, so wird dadurch ihre Befangenheit sich verstärken, so daß sie in ähnlicher Situation nur noch durch den Saal zur Toilette gehen kann, wenn sie von der Mutter oder einer Freundin begleitet wird. Die Angst, zu versagen, zu erröten, sich linkisch zu benehmen, ist so groß geworden, daß sich eine Art »Platzangst« entwickelt hat, allerdings mit abgeschwächten Symptomen seelischer und körperlicher Art. Dieses Beispiel kann uns das Verständnis für die Entstehung einer Pseudophobie näherbringen.

Daß ein solches Verhalten sich im normalen Fall nicht zur Neurose entwickelt, hat vor allem seinen Grund darin, daß das Unsicherheitsgefühl an bestimmte Entwicklungsphasen gebunden ist und mit den Jahren von selbst vergeht. Bei einer gesunden Konstitution werden solche kleinen »Traumata« des Lebens rasch ausheilen.

Anders ist es freilich, wenn Erschwerungen vorliegen, die eine Abheilung verhindern. Bleiben wir bei dem Beispiel des jungen Mädchens. Ist es von zarter, sensitiver, kurz von stark »nervöser« Konstitution, so wird es solche kleinen Niederlagen tragisch nehmen und nicht aus der Erinnerung verlieren, zumal wenn es sich bereits, wie das gewöhnlich der Fall ist, andere Peinlichkeiten zu Hause oder in der Schule zu Herzen genommen hat. Dann ist die Aussicht, eine Neurose zu entwickeln, beträchtlich größer. Bei der genauen Untersuchung der Faktoren, die eine Pseudophobie vorbereiten können, finden wir solche, die sich aus körperlicher Disposition ergeben: eine besondere Labilität, die sich aus dem vegetativen Nervensystem entwickelt in Verbindung mit Störungen gewisser Drüsenfunktionen. Der Betreffende wird die Erfahrung machen, daß er leichter als andere Menschen schwitzt oder errötet, Herzklopfen oder nervöse Darmstörungen bekommt – alles Symptome, die zum Bild der vegetativen oder neurasthenischen Störungen gehören.

Alle diese »Nervösen« zeigen häufig phobische Züge, ohne daß sie grobe Einschränkungen in ihrem täglichen Leben erleiden. Jeder kennt solche empfindsamen, reizbaren, leicht ermüdbaren oder ängstlichen Menschen, die sich vor bestimmten Dingen oder Situationen fürchten. Kommt zu den beschriebenen allgemeinen nervösen Störungen ein schwerer Schock, ein seelisches Trauma, hinzu, so sind oft die Bedingungen der Pseudophobie gegeben. Erleidet zum Beispiel das oben erwähnte junge Mädchen, das mit leichten Raumängsten kämpft, einen Eisenbahnunfall, so kann eine *Eisenbahnangst* ausbrechen. Es ist ihr dann nicht mehr möglich, die Eisenbahn zu benützen, ohne daß ein Angstanfall eintritt. Eine Straßenangst kann ausbrechen, wenn die Patientin Opfer eines Autounfalls wird. Vielfach genügt es auch, daß die Betreffende einen solchen Unfall aus der nächsten Nähe beobachtet und eine seelische Verletzung davonträgt. Dabei handelt es sich um eine durch äußere Faktoren begründete Angst, eine *Pseudophobie*. Die phobisch gemiedenen Räume (Eisenbahnwagen, Straße usw.) haben keine spezifische Bedeutung, sie stellen kein Symbol unbewußter Prozesse dar. Vielmehr hat sich der erste Angstanfall in dem betreffenden Raum zufällig ereignet. Bei jedem späteren Betreten des Raumes wiederholt er sich. Die Verknüpfung mit der Straße, dem Eisenbahnwagen, ist also assoziativ mit dem ersten Angstanfall verbunden. Die weiteren Anfälle werden »reflektorisch« ausgelöst.

Anders, wenn die Patientin in ihrer Kindheit eine schwere Frustration (Versagung) erlitten hatte, die nicht ausschließlich sexueller Natur gewesen sein muß. In diesem Fall handelt es sich um eine echte Phobie, in F r e u d scher Terminologie um eine Angstneurose hysterischer Natur.

In ähnlicher Weise entstehen viele Tierphobien. Ein vegetativ Gestörter hat eine schreckhafte Begegnung mit einem Tier, sagen wir einem Hund, und erleidet einen Angstanfall. Hinfort kann jede neue Begegnung mit einem Hund einen Angstanfall auslösen. Wir sprechen bei dieser Neurose von einer Pseudo-Hundephobie. Das Angstobjekt, der Hund, hat in diesem Falle keine symbolische Bedeutung.

Auch ohne vegetative Konstitution können schwere Traumata solche Realängste auslösen: Ein Gesunder weigert sich nach einem Autounfall, seinen Wagen zu steuern.

Nicht immer ist die Pseudophobie streng zu trennen von der echten Phobie. Dennoch muß der Versuch differentialdiagnostisch gemacht werden, weil die Therapie auch die körperliche Grundlage, die genannten vegetativen Störungen, berücksichtigen muß.

Da die meisten Psychiater die Phobie zur *Zwangsneurose* rechnen, seien hier einige Worte zur Klärung und Abgrenzung auch dieser Nachbarerkrankung vorausgestellt. Die hysterische Phobie hat nicht das für die Zwangskrankheit charakteristische Symptom der *Nötigung:* der hysterische Angstneurotiker muß nichts unternehmen, um die drohende Gefahr zu bannen; es genügt, wenn er die Straße, den Raum nicht betritt, um die Katastrophe, den Angstanfall zu vermeiden. Der Zwangsneurotiker muß *aktiv* werden, um Angst zu bekommen. Die Zwangsneurose ist auch in der Struktur grundlegend von der hysterischen Neurose verschieden. Der Zwangskranke erleidet eine tiefere Regression, einen Rückfall in frühere Kindheitsstufen; bei ihm ist das Über-Ich von unerbittlicher Strenge. Unter diesem Begriff versteht F r e u d eine seelische

Instanz, die man das bewußte und unbewußte Gewissen nennen könnte. Sie ist durch unsere Erzieher, durch die Eltern, Lehrer, Pfarrer usw. in uns tief hineingepflanzt worden und kann sich zum schlimmen Tyrannen entfalten. Das Über-Ich kontrolliert jede Handlung aufs schärfste und entwickelt beim Zwangsneurotiker einen zunehmenden Hang zu Skrupeln und zu Zweifeln. Ungezwungenheit und Harmlosigkeit des Handelns werden aufgehoben. Es bildet sich ein starres System von Unterlassungen und Geboten aus, das an magische Beschwörungen Primitiver erinnert. Von den Zwangssymptomen sind besonders bekannt: der Waschzwang und Zählzwang. Der Patient leidet unter der unwiderstehlichen Nötigung, sich immer wieder, oft hundertmal am Tag, die Hände zu waschen, oder er muß eine bestimmte Zahlenreihe aufsagen, eine bestimmte Anzahl von Schritten machen, um ein Unglück abzuwenden. Er muß also aktiv werden, handeln, um den Angstanfall zu vermeiden.

Es gibt Kranke, die außer an einer echten Phobie noch an Zwangssymptomen leiden. Zur Illustrierung einer solchen Erkrankung diene die folgende Krankengeschichte.

Fall 3:
Eine meiner Patientinnen leidet an Platzangst, die sich darin äußert, daß sie außerstande ist, sich in der freien Natur, auf Feldwegen usw. zu bewegen. Bei Benutzung von Straßen innerhalb der Stadt kommt sie in der Regel ohne Begleitung aus, jedoch fühlt sie sich hier unsicher und ängstlich. Neben diesen phobischen Symptomen zeigen sich bei ihr ausgesprochene Zwangserscheinungen: sie muß nachts aufstehen, um sich zu vergewissern, daß die Etagentür auch wirklich zugeschlossen ist, daß der Gashahn wirklich abgestellt ist usw. Diese Kontrolle muß sie manchmal wiederholen, so daß die schwer arbeitende Frau in ihrer Nachtruhe gestört ist. Unterläßt sie diese Kontrollen, so wird sie von einer für Zwangsneurotiker charakteristischen Ängstlichkeit befallen.

Wir sehen bei der vorstehenden Krankengeschichte eine Platzangst mit Zwangssymptomen. Man wird im einzelnen Fall feststellen müssen, ob das Gesamtbild der Hysterie oder

der Zwangsneurose unterzuordnen ist. Die Diagnose: hysterische oder Zwangsneurose ist nicht gleichgültig. Die Zwangsneurose ist wegen ihrer komplizierten Struktur und in Fällen einer generalisierten Zwangskrankheit oft erblich bedingten, degenerativen Grundlage prognostisch ungünstiger zu beurteilen.

Eine weitere phobische Erkrankung kann auf weltanschaulichen Nöten beruhen. Wir möchten wiederum an einem Beispiel die Entstehung und die Symptome solcher *religiös-philosophisch* bedingter Phobien deutlich machen.

Fall 4:
Ein junger Mann, angehender Theologe, verbringt mehrere Jahre während des Ersten Weltkrieges in einem Gefangenenlager im Fernen Osten. Er arbeitet die großen Philosophen durch und kommt zu I m m a n u e l K a n t. Es sind die K a n t schen Antinomien, die ihn zutiefst beeindrucken: die Unendlichkeit und die Endlichkeit des Raumes. Unendlich und doch endlich? Er kann es nicht fassen. Er, der Theologe und gläubige Christ, für den Gott der Unendliche und Ewige und doch in jedem Augenblick Gegenwärtige ist, scheitert an der Relativität des Raumes. Eines Tages, als er die Baracke verlassen und den Platz davor überqueren will, tragen ihn seine Beine nicht mehr: er muß sich zu Boden setzen, er kann den Raum nicht mehr bewältigen, er kann nicht weitergehen! Zugleich versagt die Sprache, er stottert.

Es sind nicht die im vorigen Abschnitt behandelten Symbole des freien Platzes, der Weite, an denen der junge Gefangene scheitert, sondern die Phänomene der Unendlichkeit. Von diesem philosophisch-religiösen Problem wird er überwältigt. Die Platzangst ist nicht primär die phobische Antwort auf seine psychologischen Konflikte, sie ist das Versagen vor seiner »religiösen Aufgabe«, die ihm gestellt ist in der Begegnung mit dem Unendlichen, verwirklicht im Raum.

Bei den aus religiösen Gründen phobisch Erkrankten stellt sich die Frage, ob der Nervenarzt und Psychotherapeut befugt sei, die Behandlung zu übernehmen. Sollte er nicht den Kranken »zuständigkeitshalber« dem Theologen überweisen, dem berufenen Berater in religiösen Konflikten? Gibt es nicht Grenzen der psychologischen Erkenntnis, die der Psychotherapeut nicht mit Symboldeutungen zu überspringen versuchen sollte? Andererseits: wenn der Psychotherapeut konsultiert wird, so liegen Störungen vor, die in der Regel der Beratung durch Theologen getrotzt haben. Soll der Arzt in einem solchen Fall den Kranken abweisen? Die Frage läßt sich nicht ohne weiteres beantworten. Der Arzt kann sich eines solchen Kranken jedenfalls nur dann annehmen, wenn er selbst mit dem Problem der Unendlichkeit gerungen hat. Dann bahnt sich der Weg für eine, wenn auch oft unausgesprochene religiös-philosophische Gemeinschaft zwischen Arzt und Patient, und die Therapie verläuft, wie R o b e r t G a u p p sich ausdrückt, »in stetigem Hinblick auf das Unendliche in Raum und Zeit«. Nach einem Stück gemeinsamen Weges wird das hinter dem religiösen Konflikt auftauchende psychologische Problem anzugehen sein, so daß dann der ärztliche Psychotherapeut zu Wort kommt. Mögen es nun Triebkonflikte sein, die sicherlich bei dem obengenannten jungen Kriegsgefangenen mitgeschwungen haben, oder seien es funktionelle oder Einstellungsstörungen im J u n g schen Sinne.

2. Psychiatrische Forschung

Wir beginnen mit den Darstellungen, die die Phobien in der Psychiatrie gefunden haben. Als Ursache hat die Psychiatrie lange Zeit rein körperliche Störungen angesehen, vor allem organische Veränderungen im Nervensystem. Als typische Auffassung dieser Art seien die Ausführungen O p p e n h e i m s wiedergegeben, der zu hysterischen Erkrankungen folgendes ausführt: »Die Annahme, daß molekulare Veränderungen im Zentralnervensystem und insbesondere in der Hirnrinde das Wesen der Hysterie ausmachen, würde die Erscheinungen am besten erklären.«

Eine andere Erklärung, die auf somatische Faktoren bei der Phobie hinausläuft, findet sich bei T h. M e y n e r t, der 1890 in seiner »Psychiatrie« ausführt: »Ich glaube, ein Moment der Platzfurcht liegt in der Hyperästhesie der Netzhaut, wodurch die sonst ignorierten Objekte des indirekten Sehens beunruhigen, die in städtischer Bewegung fortwährend vorhanden sind oder mindestens die Aufregung einleiten. Hierher zählt die Furcht vor Gewittern, vor eingeschlossenem Alleinsein ...«

Unbestreitbar können echte Angstanfälle durch organische Erkrankungen ausgelöst werden. Wenn in dieser Arbeit die Agoraphobie als *seelische* Erkrankung dargestellt wird, so soll dabei nicht die Leib-Seele-Einheit, also die Wechselwirkung zwischen organischen und psychischen Krankheitsfaktoren, übersehen werden. Diese Ganzheitsbetrachtung bei der Genese und Therapie entbindet uns jedoch nicht der Aufgabe, die Eigengesetzlichkeit der Psyche einerseits und der Körperwelt andererseits zu berücksichtigen und die letztlich bestimmenden oder überwiegenden pathogenetischen Faktoren zu ermitteln.

Wir sind uns bewußt, daß stets der ganze Mensch als einheitliche Existenz erkrankt. Unsere vorstehenden Begriffe: Psyche-Körperwelt, psychogen-organisch, sind Hilfsvorstellungen, und wir müssen uns ihrer bedienen, um uns verständlich zu machen.

Es erhebt sich nun die Frage der klinisch-psychiatrischen Einordnung der Phobien. Es bedarf keiner weiteren Darlegung, daß die Agoraphobie primär keine *psychotische* Erkrankung ist. Damit ist nicht ausgeschlossen, daß auch ein Psychotiker einmal agoraphobe Erscheinungen zeigt. Gelegentlich wird der Arzt bei Patienten, die wegen rein agoraphober Symptome in seine Sprechstunde gebracht werden, eine latente Psychose diagnostizieren, vielleicht sogar erst im Verlauf einer längeren Behandlung. In diesen Fällen handelt es sich nicht um Agoraphobie im Rahmen dieser Arbeit.

Umstritten ist, ob es sich bei unserer Krankheit um eine *Psychopathie* handelt, also ob die Agoraphoben nach dem psychiatrischen Diagnose-Schema zu den *psychopathischen Persönlichkeiten* zu rechnen sind[4]. Es kann nicht unsere Aufgabe sein, hier den Begriff der psychopathischen Persönlichkeit

---

[4] Wir halten uns an die Diagnose-Tabelle des Deutschen Vereins für Psychiatrie, aufgestellt Würzburg 1933.

näher zu umreißen. Wenn die Psychopathen nicht im sozialen Sinne »geisteskrank« sind, so »leiden sie an der nämlichen Anomalie wie viele Geisteskranke, nur in geringerem Grade: sie sind Schizoide, Paranoide, latente Epileptiker, Cyclothyme usw.«[5] Psychopathien beruhen auf angeborenen Anomalien. Die Platzangst ist nicht an eine Psychopathie in diesem Sinne gebunden, wie aus der klinischen Beobachtung eines großen Krankengutes hervorgeht. Wiederum finden wir Psychopathen, die auch an phobischen Erscheinungen leiden. Die Analyse der Phobie ergibt jedoch neurotische Mechanismen, die nicht zu den charakteristischen Merkmalen der Psychopathie gehören.

Es bleibt nach dem erwähnten psychiatrischen Diagnose-Schema nur noch die Einordnung unter »*psychogene Reaktionen*« als Teilgebiet der abnormen Reaktionen. Bei dieser Fragestellung: Psychopathische Persönlichkeit oder abnorme Reaktionen ergeben sich zwei grundsätzlich verschiedene Richtungen, nämlich die der Psychiatrie und der Psychotherapie. Um bereits hier die Gründe für diese Trennung aufzuzeigen, sei auf die Probleme der *konstitutionellen Entartung* auf der einen Seite und auf die der krankmachenden Lebens- und Milieueinflüsse auf der anderen Seite als entscheidend für die Differentialdiagnose hingewiesen. Während die Psychiater das hereditär-konstitutionelle Moment bedeutsamer sehen und damit geneigt sind, die Agoraphoben unter die Psychopathen zu rechnen, legen die Psychotherapeuten das Hauptgewicht auf die *erworbenen* seelischen Traumata, bzw. die intrapsychischen Konflikte. Dieser Gegensatz hängt offensichtlich zusammen mit der Verschiedenheit, mit der die Phänomene des *Unbewußt*en und der Verdrängung beurteilt werden. In den letzten Jahren sind diese Differenzen, besonders in den Reihen der jüngeren Psychiater, vielfach überbrückt worden. Aber auch unter den älteren Psychiatern und Neurologen hat es immer solche gegeben, die sich wesentliche Positionen der modernen Psychotherapeuten zu eigen gemacht haben, allen voran E u g e n   B l e u l e r ,   R o b e r t   G a u p p   und E r n s t   K r e t s c h m e r . Besondere Erwäh-

---

[5] E u g e n   B l e u l e r , Lehrbuch der Psychiatrie, Berlin 1937, S. 388.

nung verdient der Neurologe und Physiologe Viktor von Weizsäcker, dem die Tiefenpsychologie wichtige Forschungsergebnisse verdankt[6].

Auch was die Differentialdiagnose: *Zwangsneurose oder Hysterie* betrifft, weicht der Standpunkt der Psychiater von dem der Psychotherapeuten ab. Während die Psychiater, soviel wir sehen, die Agoraphobie meist als Zwangsneurose ansprechen, neigt die Mehrzahl der Psychotherapeuten zu der Auffassung, daß die Raumängste wie alle Phobien grundsätzlich der Hysterie zuzurechnen seien oder doch mehr zu ihr als zur Zwangsneurose tendieren.

Geben wir nun zunächst den Psychiatern das Wort. In dem Kapitel »Allgemeine Symptomatologie« rechnet Bumke die Platzangstkranken zu den Anankasten (und Psychopathen). Im Abschnitt »Zwangsdenken« führt er aus: »Bei manchen Psychopathen kristallisieren sich aus der immer bereiten Angst schließlich bestimmte Angstkomplexe, sogenannte Phobien (Platzangst usw.) heraus..., bei denen es gesetzmäßig zu solchen Zwangszuständen kommt. Wir nennen sie mit Kurt Schneider Anankasten.«[7]

Daß auch Oppenheim die Agoraphoben den Psychopathen zuschreibt und auf den konstitutionell-hereditären Faktor entscheidendes Gewicht legt, nimmt nach dem oben Gesagten nicht wunder: »Es gibt eine Kategorie von Fällen, in denen die Angst nur bei bestimmten äußeren Anlässen, resp. in bestimmten Situationen eintritt, und am häufigsten ist es das Überschreiten eines freien Platzes, welches den Angstzustand auslöst. Diese *Platzangst* oder *Platzfurcht* – Westphals *Agoraphobie* – ist ein recht verbreitetes Leiden, das sich fast ausschließlich bei *neuropathischer* oder *psychopathischer* Anlage, und vornehmlich im Geleit der Neurasthenie entwickelt. Mehrmals sah ich es mit Akzessoriuskrampf, bzw. dem Tic général alternieren, oder es war eines der Geschwister von Platzangst, das andere von dieser Motili-

---

[6] Siehe u. a. »Körpergeschehen und Neurose«, Stuttgart 1947; »Klinische Vorstellungen«, Stuttgart 1947; »Der Gestaltkreis«, Stuttgart 1947.
[7] Oswald Bumke, Lehrbuch der Geisteskrankheiten. 4. Auflage, München 1936, S. 155.

tätsneurose betroffen. Auch der Alcoholismus chronicus ist zu den Ursachen zu rechnen.«[8]

Eugen Bleuler rechnet die Phobien nicht zu den Hysterien wie Freud, dessen Neurosenlehre er im übrigen weitgehend übernommen hat, sondern zu den oft erblich bedingten Zwangsneurosen: »In den Zwangssymptomen drängt sich irgendeine Vorstellung, ein musikalisches Motiv, eine Fratze, eine Gespensterhand, eine Stimme auf, die man nicht loswerden kann ... Fragen, teils albern banale ..., teils unlösbare Probleme der letzten Dinge ... betreffend, teils religiöse ..., teils sexuelle, die oft auch deutlich in den vorher genannten Arten stecken (Grübelsucht). Inhaltlich grundlose Zwangsbefürchtungen betreffen einmal ein drohendes Unglück, z. B. vom Blitz erschlagen zu werden (Keraunophobie), dann einfache Gefahrvorstellung unter bestimmten Umständen ohne logische Begründung: Platzangst (Agoraphobie), Klaustro-, Nyktophobie, Angst vor Reisen, vor Tunnels ... Die Phobien drängen zum Vermeiden bestimmter Handlungen, die Angst vor Verantwortlichkeit zu immer wiederholten Schutzmaßregeln ... In anderen Fällen scheint der Zusammenhang zwischen Motiv und Handlung (ohne Analyse) ganz unverständlich ... Was den Patienten zwingt, gegen seinen Willen den als unsinnig erkannten Antrieben, zu denken oder zu handeln, nachzugeben, das ist die *Angst,* die mit jedem Widerstand verbunden ist. Diese ist es, die z. B. bei der Agoraphobie die Beine versagen macht, so daß der Patient zitternd und schwitzend und leichenblaß zusammensinkt ... Auch in der Genese haben alle diese Erscheinungen etwas Gemeinsames; es gehört dazu für alle eine bestimmte *Konstitution* ... Die eigentliche Zwangsneurose kommt nur auf dem Boden eines ängstlichen, unsicheren, aber gewissenhaft sein wollenden Charakters zustande, wobei der Verstand meist über mittel ist ... Während der Hysterische Mechanismen benutzt, die bei jedem Gesunden bereitliegen, bedarf die Zwangsneurose einer viel enger bestimmten Konstitution ..., die oft mit ihren Nuancen erblich ist ... Ich möchte deshalb an eine Instinktabnormität denken, deren

---

[8] Hermann Oppenheim, Nervenkrankheiten, 6. Aufl. Teil II, S. 1520 f.

Art des Zusammenhangs mit der Sexualität offen zu lassen ist. Die psychoanalytisch festgestellten Krankheitsbedürfnisse in Verbindung mit diesem Parainstinkt würden dann die Zwangsneurose schaffen ...[9]«

Aus weiteren psychiatrischen Publikationen sei noch das Lehrbuch von R o b e r t B i n g erwähnt. B i n g klassifiziert die Platzangst unter die »konstitutionellen Neurastheniformen« und führt in seinem Lehrbuch in Vorlesung 28 darüber aus: »Ganz anders als bei den akquirierten, liegen die ätiologisch-pathogenetischen Verhältnisse bei den *konstitutionellen Neurastheniformen*. Das *degenerative* Moment gibt sich in gleicher Weise aus der Anamnese und aus der Semiologie kund. Als das bekannteste und vielleicht häufigste Paradigma der *Phobien* ist W e s t p h a l s »Agoraphobie«, die »Platzangst«, zu nennen.«[10]

Über die Umwandlung des Affektes der Angst in den der *Furcht* weichen die Ansichten ebenfalls ab – soweit die psychiatrische Forschung sich überhaupt mit dieser Problematik ernstlich befaßt. Hier wiedergegeben, da typisch, seien die Auffassungen B u m k e s : »Was das *seelische* Erlebnis angeht, so ist die Angst häufig gegenstandslos. Namentlich im Beginn erklären die Kranken nicht selten, sie hätten Angst, aber sie wüßten nicht, wovor. Erst bei längerem Bestehen oder bei größerer Stärke verdichtet sich die Angst zu Befürchtungen. Der Gegenstand der Angst ist dann oft zufällig. Irgendein Erlebnis gibt den Anlaß, oder aber es wird auch nur die Lebenslage, in der die Angst zuerst auftrat, für die Zukunft gefürchtet. Nicht selten empfinden die Kranken ihre Angst zum ersten Male in überfüllten und überheizten Räumen und nun vermeiden sie jede Menschenansammlung aus Furcht, wieder Angst zu bekommen. In anderen Fällen tritt beim Überschreiten eines großen Platzes eine Mißempfindung, ein Schwindel, ein Schweiß oder aber Angst auf, und wieder bleibt eine »Phobie«, die Platzangst, zurück.«[11] B u m k e sieht also nicht die symbolische Bedeutung der Straße und des Raumes bei der Entstehung der Platzangst.

---

[9] A. a. O., S. 381 ff.
[10] R o b e r t B i n g, a. a. O., S. 539.
[11] E u g e n B l e u l e r, a. a. O., S. 19.

Nach ihm fixiert und »verdichtet« sich die Angst rein zufällig zur Furcht vor dem Raum (Straße, Platz usw.). Wir haben bereits im allgemeinen Teil ausgeführt, daß die von B u m k e hier geschilderte Genese nicht die Diagnose Phobie, sondern *Pseudophobie* rechtfertigt.

Ein differenzierteres Eingehen auf die symptomatische Psychologie der Platzangst finden wir bei J a s p e r s (Allgemeine Psychopathologie, 1913). Bei der Entstehung der Hysterie erkennt er neben der Steigerung gewöhnlicher Mechanismen *ganz neue außerbewußte* Mechanismen des Seelenlebens. Als besondere Erscheinungen führt J a s p e r s organische Störungen psychogener Art sowie rein psychoneurotische Symptome, darunter die Platzangst, auf: »... *eine Funktionsstörung* ... (steht) in deutlichem Zusammenhang mit einer *gleichzeitigen* psychischen Störung. Funktionen können nicht ausgeübt werden, weil der Kranke *Angst, Hemmungen,* plötzliche *Passivität* oder *Verwirrung* erlebt. Beim Gehen, Essen, Schreiben, bei der Urinentleerung usw. geschieht das in ähnlicher Weise. Schreibkrampf, sexuelle Impotenz usw. sind das Resultat. Dahin gehören auch die *Phobien*. Die am frühesten beschriebene ist die *Agoraphobie*...« (S. 80) – J a s p e r s bemüht sich um die »innere Kausalität«. Im Gegensatz zum »statischen« strebt er ein »genetisches Verstehen« an. Dieser bekannte Heidelberger Philosoph und Psychiater hat sein Buch völlig neubearbeitet und zu einem erheblichen Teil dem Problem der Neurosen und der Psychotherapie gewidmet. In seiner 1946 erschienenen Allgemeinen Psychopathologie ermißt man den beginnenden Umbruch in der Psychiatrie unter dem Eindruck der Tiefenpsychologie[12]. J a s p e r s ' Psychologie richtet sich gegen jede kausale Gesamttheorie des Seelischen, also sowohl gegen die F r e u d s wie die der »Hirnmythologen«; seine Ablehnung richtet sich also auch gegen »rein somatisch orientierte Mediziner«, »intellektuelle Psychiater«, die die Mechanismen aus dem Unbewußten »manchmal selbst in ihrer Existenz zu leugnen geneigt waren« (S. 303). So sehr die F r e u d sche Theoriebildung vom Standpunkt des Philosophen J a s p e r s zu

---

[12] Berlin und Heidelberg, 748 Seiten.

verwerfen ist, so wird doch die praktische Brauchbarkeit der Begriffe *Abspaltung, Verdrängung, Komplexe* von ihm bejaht. Hierzu gehören auch manche *Symbolbildungen* und die Mechanismen der *Projektion* und *Übertragung*. Den seelischen Mechanismus als außerbewußte Bedingung seelischer Erscheinungen zu begreifen, ist für die Psychopathologie nach J a s p e r s »von fundamentaler Wichtigkeit«. So bestätigt J a s p e r s u. a. den von J u n g geprägten Begriff der Komplexe, die »die Tendenz (haben), den Menschen zu beherrschen, so daß nicht mehr der Mensch Komplexe hat, sondern die Komplexe den Menschen haben« (S. 309). Mit diesen Begriffen und Mechanismen wird auch das *Unbewußte* in seiner überragenden Bedeutung anerkannt. Jede »Erhellung« seelischen Lebens erfolgt aus dem Unbewußten. Es wird als das »Unbemerkte« verstanden, das durch Phänomenologie und »verstehende Psychologie« (zu der auch die Tiefenpsychologie zählt) zu Gewußtem gemacht wird (S. 254). Es ist zu trennen von dem prinzipiell nie Bemerkbaren, dem echten Unbewußten. J a s p e r s zieht hierfür den Begriff des *Außerbewußten* vor, ohne jedoch die Trennung immer scharf durchzuführen. – Die Möglichkeit, daß *frühkindliche* Erlebnisse unbewußte Bedingungen für die spätere Neurose schaffen, wird zugegeben. »Der Familienzusammenhang ist in seiner prägenden Wirkung von den Psychoanalytikern erkannt worden ... Das Unbewußte der Eltern wirkt auf die Kinder, ohne daß diese sich dessen klar werden« (S. 601). J a s p e r s beruft sich hier auf den Psychotherapeuten H e y e r (»Organismus der Seele«). J a s p e r s hält die Aufgabe der Symbolforschung für die Psychotherapie für äußerst wichtig, »erstens, weil ihre Anschauung Einblick gewährt in das, was den einzelnen Menschen vielleicht beherrscht, zweitens, weil dunkle Symbole sich erwecken, pflegen und zum Bewußtsein bringen lassen, drittens, weil durch Symbole eine indirekte Führung des Menschen möglich sein wird. So scheint es wenigstens, obgleich alle drei Wege auch bezweifelt worden sind. Wenn aber Symbole eine solche dann kaum zu überschätzende Bedeutung haben, so ist ihre Erforschung eine dringende Aufgabe« (S. 279).

Die Dringlichkeit dieser Forscherarbeit ist von *tiefenpsychologischer* Seite seit mehr als einem halben Jahrhundert erkannt worden und hat bereits zu Resultaten geführt, die allerdings, und zwar sowohl für die moderne Medizin wie das gesamte Geistesleben, eine »kaum zu überschätzende Bedeutung« haben!

Die »verstehende Psychologie« klingt auch bei dem späten Kurt Schneider an: »Schon allein die Freudsche Fragestellung ist ein großer Fortschritt. Er fragt nicht nur: Warum hat dieser Mensch *Zwangsvorstellungen,* sondern: warum hat er *diese* Zwangsvorstellungen? Die Inhalte sind nicht nur zufällig und wie von außen angeflogen, sondern sie haben einen individuellen Sinn.«[13] Kurt Schneider gehört zu den »Organikern«, die die rein psychischen Ursachen der Neurose leugnen und auf die ältere Generation der Psychiater einen in bezug auf die analytische Entwicklung der Neuroseforschung hemmenden Einfluß gewonnen haben. Seine späte Revision der antiquierten Auffassung hat sich kaum geltend gemacht.

Mit diesen allerdings noch vereinzelten Äußerungen ist die Wende angedeutet, die die medizinische Psychologie gegenüber der bisherigen, die Phänomene beschreibenden Forschung eingenommen hat.

Die oben erwähnte Freudsche Frage ist nicht zu beantworten, ohne die Berücksichtigung des *Unbewußten* und seiner Funktion und ohne Kenntnis der intrapsychischen *Konflikte*. Die stärkste Annäherung an die psychotherapeutischen Positionen bringen die Neurosetheorien von Bleuler, Gaupp und Kretschmer.

In diesem Zusammenhang sei auf eine andere Neurosenform hingewiesen, die von Kraepelin in die Wissenschaft eingeführte *»ängstliche Erwartung«*. Schon aus dem Begriff ist ersichtlich, worum es sich im wesentlichen handelt: die auch für den Gesunden vorhandene Spannung in Erwartung eines besonderen Ereignisses wird krankhaft vergrößert und entwickelt sich zu einer Erwartungsneurose, die die gesamte Lebensführung in der nachhaltigsten Weise beherrschen kann. Aus dem mannigfaltigen klinischen Bild des Krankheitszustandes sei hervorgehoben, daß auch das Gehen »durch lähmungsartige Schwächen in den Beinen, in anderen Fällen

---

[13] Kurt Schneider, Die psychopathischen Persönlichkeiten. Leipzig und Wien 1923. In: Handbuch der Psychiatrie, hrsg. von G. Aschaffenburg, Spezieller Teil, Abteilung 7, Teil 1.

durch rasch sich steigernde Schmerzen oder auch durch Spannungen, Stolpern, Unsicherheit, gehindert wird.« Auch dieses Symptom ist im vorigen Kapitel als kennzeichnend für vasovegetativ Gestörte, deren Zustand die Voraussetzung für eine Pseudophobie bildet, erwähnt worden. Wegen der Unfähigkeit, einen großen Schreck adäquat zu verarbeiten, bleiben diese Vasolabilen in Abwehrangst. Ihre ständige Bereitschaft bietet Schutz vor Überraschung durch einen Schock, ist also als sinnvolle Vorbereitung auf plötzliche seelische Erschütterungen zu verstehen, weil diese ohne Schutz sonst zur Katastrophe, zu schweren Angstanfällen führen können mit der Gefahr der Wiederholung aus banalen Anlässen.

Kretschmer [14] erstrebt eine Synthese der psychiatrischen mit der psychotherapeutischen Forschung unter Verwertung eigener Untersuchungsergebnisse. Gestützt auf die französische Schule (Janet, Charcot, Hypnoseforschung) soll versucht werden, »die wichtigsten grundsätzlichen Gedanken der modernen Hysterieforschung, speziell von Kraepelin und von Freud ... zusammenzuarbeiten«. Im übrigen bestätigt Kretschmer die relative Autonomie des Unbewußten, den Konflikt zwischen den zwei »Willen« (Freud spricht schon vor 1900 vom »Gegenwillen«!), die Symbolbedeutung der Träume und Symptome und andere Thesen der psychotherapeutischen Forschung.

In seiner Schrift »Hysterie, Reflex und Instinkt«[15] wird der Anteil der Simulation bei Entstehung von Kriegsneurosen auf das wissenschaftlich vertretbare Maß reduziert. Als Übergangsform zum »Totstellreflex« nennt er das »Sichverkriechen« im Bett bei Astasie-Abasie, dem Nicht-mehr-stehen- und -gehen-wollen. Es lasse sich mit dem instinktiven Sichverstecken der Tiere, dem In-den-Sand-kriechen vergleichen, das zum Schutz vor der Gefahr dient. In unserer Kasuistik werden wir mehrere Fälle von Agoraphobie schildern, die zu monatelanger Bettlägerigkeit geführt haben. Die Symptome beim Anfall eines Platzangstkranken haben in der Tat vieles mit den Erscheinungen des »Totstellreflexes« gemeinsam. Bereits James hat auf die Mobilisierung dieser archaischen

---

[14] »Medizinische Psychologie« bei Georg Thieme, Leipzig. 7. Aufl. 1943.
[15] bei Georg Thieme, Leipzig. 3. Aufl. 1944.

Instinkte bei Agoraphoben und das entsprechende Verhalten von Tieren hingewiesen. – Schon früh hat R o b. G a u p p der Tiefenpsychologie von C. G. J u n g lebhaftes Interesse entgegengebracht und diesem Forscher, soweit wir übersehen, auch später nur Worte der Anerkennung gezollt. Mit den frühen Arbeiten F r e u d s hat sich G a u p p fast vorbehaltlos einverstanden erklärt und von ihm den Begriff der »Flucht in die Krankheit« übernommen. »Der Begriff der *Verdrängung* ist anerkannt«, so schreibt G a u p p 1927 und fährt fort: »Die entlastende Wirkung des *Abreagierens* (ist) zugegeben, die *Bildung körperlicher Krankheitssymptome im zeitlichen Zusammenhang mit der Verdrängung* erwiesen ... F r e u d ist ein *ernster Forscher* und guter Beobachter ... seine Lehre von der frühkindlichen Sexualität war kein reines Spiel seiner konstruktiven Phantasie.« – Auch das Zielstrebige, Finale und das unbewußte »Krankheits-Arrangement« A d l e r s würdigt er vollauf. »A d l e r s großer Heilgedanke, der in dem Lebendigwerden eines neuen Gemeinschaftsgefühls gipfelt, verdient vollste Anerkennung« (1927).

Wie erfreulich auch die Würdigung vieler tiefenpsychologischer Erkenntnisse durch die genannten Psychiater ist, so haben sie doch nicht die volle Tragweite dieser neuen Forschung erkannt.

Hinsichtlich der neueren psychiatrischen Literatur möchte ich mich auf die Erwähnung von zwei hervorragenden Werken beschränken. H a n s H o f f (Lehrbuch der Psychiatrie, 2 Bde., erschienen 1958 in Basel) gibt dem gesamten Gebiet der Tiefenpsychologie einen breiten Raum. Das soeben (1971) in Frankfurt erschienene Werk »Angst« des Heidelberger Psychiaters W a l t e r v. B a e y e r, in Zusammenarbeit mit seiner Gattin, der Psychologin W a n d a v. B a e y e r - K a t t e, bringt in ausgezeichneter Form eine Übersicht über alle Angst-Theorien, leider ohne Erwähnung der J u n g schen analytischen Psychologie.

3. Psychotherapeutische Forschung

Wir hörten bereits, daß die moderne Psychotherapie sich auf die Kenntnisse vom Unbewußten als einem wichtigen Teil der menschlichen Psyche stützt. Die ihr zugrunde liegende Hypnoseforschung sprach vom Unterbewußten als den tiefen Schichten der Seele. So entstand der Begriff der Tiefenpsychologie. Wenn wir in dieser Arbeit von Psychotherapie sprechen, so ist in erster Linie jene Therapie gemeint, die sich der tiefenpsychologischen Forschung bedient. Sie verdankt ihre grundlegenden Erkenntnisse dem genialen Begründer der Psychoanalyse F r e u d. Auf F r e u d s Forschungen beruht die Wissenschaft des *Unbewußten* und die Einführung des klinischen Begriffs der *Verdrängung*. Bestimmte Triebansprüche können nicht verwirklicht werden mit Rücksicht auf die Umwelt oder eigene psychische Kontrollinstanzen. Sie werden zurückgewiesen, von der Assoziation abgeschaltet, »verdrängt«. Die Verdrängung ist ein allgemeines Konfliktsymptom. Mit der Verdrängung sind die gesamten Triebregungen aber nicht annuliert. Sie sind in das Unbewußte abgeschoben und machen sich gewissermaßen als abgesprengte Seelenteile kraft ihres eigenen Dynamismus wieder bemerkbar, nur in einem vom Bewußten nicht erkennbaren Inhalt und oft als Krankheitssymptome oder als Charakterstörungen.

B l e u l e r hat diese als psychologische Grundbegriffe zunächst von F r e u d (und seinem Mitarbeiter B r e u e r) aufgezeigten seelischen Mechanismen übernommen[16]. Mit Recht hebt B l e u l e r hervor, daß »einer großen Anzahl von Nerven- und Geisteskranken die wichtigsten Gründe ihres krankhaften Verhaltens nicht nur unklar, sondern nicht bewußt sind. Auch die Theoretiker, die aus verschiedenen Gründen die Existenz unbewußter psychischer Funktionen für unmöglich halten, müssen das Vorkommen von Psychismen zugeben, die vom Patienten in den bewußten Überlegungen nicht verwendet werden können. Wir begnügen uns hier mit der Konstatierung solcher Funktionen, betonen aber, daß wir in diesem Zusammenhange die Frage nach der Existenz absolut unbewußter psychischer Vorgänge ruhig offen lassen können; es ist für das Folgende gleichgültig, ob in jedem Falle der Patient ›in irgendeinem Winkel seiner Seele‹ noch etwas von den Motiven wisse oder nicht. Bei den fließenden Übergängen von ›klar bewußt‹ bis zu ›ganz bewußt‹, von raffinierter

---

[16] A . a. O., S. 2/3 und 344.

Simulation bis zu reiner ›Zweckkrankheit‹ kommt der Streit, so weit er hier Bedeutung hat, doch nur auf ein Mehr oder Weniger heraus. Wichtig für uns ist, daß dem bewußten Willen die meisten Zugänge zu den psychischen und vegetativen Mechanismen, die die Symptome erzeugen, verschlossen sind..., während sie für die unbewußten Funktionen direkt gangbar sind. Deshalb liegt der wesentliche Teil der Mechanismen, die Neurosen erzeugen, fast ausnahmslos im Unbewußten.«[17]

Ohne Widerspruch wird schon vor Jahrzehnten selbst von Gegnern F r e u d s dessen Lehre von den Fehlleistungen anerkannt. So mußte B u m k e feststellen: »Seine Psychologie des Alltagslebens (gemeint ist F r e u d s Psycho*path*ologie des Alltagslebens, d. Verf.), die Lehre vom Versprechen und von der Verdrängung haben mit Recht Anerkennung gefunden.«

Wenn auch die neuere Psychiatrie wesentliche Positionen der Tiefenpsychologie in den letzten Jahren übernommen hat, so differieren die Anschauungen immer noch in der Einschätzung des *konstitutionell-hereditären Faktors* bei der Entstehung der Neurosen. Der Standpunkt der Psychotherapeuten findet nur von einzelnen modernen Erbforschern Unterstützung, so von H a n s L u x e n b u r g e r: »... *die Neurose als solche kann niemals erblich sein, sondern nur die Voraussetzungen, aus denen sie entsteht, die Persönlichkeitsgrundzüge, welche die neurotische Verhaltensweise bestimmen und sich der für die Neurose bezeichnenden Unvollkommenheiten in der Funktion des Zentralnervensystems bedienen.*«[18]

L u x e n b u r g e r mahnt zur Vorsicht bei den Abgrenzungen und Zuordnungen zur Gruppe der Psychopathen. »Nur allzu oft ist die Diagnose ›Psychopathie‹ nicht eine Kennzeichnung des zu Beurteilenden, sondern des Beurteilers.«[19]

---

[17] A. a. O., S. 172.
[18] Psychotherapie in der Praxis. Bericht über die 2. Tagung der Deutschen Allgemeinen Ärztlichen Gesellschaft für Psychotherapie. Sept. 1938. Verl. Rud. Knorsch & Co., hrsg. von Dr. O t t o C u r t i u s. S. 24.
[19] A. a. O., S. 25.

Der Fortschritt in der offiziellen Einschätzung der Psychotherapie wird besonders sichtbar in der neuen Ausbildungsordnung für das Medizinstudium.

Nach der Approbationsordnung für Ärzte vom 28. Oktober 1970 hat der Studierende der Medizin ein Praktikum der Medizinischen Psychologie sowie der Psychosomatischen Medizin und Psychotherapie nachzuweisen. Außerdem werden in den entsprechenden Abschnitten der Ärztlichen Prüfung von den Prüflingen Kenntnisse über Verhaltensstörungen bei Kindern und Jugendlichen und in der Präventiv- und Sozialpädiatrie gefordert. Der Katalog des nervenheilkundlichen Stoffgebietes beim zweiten Abschnitt der Ärztlichen Prüfung schreibt vor, daß bei der Prüfung u. a. Fragen aus nachstehenden Themen gestellt werden: Neurologische und psychiatrische Störungen bei anderen Grundkrankheiten. Allgemeine und spezielle Psychopathologie. Psychosen; Persönlichkeitsstörungen, Neurosen, psychosomatische Erkrankungen; sexuelle und sonstige Verhaltensstörungen. Psychiatrische und psychosomatische Untersuchungsmethoden; Auswertung klinisch-psychologischer Tests. Grundzüge individueller und gruppenorientierter Psychotherapie und der Sozialpsychiatrie. Psychohygiene.

Wir kommen zurück auf konstitutionelle Voraussetzungen für die Entstehung der Neurose. Mit L u x e n b u r g e r gehen die psychotherapeutischen Schulen davon aus, daß bei der Entstehung der Neurose eine Disposition, also eine Neurosebereitschaft, angeboren ist. Das Auftreten der Neurose erscheint also gebunden »an bestimmte Erbvoraussetzungen, die sich in der Mehrzahl der Fälle im Bereich der konstitutionellen Nervosität finden lassen«[20]. Der Erbfaktor wird nur als eine unter anderen Bedingungen gewertet. Mit J. H. S c h u l t z betrachten wir die Neurosen als pathologische, funktionelle (»nervöse«) Symptome und Syndrome. Danach besteht die bei Neurotikern vorzufindende Nervosität darin, daß »physiologische Reize eine abnorme Reaktion auslösen, und daß Lebensbedingungen, welche von der Mehrzahl der Gattung schadlos vertragen werden, krankhafte Zustände bewirken«[21]. Die erbliche Eigenart dieser Nervösen muß also keineswegs zu

---

[20] J. H. S c h u l t z , Seelische Krankenbehandlung, 4. Aufl., Fischer, Jena, Seite 257.
[21] Zitiert in J. H. S c h u l t z , S. 257.

offenkundigen Krankheitserscheinungen führen, vielmehr kann es bei einer Neurosebereitschaft sein Bewenden haben, und »nur in dem Sinne einer Konstanz letzter genotypischer Eigenart dürfen wir zugeben, daß ein ›Nervöser‹ immer ein Nervöser bleiben werde, daß Psychopathen ›im Grunde‹ unheilbar seien«[22].

Zu der erwähnten Disposition hinzutreten müssen also immer Lebensumstände mit seelischen Konflikten, die für die Persönlichkeit nicht mehr zu verarbeiten sind und die Neurose zum Ausbruch bringen. Ob eine Neurose ausbricht, hängt dann von dem Grad der Disposition einerseits und der Intensität des Konfliktes andererseits ab.

Wir wiederholen die grundlegende Bedeutung des Unbewußten für die Tiefenpsychologie aller Richtungen. Als Äußerungen des Unbewußten sind zu nennen: Fehlhandlungen, Träume, neurotische Symptome. Das grundlegende Werk F r e u d s (1904) über Fehlhandlungen findet auch bei den Skeptikern unter den Fachpsychiatern heute allgemein Anerkennung, wie wir oben dargetan haben. Man braucht nur an die unbewußt herbeigeführten Unfälle, auch im Straßenverkehr, zu denken sowie die Verstümmelungen als Protest gegen aufgezwungene, vehement abgelehnte Beschäftigung, oft als Arrangements, um von dem verhaßten Aufseher oder Vorgesetzten loszukommen.

Einigkeit bei den psychotherapeutischen Schulen besteht ferner darüber, daß innerseelische Konflikte die Neurose bedingen. Faktoren wie Verdrängung, mangelnde Sinnfindung, einseitige Lebenseinstellung und andere seelische Funktionsstörungen gehören zu den Gemeinsamkeiten der modernen Tiefenpsychologie und Psychosomatischen Medizin.

Nach dieser Feststellung der Übereinstimmung ist es nun unsere Aufgabe, die Abweichung in der Neurosenlehre und im besonderen in der Phobienlehre aufzuzeigen. Die hauptsächlichen Schulen lassen sich einteilen in die a) Psychoanalyse F r e u d s, b) Neoanalyse, c) Individual- und Gemeinschaftspsychologie (A d l e r und K ü n k e l), d) analytische Psychologie (C. G. J u n g).

---

[22] J. H. S c h u l t z, a. a. O., S. 257.

4. Die Freudsche Psychoanalyse

Ihre Wegbereiter sind die französischen Psychiater H. Bernheim, J. M. Charcot und P. Janet. Sie haben der Hysterieforschung mit Hilfe der Hypnose neue Wege gewiesen, auf denen dann die Wiener Ärzte Sigmund Freud und Josef Breuer weitergingen. Auf Grund ihrer ärztlichen Erfahrungen bei Hysterien haben diese eine neue Hysterielehre aufgestellt. Sie veröffentlichen zusammen 1895 die Arbeit »Studien über Hysterie« und begründeten darin eine rein psychologische Theorie der Neurosen. Sie wich insofern von den Theorien Charcots und Janets ab, als sie nicht mehr ausschließlich auf Heredität zurückgeführt wurde und die »traumatischen« Erlebnisse nicht nur die Rolle von »agents provocateurs« spielten. Von der »statischen« Auffassung der Seele gelangte Freud zu der Theorie des Konfliktes sich widerstreitender dynamischer Seelenkräfte. Als solche wurde das Lustprinzip auf der einen Seite und das Realitätsprinzip auf der anderen Seite angenommen. Lust ist in der Freudschen Theorie identisch mit Sexuallust, die Sexualtriebe mit Libido. In einem späteren Werk stellt Freud den Todestrieb (Destruktionstrieb) dem Sexualtrieb gegenüber.

In der für diese Arbeit gegebenen Kürze können hier nur summarische Definitionen für die grundlegenden Begriffe des Konflikts, der Verdrängung, des Ödipuskomplexes usw. gegeben werden.

Verdrängung

Der Wunsch nach Triebbefriedigung wird unter der Einwirkung des Über-Ichs, des »Gewissens«, vom »Ich« verurteilt, oder die Triebkräfte werden von ihren sexuellen Zielen abgelenkt, auf höhere, kulturelle Ziele gerichtet, »sublimiert«. Nicht immer gelingt diese Verurteilung oder Sublimierung, vielmehr werden diese Triebe gar nicht erst ins Bewußtsein zugelassen, oder aber, wenn sie einmal bewußt werden, von dort verbannt, d. h. ihre Befriedigung wird gewaltsam unterdrückt, »verdrängt«. Es gibt auch gelungene Verdrängungen. Erst wenn der Konflikt zwischen Trieb-Instanz, dem »Es«, und Ich-Instanz einschließlich des Über-Ichs nicht gelöst wird, kann die Neurose ausbrechen. Die abgespaltene Triebenergie, die gestauten Affekte wirken dann störend auf das Leben, auf Denken, Handeln, Fühlen. Symptome sind eine Wiederkehr des Verdrängten in entstellter Form. Die manifeste Neurose stellt eine Ersatzbefriedigung durch »Flucht in die Krankheit« dar. Sie ist mit einer Regression verbunden, einer Rückkehr auf eine der frühkindlichen Entwicklungsstufen bzw. mit einer Tendenz zu solcher Regression. Wir können hier auf die komplizierten Vorgänge im Ich (synthetische Funktion, Ich-Spaltung usw.) nicht eingehen.

Stufen der Entwicklung

Grundlegend für die F r e u d sche Schule ist deren Theorie der Entwicklung der menschlichen Psyche, die ihr daher auch den Namen Entwicklungspsychologie gegeben hat. Charakteristisch ist die Bedeutung, die der infantilen sexuellen Lustempfindung auf der Stufe des Säuglings und Kleinkindes beigemessen wird. F r e u d nennt sie Autoerotik und will diese erkennen bereits beim Saugen an der Mutterbrust und dem Fingerlutschen (orale Zone), bei den Harn- und Stuhlverrichtungen (uretale und anale Zone) und später bei der Masturbation. Das Objekt der Triebbefriedigung ist also das Kind selbst und an ihm bestimmte prädisponierte Körperregionen (primärer Narzißmus). Die frühkindlichen Triebe sind noch aufgespalten; F r e u d nennt sie Partialtriebe. Sie sind an die oben genannten erogenen Zonen gebunden, zu denen noch das Auge (bei Befriedigung des Schautriebes) hinzukommt. Unter den entsprechenden Entwicklungsstufen unterscheidet F r e u d die erste mit der Befriedigung der Mundzone zusammenhängende, die oral-sadistische Phase; die zweite mit der lustvollen Ausscheidung verbundene, die anal- und uretalsadistische. Diese erste Entwicklungsperiode wird, da das Sexualorgan noch keine bedeutsame Rolle spielt, die prägenitale Stufe der Libido-Organisation genannt. Werden die Partialtriebe später, etwa vom dritten Lebensjahr an, aufgezehrt durch die genitale Befriedigung, so setzt die phallische Stufe ein; phallisch deshalb, weil beim Knaben der Penis, beim Mädchen die Klitoris zur Zone sexueller Befriedigung wird. Diese Entwicklungsstufe dauert bis zum 5. oder 6. Lebensjahr; ihr folgt das Stadium der Latenzzeit, die bis zur Vorpubertät reicht. – Bis die Sexualtriebe auf die Fortpflanzung und damit auf ein Objekt konzentriert werden können, sind sie als Schau-, Tast-, als anal-sadistischer bzw. masochistischer Trieb *polymorph-pervers*. Hemmungen auf dem Wege zur zweckvollen Sexualbetätigung des Erwachsenen werden nach F r e u d durch Fixierung auf einer der ersten Stufen der Kindheitsentwicklung, also bis zum 5. oder 6. Lebensjahr, begründet. Dabei wird auch dem konstitutionellen Faktor im Sinne einer hereditären Verstärkung von Triebkomponenten Rechnung getragen. Als Störungsursachen kommen Einwirkungen durch die Eltern (beim Abstillen, bei der Erziehung zur Reinlichkeit und Bekämpfung der Onanie usw.) hinzu, um der späteren Neurose den Boden zu bereiten.

Wir haben im vorigen Abschnitt gesehen, daß die meisten Psychiater Hemmungen und Fixierungen überwiegend in die Zeit der Pubertät verlegen und nicht in die des Kleinkindes. Entsprechende Abweichung erfährt auch die Auffassung von der *Regression*, die nach F r e u d auf die durch frühkindliche Triebfixierungen vorbereiteten Entwicklungsstufen erfolgt.

Ödipuskomplex

Wir kommen in der weiteren Erörterung der F r e u d schen Psychologie zur Theorie des Ödipuskomplexes, der den unbewußten Kern jeder Neurose bilden soll. Wir werden sehen, daß bei der Entstehung der Furchtkrankheiten nach F r e u d die Auswirkungen dieses Komplexes eine überragende Bedeutung einnehmen. – Bereits in einem sehr frühen Stadium der kindlichen Entwicklung (3. bis 5. Lebensjahr) ist die Libido auch auf das Objekt gerichtet. In diesem Sinne »Liebesobjekte« sind in erster Linie die Eltern, und zwar hat der Sohn eine sexuelle Beziehung zur Mutter und die Tochter zum Vater. Die Fixierung an den Vater bzw. die Mutter erfolgt nicht ohne unbewußt feindselige Einstellung gegen den gleichgeschlechtlichen Elternteil. Den Zärtlichkeitsansprüchen des kleinen Mädchens gegenüber dem Vater steht die Mutter im Wege. Aus der Eifersucht entsteht der unbewußte Beseitigungswunsch gegen die Mutter. Dem Begehren des Sohnes antwortet der Vater mit der Drohung, den Penis abzuschneiden. Es entsteht der Kastrationskomplex, der den Ödipuskomplex ablöst. Wenn nun die libidinösen Beziehungen an die ersten

Objekte fixiert werden, die Ablösung von den Eltern also ganz oder teilweise unmöglich gemacht wird, so liegt eine pathogene Entwicklungshemmung des Kindes vor. Die spätere gesunde erotische Entwicklung ist gefährdet und damit die gesamte Persönlichkeit. Die psychoanalytische Behandlung kann als eine verspätete Erziehung zur Überwindung von Kindheitsfixierungen bezeichnet werden.

Bei der Pathogenese wird auch der sogenannten *Urszene* große Bedeutung beigemessen, d. h. der tatsächlichen Belauschung oder der phantasiemäßigen Vorstellung des elterlichen Coitus durch das Kind. Es erlebt diesen Akt als sado-masochistisch. Der Sexualverkehr erscheint als mörderischer Angriff des Vaters und als Lebensbedrohung für die Mutter. Mit ihr identifiziert sich das weibliche Kind und bezieht nunmehr eine unbewußt feindselige Haltung gegen den Vater und später gegen alle Männer. Nimmt das weibliche Kind auf diese Weise, also per identificationem, Stellung *für* die Mutter, so andererseits, durch die Ödipussituation, *gegen* sie, da es ja vom Vater geliebt werden möchte, wobei ihm die Mutter im Wege steht und in extremis so störend empfunden wird, daß das Kind unbewußt seine Mutter »beseitigen« möchte. Das Entsprechende, bei Vertauschung der Objekte, gilt für den Knaben. Wir sehen: nach der F r e u d schen Psychologie genügen Ödipussituation und Urszene zur Begründung einer schweren Ambivalenz, der Haß-Liebe. In der Regel wirken weitere Faktoren mit zur Steigerung der Aggression, so daß unbewußte Schuldgefühle bis zur Todesstrafe gegen sich selbst begründet werden. Diese Aggressionen können sich richten gegen den einen Elternteil oder gegen beide Eltern. Sie spielen eine bedeutsame Rolle bei der Auswahl der Personen, die den Agoraphoben begleiten müssen.

Neurotische Angst

Wir kommen nun auf ein Zentralproblem der Psychoanalyse, zugleich das Kernproblem der vorliegenden Arbeit: die Frage nach der Entstehung der neurotischen sowie der phobischen Angst.

Ursprünglich hat F r e u d angenommen, daß Angst ausschließlich durch direkte Umwandlung aus Libido entstünde. Unter bestimmten Bedingungen können Energien, die aus

Triebquellen fließen und keine »Abfuhr« finden, als Angst manifest werden. Diese Theorie spielt auch heute noch eine bedeutsame Rolle bei der Entstehung der »Aktualneurose«, d. h. aus Angst vor inneren Gefahren. Als letztere werden gestaute Sexualität erlebt. Sie stellt eine »hormonale Vergiftung« dar und kann, wie wir früher dargelegt haben, zur Pseudophobie führen.

Wie entsteht nun *neurotische Angst?* Bei ihr kommt der Anstoß zur Angstentwicklung aus dem Konflikt. Es sind Triebansprüche, deren Realisierung als unerträglich abgewiesen werden, da sie dem Ich als Gefahr erscheinen. Bei der Entstehung der Angst liegt also ein Konflikt vor zwischen dem Unbewußten und dem Ich; zwischen den zur »Abfuhr« drängenden Energien, dem Triebansturm einerseits und den »Ich-Trieben« andererseits, d. h. den ethischen, ästhetischen oder sozialen Forderungen des Ichs. Das Ich wird alarmiert und zur Verteidigung aufgerufen. »Die Angstentwicklung (ist) die Reaktion des Ichs auf die Gefahr und das Signal für die Einleitung der Flucht.«[23] Die notwendigen Reizmengen können nicht auf dem Wege der sexuellen Befriedigung abgeführt oder sublimiert werden. Die Aufstauung von Libido, die infolge Versagung nach innen gerichtet wird, bildet also die innere Gefahrenquelle. Das Abgewehrte ist der Trieb, das Abwehrende und das Motiv der Abwehr stammen vom Ich. Das Ich wird, wie erwähnt, vor die Aufgabe gestellt, die Verteidigung oder Flucht zu organisieren. Sie kann darin bestehen, Angst zu verdrängen oder sie zu binden. Die Verdrängung führt zur Regression und damit zur Belebung der Inzestwünsche und des Kastrationskomplexes*. Der Versuch, die Verteidigung durch Verdrängung zu organisieren, hat also Angstverstärkung zur Folge. Angstbindung erfolgt durch die Neurose, durch das Symptom. Bei der Hysterie wird Angst in organische Störungen umgewandelt, »konvertiert«. Es ent-

---

[23] S. F r e u d , Vorlesungen zur Einführung in die Psychoanalyse, S. 471.

* Bei den Phobien wird die Urangst des Geburtsvorganges belebt. Über dieses Urtrauma siehe F r e u d , Neue Folge, S. 248 ff. – Anhänger F r e u d s wollen bei Agoraphoben Träume analysiert haben, die den traumatischen Vorgang der Geburt zum Gegenstand haben.

steht die Konversionshysterie. Bei der Phobie wird Angst auf ein äußeres Objekt oder eine äußere Situation verschoben. Die innere Gefahr wird beseitigt; bei der Platzangst tritt an ihre Stelle die äußere Gefahr der Straße, aber diese nur bedingungsweise, nämlich bei deren Überschreitung durch den Kranken. Frei flottierende Angst verwandelt sich also in Furcht vor einem konkreten äußeren, banalen Objekt, das aber nur bedingungsweise Angst auslöst, dann allerdings »konzentrierteste« Angst bis zur Todesangst. Das Symptom erreicht seinen Zweck: der Patient bleibt relativ angstfrei, wenn er das phobische Objekt bzw. die Situation meidet. In der Regel kommt eine weitere Angstbindung hinzu, nämlich Umwandlung, Konvertierung, in körperliche Symptome. Bei der reinen Konversionshysterie, den Organneurosen, gelingt die Bindung der Angst nahezu vollständig. Bei der Phobie bedarf es eines Verteidigungssystems, d. h. der Einschränkung der Freiheit des Ichs, das zur Meidung des phobischen Objekts zwingt. Die inneren Angstquellen kommen aber nicht immer zum Versiegen; immer neue Verschiebungen auf äußere Objekte können dann erforderlich werden; der Kreis der zu meidenden äußeren Objekte und Situationen weitet sich: der Kranke weicht vor freien Plätzen, dann vor der Straße, dann vor den Räumen im Haus zurück, bis er ans Bett gefesselt wird.

F r e u d unterscheidet drei Arten von Ängsten: die Realangst, die Angst vor der Stärke der Leidenschaften des Es und die Angst vor den Anforderungen des Über-Ich (Gewissensangst). (»Neue Folge« S. 235). Als Vorbild für den Angstzustand und als Urangst sieht F r e u d den Geburtsvorgang.

Ein großer Teil der F r e u d schen Literatur und der seiner Mitarbeiter ist dem Studium des Angstproblems gewidmet. »Die Angst (wird) gleichsam in den Mittelpunkt unseres Interesses für die Neurosenprobleme gerückt.«[24] – Unsere schlagwortartige Behandlung dieses zentralen und vielschichtigen Problems ist notwendig, weil sonst der Rahmen dieser Arbeit gesprengt würde. Die F r e u d sche Angsttheorie ist vielfach modifiziert worden. So wurde der Schwerpunkt, wie erwähnt, vom »Es« auf die Ich-Instanz und ihre Signalfunktion gelegt,

---

[24] S. F r e u d, a. a. O., S. 470.

die die Aufgabe hat, die Lust und Unlustinstanz zu regulieren[25]. Mit dem Ausbau der Lehre von den einzelnen »Triebschicksalen« und »Abwehrmechanismen«, mit der Entwicklung der psychischen Instanzen, insbesondere des Es, Ich und Über-Ich, wandelten sich auch die Theorien der Angst und der mit ihr verbundenen dynamischen, ökonomischen und topischen Faktoren. Der *Todestrieb* ist nach der späteren Theorie F r e u d s mit der Entstehung der Phobie eng verbunden und spielt bei der Straßenangst als Aggression gegen die Begleitperson und als Schuldangst eine bedeutende Rolle.

Die Straße als Symbol

Wir müssen uns nun die Frage vorlegen, warum die Straße sich als Angstobjekt geeignet erweist und welche symbolische Beziehung die Verbindung mit der Gefahr herstellt.

F r e u d stimmt mit den meisten seiner Mitarbeiter darin überein, daß die Straße als Symbol der sexuellen Versuchung zu gelten hat. Das sich Aus-dem-Hause-Entfernen und Auf-die-Straße-Begeben bedeutet im einfachsten Falle: Ich bin erwachsen wie die Eltern, deren Kontrolle entzogen und kann auch frei über meine sexuellen Triebregungen entscheiden. Die Straße bedeutet also das unkontrollierte Draußensein und die von den Eltern unbewachte Situation, in der dem Sexualtrieb leicht nachgegeben werden kann.

Die Straße als Symbol »verbotener Lust« ist ein Problem, das sich vor allem jüngeren Menschen stellt, oder doch solchen in der ersten Lebenshälfte. Die Straßenangst bricht demzufolge aus beim Übergang in eine höhere Schule, nach Beendigung der Berufsausbildung bzw. am Anfang einer Berufstätigkeit. Besonders häufig bricht die Platzangst aus, wenn der entsprechend disponierte Mensch vor Entscheidungen gestellt wird, etwa Verlobung oder Ehe, oder vor Konflikte in der Ehe, gar verbunden mit sexuellem Versagen des Partners. Dann kann das »Auf-die-Straße-Gehen« Symbol für die Betätigung der Sexualität werden. Diese verbietet sich z. B. einer Patientin unbewußt, und damit das Betreten der Straße. Ermöglicht wird es in Begleitung der Mutter, ein Ausdruck der Regression in frühkindliche Entwicklungsstufen. Dann

---

[25] S. F r e u d , Hemmung, Symptom und Angst, S. 86 ff.

erscheint die Versuchung gebannt. Gleichzeitig erreicht das Unbewußte der Patientin eine Kontrolle über die Mutter: Solange die Mutter neben ihr einhergeht, wird sie vom Vater ferngehalten. Damit wäre aber das Kardinalsymptom der Angst, die sich bis zur Todesangst steigert, noch nicht erschöpfend erklärt. Der Schwerpunkt der Genese wird auf die tiefe Aggression, den Destruktions- oder Todestrieb gelegt. Die unbewußt nicht nur geliebte, sondern auch tödlich gehaßte Mutter muß die Patientin auf der Straße begleiten. Damit wird die Gewißheit erlangt, daß die Mutter in Wirklichkeit lebt, und das unbewußte Schuldgefühl wird beseitigt oder doch herabgesetzt[26].

Nach der F r e u d schen Psychologie beziehen sich beim *männlichen* Agoraphoben die unbewußten Todesängste auf den Vater aus frühinfantilen Erlebnissen. Hier ist es die Angst vor Körperbeschädigung (der Kastration) durch den für den Knaben allgewaltigen Vater, die als Strafe für das auf die Mutter gerichtete Sexualbegehren droht. Die Angst vor dieser Bestrafung durch den Vater wird als Destruktionsgefahr erlebt. – Durch Einbeziehung autoritärer Figuren, besonders also des Vaters, entwickelt sich eine eigene seelische Provinz, die Instanz des »Über-Ich«. Dieses gebärdet sich gegen das Ich wie der strafende Vater. Die Kastrationsgefahr wird also von außen nach innen gelegt, sie wirkt als unbewußte Drohung des »Über-Ich«. Je stärker das Über-Ich bei der Angstentstehung mitwirkt, um so mehr nähert sich die Phobie der Zwangsneurose und eine um so größere Rolle spielt die Regression. Daß nach F r e u d der Kastrationskomplex auch für die Frau entscheidend ist, geht aus einem von H. N u n b e r g [27] angeführten und kommentierten Beispiel hervor. Er berichtet den Krankheitsfall einer Frau, bei dem die strafende Instanz des Über-Ich gegenüber dem Ich und damit das Zwangsneurotische in Erscheinung tritt.

---

[26] Über den Ambivalenz-Konflikt gegenüber der Begleitperson siehe H. D e u t s c h , Zur Genese der Platzangst, Internationale Zeitschrift für Psychoanalyse XIV, 297. – Über eine andere Auffassung der Mutter-Tochter-Beziehung siehe C. G. J u n g , Von den Wurzeln des Bewußtseins, Zürich 1954, S. 104 ff.
[27] H. N u n b e r g , Allgemeine Neurosenlehre auf psychoanalytischer Grundlage, 1931 (von S. F r e u d als »vollständigste und gewissenhafteste Darstellung« seiner Theorie bezeichnet), S. 188 ff.

Die Behandlung gestaltete sich erst erfolgreich, als die sadomasochistische Komponente bloßgelegt wurde.

Fall 5:
Eine Patientin litt ... an Angst vor offenen Plätzen ... Sie verlor so vollständig den Kopf, daß sie dabei immer in Gefahr war, überfahren zu werden. Es kam vor, daß sie wie »absichtlich« in ein vorbeifahrendes Fuhrwerk hineinrannte. Prostitutionsphantasien, die sich dahinter verbargen, waren leicht nachzuweisen. In eine andere Richtung führte jedoch die Auskunft, daß die Angst am heftigsten wurde, wenn sie auf einem freien Platze einer bekannten Person begegnete. Zum erstenmal hatte sie diese Angst bei einer Begegnung mit ihrem Bruder bekommen. Es war für das Bewußte der Patientin nahezu eine Selbstverständlichkeit, daß die Angst vor dem Bruder Angst vor Strafe war. Sie wußte aber zunächst nicht, warum. Dieser Bruder hatte als erster sie vor allem Sexuellen zu schützen gesucht, er hatte sie zu seinen eigenen sexuellen Spielen mit anderen Mädchen nicht zugelassen. Im Zusammenhang damit kamen Erinnerungen zum Vorschein, daß sie sich seit der Kindheit auf der Straße vor Lustmördern gefürchtet hatte. Es ist in dem Orte, wo sie lebte, wirklich ein Lustmord vorgekommen, weshalb ihr der Vater streng verboten hatte, allein auf die Straße zu gehen. Obwohl sie damals noch nicht recht wußte – wohl aber eine dunkle Ahnung davon hatte –, was Lustmord sei, zog es sie doch mit eigentümlicher Neugierde auf die Straße. Sie übertrat ständig das Verbot des Vaters. Aus diesem und vielen anderen Gründen erwartete sie, wie ihr die Analyse eindrucksvoll und überzeugend nachgewiesen hatte, immer Strafe vom Vater. Die Angst vor Strafe, die sie dem Bruder gegenüber empfand, war also vom Vater auf ihn verschoben. In der Pubertät wußte sie schon, was ein Lustmörder ist, sie bekam damals ihre Phobie, hatte aber auf der Straße nicht mehr bewußt Angst vor Lustmördern. Zuletzt möchte ich mitteilen, daß sie sich in der Analyse darüber ganz klar wurde, daß sie in der Bestrafung durch den Vater eine Art Lustmord erwartete und den Sexualverkehr seit jeher stark sado-masochistisch auffaßte. Sie verletzte sich häufig, um vom Vater,

der Arzt war, behandelt zu werden. Beim Verbinden und Versorgen der Wunden empfand sie die vom Vater zugefügten Schmerzen als sexuelle Lust. Wenn erinnert wird, daß die Angst auch Erwartungsangst ist, so wird in unserm Falle die Strafe, die masochistische Lust, erwartet. Die Gefahr wird zur Lust.«

Eduard Hitschmann berichtet von einer Platzangst, die – wie weitere drei Neurosen – durch Verstärkung des Ödipuskomplexes begründet worden ist. In allen Fällen handelt es sich darum, daß die Väter in dem für Kinder entscheidenden Alter zwischen 4 und 6 Jahren nach langer Abwesenheit aus dem Felde zurückkehrten und unbewußt die Mutter raubten. Der Vater wird hier als Eindringling erlebt. Ihm gilt die ohnehin in diesem Alter vorhandene Eifersucht in erhöhtem Maße, ihm gelten die unbewußten Beseitigungsgleich Todeswünsche mit den daraus sich ergebenden Schuld- und Angstgefühlen.
Übrigens hat Hitschmann[28] an mehr als der Hälfte der ihm zur Verfügung stehenden Fälle von Platzangst frühen oder schreckhaften Tod eines Elternteils festgestellt, ferner des öftern eine Platzangst der Vorfahren. Da der Agoraphobe einen plötzlichen Herztod fürchtet, infolge der Erhöhung der Herzfrequenz, so liegt eine neurotische Identifizierung mit den Vorfahren nahe. Für die Identifizierung eignen sich am besten Personen, bei denen alte Schuldgefühle sich erneuern. Unbewußte Todeswünsche scheinen dem Patienten nun erfüllt.
Eine weitere unbewußte Ursache der Straßenangst ist latenter Exhibitionismus. Auch von Weizsäcker sieht in der unbewußten Tendenz, sich auf der Straße nackt zu zeigen, ein genetisches Moment der Agoraphobie (Zeitschrift »Die Psyche«, 1948, Heft 2).
Viele Vertreter der entwicklungspsychologischen Richtung sind vom Ödipuskomplex Freuds ebenso abgerückt wie von seiner starren Sexualtheorie überhaupt, ohne damit die Bedeutung der frühkindlichen psychischen Vorgänge zu übersehen und die pathogenen Fixierungen zu leugnen.

[28] Internationale Zeitschrift für Psychoanalyse, Band XXIII, 1937, S. 394.

Eine Modifikation und zugleich eine prinzipielle Bestätigung der oben beschriebenen Genese wird von J. H. Schultz vertreten: »Vielfach sehen wir als Hauptquelle der Neurosenbildung nicht die meist allzu körperlich aufgefaßte Frage der genitalen Befriedigung, sondern halbklare oder ganz unbewußte Auseinandersetzungen mit sexuellen Wünschen, so daß etwa eine sogenannte Platzangst mit allen ihren psychischen und somatischen Begleiterscheinungen im wesentlichen einen Selbstschutz gegen erotische Versuchungen darstellen kann. Ist diese Konfliktlage für den Partner mehr aktuell, so kann auch der »Nichtversuchte«, wie man es namentlich bei älteren Ehegatten eines jüngeren, temperamentvollen Partners beobachten kann, eine »Platzangst« entwickeln, deren Wesen darin beruht, daß der unsichere Lebenskantonist den Kranken auf Schritt und Tritt begleiten muß, weil sonst schwerste Angstanfälle auftreten, und bei irgendwelchen Trennungen aus demselben Grunde jederzeit telefonisch erreichbar sein muß. So ergibt die »Platzangst« ein absolutes Kontroll- und Spionagesystem gegenüber dem Ehepartner, ohne daß selbstverständlich diese Zusammenhänge dem Kranken im mindesten bewußt wären. Er erlebt nur, sobald die geschilderten Bedingungen nicht eingehalten werden, allerschwerste Todesangst mit den bekannten katastrophalen Reaktionen aller vegetativen Funktionen.

Auch andere der Freudschen Psychoanalyse fernstehende Autoren werten die Straße als sexuelle Versuchung, ohne sich jedoch die Freudsche Ödipuskomplex-Theorie zu eigen zu machen. So z. B. der religiös orientierte Happich, der bei seinen agoraphoben Patienten fand, daß sie die Straße belebt sehen von nackten, sexuell erregten Menschen.

Hysterie oder Zwangsneurose?
Differentialdiagnostisch ordnet die Tiefenpsychologie die Platzangst unter die *Hysterie;* wenn akzessorisch stärkere Zwangssymptome in Erscheinung treten, schwankt die Diagnose zwischen Hysterie und Zwangsneurose.

Warum ist die Platzangst grundsätzlich der Hysterie und nicht der *Zwangsneurose* zuzuschreiben? Der Zwangskranke ist bekanntlich einem magischen Zeremoniell unsinniger Handlungen unterworfen, dessen Nichteinhaltung Angst auslöst. Wenn er nachts nicht immer wieder aufsteht, um sich zu vergewissern, daß die Tür auch wirklich verschlossen oder der Gashahn wirklich abgedreht ist, kann er nicht zur Nachtruhe kommen. Die psychoanalytische Theorie der Zwangsneurose will deren Wesen auf die Art und Folgen der Regression zurückführen. »Die Regression der Libido bildet das Merkmal, welches die zwangsneurotische von der hysterischen Abwehr unterscheiden läßt. Man könnte allerdings einwenden, daß auch in der Hysterie Regressionen vorkommen, ja sogar bis in den Mutterleib hinein. Der Unterschied besteht jedoch darin, daß sich die hysterische Regression nur auf die Vorstellungswelt bezieht, während die zwangsneurotische auch die Triebe selbst erfaßt. Die Regression in der Hysterie führt zu *Ausdrucksformen* einer früheren Entwicklungsstufe zurück, während sie in der Zwangsneurose zu einer wirklich *niedrigeren* Stufe des Sexuallebens führt.

Daß der Zwangsneurotiker bei der Abwehr zur Regression greift, der Hysteriker nicht, ist Folge der Disposition. Der Zwangsneurotiker ist auf der anal-sadistischen Stufe fixiert. Damit ist nicht nur die Entwicklung der Libido des zukünftigen Zwangsneurotikers vorgezeichnet, sondern auch die des Ich. Wir wissen, bei stark anal-sadistischer Anlage entwickelt sich ein überaus strenges und liebloses Über-Ich. In der Zwangsneurose ist es deswegen viel intoleranter und anspruchsvoller und hat eine größere Macht über das Ich als in der Hysterie. Die Abhängigkeit des Ich vom Über-Ich ist beim Zwangsneurotiker gesteigert, das Ich muß daher die genitalen Regungen des Ödipuskomplexes viel energischer ablehnen als in der Hysterie.«[29]

F r e u d hat die Erfahrung gemacht, daß Phobiker regredieren wie Hysteriker (bis zur genitalen Stufe). Allerdings bestehe eine Tendenz zur tieferen Regression auf die prägenitale, d. h. anal- bzw. oral-sadistische Organisation der frühesten Kindheitsentwicklung. Daher die gelegentlichen Zwangssymptome bei Platzangstkranken.

Mit F r e u d selbst und den meisten F r e u d schen Mitarbeitern gruppiert W e r n e r K e m p e r die Agoraphobie unter den Oberbegriff der Übertragungsneurosen als zur

---

[29] H. N u n b e r g, a. a. O., S. 222.

Angsthysterie bzw. Konversionshysterie gehörend: »*Angsthysterie*, bekannter unter dem Namen Phobie (Straßen-, Eisenbahn-, Platz-, Zimmer-, Tier-Angst u. a.). Dieses häufige Krankheitsbild wird wegen seines zwangsartigen Charakters von der Psychiatrie meist der Zwangsneurose zugeordnet; trotzdem wird es hier gesondert aufgeführt, da es seiner Struktur nach der Konversions-Hysterie näher steht, bei der statt des Konversionssymptoms (= Konvertierung ins Körperliche) die Angst als führendes Symptom vorhanden ist.«[30] So auch P a u l F e d e r n : »Man zählt die Phobien zur Hysterie, weil auch bei ihnen das Seelische in der körperlichen Angst und in dem körperlichen Vermeiden der gefürchteten Situation ihren Ausdruck findet, und weil die aufgedeckten unbewußten Vorgänge dieselben sind wie bei andern Hysterien.«[31]

Der Traum

Die Traumlehre F r e u d s ist die Grundlage der psychotherapeutischen Praxis geworden. F r e u d s »Traumdeutung« (1900) bedeutet einen Wendepunkt in der wissenschaftlichen Erforschung der menschlichen Seele. Nach W u n d t und fast allen Forschern des 19. Jahrhunderts war der Traum wesentlich ein Produkt von Sinnesreizen. Demgegenüber erkannte F r e u d , daß der Traum kein körperlich bedingtes, sondern ein psychisches Phänomen ist. Von nun an wurde der Traum die Via Regia zum Unbewußten und ist es für alle Richtungen der Tiefenpsychologie geblieben. – F r e u d unterscheidet den latenten Trauminhalt, der durch Assoziationsarbeit erkennbar und sinnvoll wird, vom manifesten, vom Träumer erinnerten Traum (der »Traumfassade«). Aus Beobachtungen von Kinderträumen schließt F r e u d , daß der Traum die *Erfüllung eines Wunsches* darstellt, und zwar entsprechend seiner Triebtheorie ist es im besonderen sexuelle Lust oder Aggressivität, die sich Befriedigung verschafft. Unter den Objekten sind es die verdrängten Inzestwünsche gegenüber den Eltern. Dem entsprechen Schuldgefühle und Bestrafungstendenzen. Wie bei der Verdrängung das Ich Wi-

---

[30] Psychotherapie in der Praxis, S. 8.
[31] F e d e r n - M e n g , »Das psychoanalytische Volksbuch«, 1939, S. 464.

derstand leistet, so im Schlaf die Traumzensur. Sie entstellt die verwerflichen Traumwünsche bis zur Unkenntlichkeit, so daß der Träumer den Sinn seiner Träume ebensowenig versteht, wie der Hysteriker sein Symptom, etwa der Agoraphobe seine Angst vor der Straße. So wird der Traumzensor zum Hüter des Schlafes, und nur wenn die abgewehrten, unannehmbaren Wünsche sich stärker erweisen als die Traumzensur, wird der Schlaf unterbrochen. Denn nun lösen die Wünsche einen Konflikt und damit Angst aus. Die Angst wehrt die volle Erfüllung des verdrängten Wunsches ab. Angstträume sind nach F r e u d meist Weckträume.

Es fragt sich nun, auf welche Weise der latente Trauminhalt aus dem manifesten erschlossen werden kann. Zunächst bediente sich F r e u d der freien *Assoziationen,* die jedoch bald in der Deutung von »*Symbolen*« eine Ergänzung fanden. Sie werden erst dann herangezogen, wenn die freien Einfälle versagen. Die Traumbilder sind »als Symbole für etwas anderes aufzufassen und zu deuten« (F r e u d). So werden viele Gegenstände als Sexualorgane gedeutet: ein hohler Gegenstand als weibliches Sexualorgan, ein Vogel als Penis. Kaiser und Kaiserin stehen für Vater und Mutter; Baum, Erde, Meer für die Mutter.

Die F r e u d sche Psychoanalyse nimmt an, daß in der Sprache der Symbole primitive überindividuelle Erfahrungen zum bildhaften Ausdruck kommen, wie in den Mythen, Sagen und Märchen. Und zwar sind in Mythen, wie im Traum, Kindheitswünsche am Werk. Was der psychoanalytische Mythen-Forscher A b r a h a m vom Mythus sagt, sagt F r e u d vom Traum: »ein Stück überwundenen infantilen Seelenlebens«. Wir werden in einem der nächsten Kapitel sehen, daß C. G. J u n g sowohl den Traum als auch das Symbol wesentlich anders als F r e u d beurteilt.

Bei der sogenannten Traumarbeit haben die Mechanismen der *Verdichtung* und *Verschiebung* eine ähnliche Bedeutung wie bei der Symbolbildung (wir erinnern an die Verschiebung der Angst von innen auf ein äußeres Objekt bei der Platzangst).

Kasuistik

Wir bringen nun weitere Fälle von Platzangst, veröffentlicht von Vertretern der F r e u d schen Psychoanalyse.

Fall 6:
Helene Deutsch berichtet: Junges Mädchen, dessen erster Angstzustand – ihren Angaben nach – entstand, als sie einen Mann unter epileptischen Anfällen auf der Straße zusammenbrechen sah. Dieser Eindruck haftete und wurde verstärkt durch »zufällige« Begegnungen mit Rettungswagen und Begräbnissen, die sie immer nur an die Möglichkeit des eigenen Todes erinnerten. Das zweite Erlebnis in der Pubertätszeit: schwerer Anfall des Vaters, der wie tot zusammenbrach. Das Pubertätserlebnis mobilisiert die infantil verdrängte Reaktion gegen den Vater. Einmal wird gehaßt, weil er sie nicht liebt wie die Mutter, andererseits soll er beseitigt werden, weil er die Mutter, in der kindlichen Vorstellung, bei dem belauschten Verkehr lebensgefährlich bedrohte. Nun erfüllt sich dieser unbewußte Todeswunsch in dem Pubertätserlebnis: der Vater bricht scheinbar tot zusammen. – Der Ausbruch der Neurose erfolgt nun beim realen sexuellen Angriff von seiten des Geliebten, zu dem sie ein Jahr vor Beginn der Behandlung in erotische Beziehung trat. Die feindselige Tendenz gegen die Mutter wird in diesem Falle verstärkt durch die Aggression gegen den Vater. Die Eltern müssen die Patientin auf der Straße begleiten, um die Gefahr zu vermindern. Das ist aber bloß ein scheinbarer Schutz vor den äußeren Gefahren der Straße. In Wirklichkeit wird die Straße symbolisch als Versuchungssituation erlebt und die inneren Gefahren werden mobilisiert, die in den destruktiven Tendenzen gegen die Eltern und in der Umkehrung gegen die eigene Person sich auswirken.

Der gleichen Veröffentlichung entnehmen wir den

Fall 7[32]:
Männlicher Patient wird in einer belebten Straße von seiner Angst befallen. Da erreicht er das Gebäude der faschistischen Ausstellung und phantasiert, er habe sich um die faschistische Sache sehr verdient gemacht und werde von dem Duce anerkennend auf die Schulter geklopft. Da fühlt

---

[32] Ed. W e i s s , Internationale Zeitschrift für Psychoanalyse, Band XX, 1934, S. 26 ff.

er sich angstfrei und kann seinen Weg fortsetzen. Danach scheinen agoraphobe Patienten das Bedürfnis zu haben, sich einer männlichen Autoritätsperson als Vater-Imago zu ergeben. Es muß sich dabei um autoritäre, hochgestellte Persönlichkeiten handeln. In einzelnen Fällen dienen diese Patienten in religiöser Ergebung Gott dem Vater.

Hier scheint eine religiöse Konfliktsituation ätiologisch bestimmend zu sein, also der Archetypus Vater im Sinne C. G. J u n g s vorzuliegen (siehe Seite 74 ff.).

Fall 8[33]*:*
P f i s t e r berichtet über folgenden Fall von Platzangst: »Eine meiner Klientinnen wurde von diesem Übel nur auf dem Bahnhofplatz befallen. Dazu hatte sie das Gefühl, viele Hände greifen von unten her nach ihr. Bei der Analyse wurde ihr deutlich, daß sie an einem jeweils rasch verdrängten Dirnenwunsch litt. Auf dem Bahnhofplatz wogt das stärkste Getümmel der Stadt; auch zweifelhafte Personen treiben sich da herum; hier würde sie nicht beobachtet, wenn sie sich auf ein verbotenes erotisches Abenteuer einließe (so lauteten ihre Einfälle). Die nach ihr greifenden Hände gehen wie im stereotypen Traum eines an Angst zugrunde gehenden Mädchens auf die Verführung, die einerseits (triebhaft) gewünscht, andererseits aber (vom Gewissen) weit stärker abgelehnt wird. Daß der moralische Konflikt mit Angstvorstellungen nicht gelöst werden kann, verschafft dem Symptom der Angst seine Zählebigkeit.«

5. *Individual- und Gemeinschaftspsychologie*
(A d l e r und K ü n k e l)

Steht bei der Psychoanalyse F r e u d s die *Ursache* der Erkrankung im Vordergrund, so fragt die Individualpsychologie in erster Linie nach dem *finalen* Moment, nach dem *Wozu* des Symptoms.

Alle Erscheinungen der Neurose sollen dem Patienten dazu dienen, eine Überlegenheit zu erreichen. Dieses Ziel der Über-

---

[33] Osk. P f i s t e r, »Das Christentum und die Angst«, Zürich 1944, S. 29.

legenheit entspringt einem »Minderwertigkeitsgefühl«, das es zu kompensieren gilt. So erklärt sich bei Kindern angesichts ihrer ursprünglichen Unsicherheit ihr Trotz, Aggressionstrieb und übertriebener Ehrgeiz. Die Unfertigkeit der Organe des Kindes und seine Unselbständigkeit gegenüber Erwachsenen läßt »ein Gefühl der Insuffizienz« aufkommen, verstärkt durch die Unterordnung unter die Erwachsenen. Daraus erklärt sich die Sehnsucht nach einer künftigen Überlegenheit. Das Minderwertigkeitsgefühl kann verstärkt werden durch eine konstitutionelle »Organminderwertigkeit«. Sie intensiviert das Kompensationsbestreben. Der Kampf um die Überlegenheit bestimmt die menschlichen Beziehungen überhaupt. Damit der unsichere neurotische Patient sich die nötige Überlegenheit verschafft, flüchtet er sich in die Krankheit hinein, um sich wenigstens auf diese Weise zur Geltung zu bringen. Als eine solcher »arrangierten« Krankheiten ist die Agoraphobie aufzufassen. Geben wir einem Interpreten A d l e r s, W e x b e r g, zur Pathogenese der Platzangst das Wort. Er geht von der Organminderwertigkeit aus, die determinierend auf die Auswahl des Symptoms wirkt. Nach W e x b e r g wird vielfach »eine Übererregbarkeit des vegetativen Systems oder zum mindesten der vegetativen Apparate im Gleichgewichtsorgan ... zum Ausgangspunkt der Agoraphobie«. Zu dieser Übererregbarkeit muß jedoch noch ein psychologischer Faktor hinzukommen, um die Platzangst hervorzurufen. Es handelt sich nach W e x b e r g bei Platzangstkranken fast immer um ehemals verzärtelte Kinder, die nicht allein gelassen werden wollten. Nach einer Zeit normaler Entwicklung bringt das Leben eine schwere Belastungsprobe, etwa durch Beruf oder Heirat, und löst die krankhaften Erscheinungen aus. Das Alleingelassenwerden wird naturgemäß draußen auf der Straße am stärksten empfunden. Wenn nun noch Schwindelanfälle aufgrund von Vestibularstörungen hinzutreten, so ist die Agoraphobie nach W e x b e r g determiniert.

Entstand die infantile Angst nach F r e u d aus »unverwendeter Libido«, so entsteht sie nach A d l e r aus allgemeiner Hilflosigkeit (»Minderwertigkeit«), aus Erschrecken vor der übermächtigen Welt draußen. Kommt die genannte Organminderwertigkeit als hereditärer Faktor hinzu, so ist nach

Adler die Neurose vorbereitet. Anders Freud: »Von richtiger Realangst scheint das Kind wenig mitzubringen. In all den Situationen, die später die Bedingungen von Phobien werden können, auf Höhen, schmalen Stegen über dem Wasser, auf der Eisenbahnfahrt und im Schiff, zeigt das Kind keine Angst.«[34]

Die Angst des Kindes vor dem Alleingelassenwerden geht nach Adler darauf hinaus, die Mutter »in seinen Dienst zu stellen, sie zu beherrschen ... Auch im Leben der Erwachsenen gibt es solche Erscheinungen. Es sind die Fälle, wo Menschen nicht allein ausgehen wollen. Sie stellen Typen dar, welche man oft auf der Straße bemerken kann, wie sie ängstlich zusammengezogen und umhersehend, sich nicht von der Stelle rühren, oder die wie auf der Flucht vor einem bösen Feind über die Straße laufen. Manchmal wird man von einer solchen Gestalt sogar darum angegangen, man möge ihr hinüberhelfen. Das sind nicht etwa schwächliche, kranke Menschen, sondern solche, die sonst ganz gut gehen können, sich meist einer viel besseren Gesundheit erfreuen als so mancher andere, aber, vor eine unbedeutende Schwierigkeit gestellt, sofort einen Angstanfall erleiden. Das geht manchmal so weit, daß solche Menschen schon beim Verlassen des Hauses von Unsicherheit und Angst ergriffen werden. Die Erscheinungsformen der *Platzangst* sind deshalb so interessant, weil wir bald entdecken, daß in der Seele solcher Menschen nie das Gefühl stumm wird, sie seien der Zielpunkt irgendwelcher feindlicher Verfolgung. Sie meinen, irgend etwas unterscheide sie ganz besonders von den anderen. Manchmal drückt sich das in phantastischen Ideen aus, wenn sie z. B. glauben, sie könnten fallen, was für uns nichts anderes heißt, als daß sie sich recht hoch oben stehend fühlen. In den Krankheitserscheinungen, in den Ausartungen der Angst schwingt also wieder dasselbe Ziel der Macht und Überlegenheit, und man sieht, wie auch hier das Leben unter Druck gerät und ein trauriges Schicksal bedrohlich in die Nähe rückt. Denn bei vielen Menschen bedeutet die Angst nichts anderes, als daß jemand da sein muß, der sich mit ihnen beschäftigt. Wenn nun gar jemand das

---

[34] Freud, Vorlesungen zur Einführung in die Psychoanalyse (Allgemeine Neurosenlehre), S. 474.

Zimmer nicht mehr verlassen kann, muß sich alles seiner Angst unterordnen. Durch das den andern auferlegte Gesetz, daß alle andern zu ihm kommen müssen, während er zu niemand zu kommen braucht, wird er zu einem König, der die andern beherrscht. Aufgehoben kann die Menschenangst nur durch das Band werden, welches den einzelnen mit der Gemeinschaft verknüpft. Nur der wird ohne Angst durchs Leben gehen können, der sich seiner Zugehörigkeit zu den anderen bewußt ist.«[35]

Bei F r e u d ist es das Über-Ich sowie das Realitätsprinzip, an dem die Verwirklichung des Luststrebens scheitert. Bei A d l e r ist es die Gemeinschaft, die sich der Beherrschung, der Bemächtigung durch das Individuum widersetzt. Bei A d l e r entsteht also der Konflikt nicht durch das Lust-, sondern das Machtstreben. Nicht der Sexualtrieb ist verdrängt worden, sondern der *Machttrieb*. Er wird auch zur Erklärung des *Ödipuskomplexes* herangezogen. Das männliche Kraftbewußtsein, die Sicherung der Überlegenheit über Vater und Mutter, führen nach A d l e r zum Ödipuskomplex, der damit asexuellen, gleichnishaften Charakter erhält. In entsprechender Abwandlung ist es das Sicherheitsverlangen, das das Mädchen in den Schutz des Vaters treibt. Damit wird der *Inzestwunsch* desexualisiert.

Ist für F r e u d die Aufhebung der Verdrängung eine Voraussetzung für die Bewußtmachung des pathogenen Konfliktes, so für A d l e r die Bewußtmachung der Fiktion der Überlegenheit und damit der Mechanismen, die zum neurotischen Symptom geführt haben.

Auch der *Traum* steht – wie das Symptom – vor allem *im Dienste der Sicherungstendenz*. Er soll »warnen, schrecken, sichern«. Immer ist er auf das »fiktive Lebensziel« ausgerichtet, »durch die Endabsicht des Träumers arrangiert«. Im Wachen wird der Wille zur Macht durch die Realität, durch die Ansprüche der Gemeinschaft, gehemmt. Im Traum kann die *Fiktion der Macht ungehemmt hervortreten*. Auch im Traum herrscht also – gegenüber dem F r e u d schen Luststreben und dessen Wunscherfüllung – bei A d l e r der Machttrieb, das »Oben-sein-Wollen«. Der Traum zeigt dar-

---

[35] A l f r e d A d l e r, »Menschenkenntnis«, 1947, S. 190 ff.

über hinaus die Sicherungen des neurotischen Lebenszieles. Er *warnt* den Träumer vor Gefahren, auch vor vermeintlichen, und *ermutigt* ihn, vor schwierigen Situationen auszuweichen. Die Traumdeutung hat demzufolge die Aufgabe, die »Arrangements« des Träumers aufzudecken.

Aus unserer kurzen Darstellung der A d l e r schen Thesen wird verständlich, daß die Platzangst geradezu ein Paradigma des »neurotischen Arrangements« bildet. A d l e r , wie seine Kommentatoren, haben deshalb die Platzangst als klassische Neurose herausgestellt, um an ihr die Mechanismen zur Sicherung des Machtstrebens darzulegen.

Die Begriffe Minderwertigkeitskomplex, Krankheitsarrangement, Überlegenheitsstreben sind Gemeinplätze geworden. Auch die Psychiatrie bedient sich ihrer, meist ohne sich bewußt zu sein, daß sie von A d l e r geprägt sind als Reaktion auf die F r e u d sche Tiefenpsychologie.

Zur Illustration der A d l e r schen Pathogenese sei ein von W e x b e r g [36] veröffentlichter Fall, und zwar nur die Epikrise, auszugsweise wiedergegeben:

Fall 9:
»Ein verzogenes Kind, schön, intelligent, unter günstigen materiellen Verhältnissen aufgewachsen, die ersten vier Lebensjahre das einzige. Auf die Erscheinung des Bruders reagierte sie mit kindlichen Angstzuständen, offenbar dazu bestimmt, sich den gebührenden Teil an Beachtung auch weiterhin zu sichern . . . Es ist nicht zu verkennen, daß alle späteren Schwierigkeiten gewissermaßen Neuauflagen dieser ersten kritischen Situation waren . . . So wuchs sie heran, anscheinend für eine Prinzessinnenrolle bestimmt . . . Solange dieser Lebensplan durchgeführt werden konnte, ging natürlich alles gut . . . Die Bedrohung ihrer Kindheitsposition durch den jüngeren Bruder mußte sich eben auch im Sinne einer Unzufriedenheit mit ihrer Geschlechtsrolle auswirken. Als scheinbaren Kompromiß mit der Realität, aber in Wahrheit noch ebenso lebensfremd wie das Männlichkeitsideal, ergab sich hier . . . die zweite Phase der Ideal-

---

[36] E r w i n W e x b e r g , Individualpsychologie. Eine systematische Darstellung. 2. verbesserte Auflage. Leipzig 1931, S. 217 ff.

bildung: wenn ich schon Frau werde, muß ich mehr sein als alle anderen! Sie hatte anfangs Erfolg. Da gab es einen Mißerfolg: man schien ihre unbedingte Überlegenheit nicht anzuerkennen. Sie war zu stolz, um darum zu kämpfen. Tief gedemütigt, suchte sie Unterschlupf bei ihren Eltern. Resigniert und entmutigt, machte sie sich mit dem Gedanken der Ehe vertraut. Immerhin blieb aber ihr Ehrgeiz noch wach. Konnte sie selbst das Doktorat nicht erwerben, so wollte sie wenigstens durch die Ehe in eine geistigere Atmosphäre geraten, als die war, in der sie ihre Kindheit verbracht hatte. Sie mußte unbedingt über die Eltern hinaus. So heiratete sie gegen deren Widerstand den Doktor der Rechte ... Das Prinzessinnenideal blieb – aber das Schicksal wollte nicht hören. Und mit der Schwangerschaft und der schweren Geburt – sie hatte gar kein Kind gewünscht – kam der Zusammenbruch auch des zweiten nur scheinbar der Wirklichkeit angenäherten Lebensplanes. Auf diese schwere Kränkung ihres Prinzessinnentums antwortete sie mit der ersten Kriegserklärung an das Leben. Eine seit der Kindheit bestehende Organminderwertigkeit – die abgelaufene Erkrankung des Mittelohrs – wird nun zu Schwindelanfällen und schließlich – unter Mitwirkung einer Überempfindlichkeit des vegetativen Nervensystems – zur Platzangst ausgebaut. Sie will vom Leben außerhalb ihres Heims nichts wissen, zum mindesten nichts ohne ihren Mann, der durch seine unbedingte Ergebenheit eine Stütze für ihr Persönlichkeitsgefühl bedeutet. Da erkrankte ihr Vater und starb. Das war der letzte Streich, den sie noch aushielt. Sie antwortete mit einer neuen Einschränkung ihres Aktionsgebietes: fortan ging sie nicht einmal mehr mit ihrem Mann aus.
So wird der Sinn des neurotischen Symptoms verständlich. Es tritt nur scheinbar als Antwort – als ›Reaktion‹ – auf einen Erlebnisschock, die schwere Geburt, ein. Die scheinbar kausale Beziehung zwischen Erlebnis und Neurose löst sich sofort in eine finale auf, wenn wir sie im Zusammenhang mit der Gesamtpersönlichkeit betrachten. Diese Gesamtpersönlichkeit war gewissermaßen auf dem Leitsatz aufgebaut: ›Ich bin eine Prinzessin. Also kann man von mir nicht verlangen, daß ich Schwierigkeiten ge-

wachsen bin.‹ Kommt nun doch eine Schwierigkeit, so muß Pat., ihrem Lebensplan entsprechend, mit einer neurotischen Erkrankung antworten: ich habe doch gesagt, daß ich eine Prinzessin bin! ... Die kausale Beziehung zwischen dem Schock und der Erkrankung ist also von der Pat. *arrangiert*. Der hinreichende ›Grund‹ der Erkrankung lag nicht in der Schwangerschaft und Entbindung, die von zahllosen Frauen vertragen wird, ohne daß sie an Platzangst erkranken, sondern in ihrem Prinzessinnentum ... Vielmehr wurde das Erlebnis der Pat. zum *Anlaß* genommen, ihre Prinzessinnenrolle durch eine Einschränkung ihres Aktionsradius zu sichern. Denn wenn die Kette der Ursachen von der Erkrankung nach hinten nicht ganz klar ist, die Kette ihrer Folgen in der Zeitreihe nach vorn ist um so klarer. Die *Folgen* der Erkrankung sind: Niemand wird ihr jemals zumuten, noch ein Kind zu bekommen. Im Haushalt muß sie nach Möglichkeit entlastet werden ... Wenn man an Platzangst leidet, kann man keinen Verkehr pflegen, und das ist gut, denn sonst würde man sich der Stätte der ersten Mißerfolge wieder nähern. Man bleibt besser zu Hause ... Vor dem sexuellen Untensein schützt sie die Frigidität.«

Wenn wir uns nun fragen, warum die Patientin gerade an Agoraphobie erkrankte und nicht an einer anderen Neurose, so setzt sich W e x b e r g auch mit dieser Frage auseinander. Die häufig vorgebrachte Kritik, die Individualpsychologie sei der Mannigfaltigkeit der neurotischen Erscheinungen nicht gewachsen, beantwortet er in seinem Kapitel »Symptomenwahl und Symptomentstehung«: »Nun ist daran sicher soviel richtig, daß die Individualpsychologie nicht so sehr im Erklären als im Verstehen ihre Hauptaufgabe erblickt. Das ist durchaus nicht dasselbe. Die Frage, wie ein Symptom zustande kommt, interessiert uns gewiß auch, aber es interessiert uns vielmehr, was das Symptom im Rahmen einer gegebenen Persönlichkeit bedeutet. Verfolgt man dieses Prinzip des Sinnverstehens, so zeigt es sich regelmäßig, daß verschiedene Symptome gleichwohl dasselbe bedeuten können ... Freilich sind die Symptome auch im individualpsychologischen Sinn oft überdeterminiert. Fast immer besteht neben der psychologischen auch eine körperliche – aus Organminderwertigkeit stammende – Determination (siehe das Beispiel..., wo die durch Ohrenerkrankung bedingte Schwindelneigung im Angstanfall zutage tritt).«[37]

Während bei der Adlerschen Psychologie die Gemeinschaft ein Mosaik von einzelnen ist, hat Fritz Künkel, der bedeutendste Schüler Adlers, den Grundbegriff der Gemeinschaft wesentlich vertieft. Er versucht eine sinnvolle Vereinigung der kausalen und finalen Betrachtungsweise in der dialektischen Charakterkunde, die zu den Begriffen Subjekt und Objekt gelangt: »Der Mensch ist determiniert, sofern er Objekt ist, und gleichzeitig frei und darum auch verantwortlich, soweit er Subjekt ist. Seine Freiheit muß in ständig neuen Krisen gegen eine ständige Bedrohung, nämlich gegen die Erstarrung als Objekt durchgesetzt werden. Die Neurose ist ein besonderer Grad der Erstarrung, in der Mitte zwischen Gesundheit und Psychose. Das Subjekt aber, das die Neurose überwindet, ist nicht mehr der Einzelmensch, sondern das Wir.« In dieser Weise wandelt Künkel den Adlerschen Begriff der Gemeinschaft. In dem *Herausfallen aus der Gemeinschaft, dem Wir-Bruch,* liegt für Künkel die Voraussetzung der Neurosenentstehung. Bei den Neurosen Erwachsener sieht Künkel als wirksamen Ausgangspunkt immer nur eine Angst, die durch den Zusammenprall zwischen Mensch und Mensch hervorgerufen worden ist. Und zwar handelt es sich in unserem Kulturkreis regelmäßig um das Zerbrechen des ursprünglichen Wir... Im Wir-Bruch löst sich das ursprüngliche Wir auf in ein Ich und ein Du. Das Ich aber, schlecht vorbereitet, klein und hilflos wie es ist, kann den Forderungen und Gefahren der Außenwelt nicht standhalten. Es fühlt sich nicht nur verraten und verlassen, sondern auch ausgeliefert, gefährdet und vernichtet. Darum liegt in der Urangst gleichzeitig die Todesangst des zerbrechenden Wir... Diese Angst ist mit den Zeichen der Adrenalin-Wirkung, wie Herzklopfen, Zittern, Blässe, Pupillenerweiterung, unlösbar verbunden und, da sie die Persönlichkeit im Kern ihres Wesens trifft, kommt sie sowohl im Seelischen wie im Körperlichen zur Auswirkung. Je öfter in der Entwicklung

---

[37] A. a. O., S. 232.

des Menschen dann dieser infantile Wir-Bruch wieder anklingt, um so stärker bildet sich eine Charakterbildung heraus, die auf die Vermeidung der Angst hinzielt. Daß sich dieses Verlassenfühlen draußen auf der Straße verstärkt, liegt nahe. Vielleicht kommt für das Kind noch ein Zusammenstoß mit bösen Nachbarkindern hinzu, um den Grund zu legen, weswegen das Kind nicht mehr auf die Straße gehen will. Es bilden sich nun Verhaltensweisen, die die Angst vermeiden sollen. Ganz offen liegt dieser Zusammenhang noch bei der Errötungsangst (Erythrophobie) zutage. Etwas versteckter, aber meist auch nachweisbar, wirkt er sich in der Platzangst (Agoraphobie) aus. Man kann nicht über die Straße gehen, weil man sich sonst als klein, verlassen, ausgeliefert und hilflos erleben müßte. Diese Tatsache aber wäre eine Erinnerung an das erste große Verratensein, das man im Wir-Bruch durchlitten hat. Darum geht man um so sicherer über die Straße, je zuverlässiger der Beschützer ist, an den man sich klammert.[38]

Auch Künkel hat Mechanismen aufgedeckt, die von der Psychiatrie vielfach übernommen worden sind. Besonders bekannt ist sein »Teufelskreis«. In ihm, dem circulus vitiosus, steigert sich beispielsweise das Geltungsbestreben. Man möchte besonders edel sein und damit Anerkennung finden; in Wirklichkeit denkt man nicht edelmütig an die Sache und deren Gelingen, sondern an sich selbst. Damit erreicht man aber das Gegenteil von Anerkennung und muß nun seinen Geltungsdrang verstärken. Bei der Darlegung der Freudschen Ätiologie der Platzangst konnten wir bereits auf diesen circulus vitiosus hinweisen; er besteht in der Stärkung des Angstaffekts im Unbewußten, womit auch dem Symptom immer neue Nahrung gegeben wird. Die phobische Vermeidung des Raums wird durch den »Teufelskreis« verstärkt und der Lebensspielraum immer mehr eingeengt.

Fritz Künkel hat 1931, damals noch in enger Verbindung mit seinem Lehrer Alfred Adler, eine Monographie veröffentlicht, in der er die praktische Durchführung einer Analyse mit allen Einzelheiten wiedergibt. Wie aus dem

---

[38] Fritz Künkel, Grundzüge der Praktischen Seelenheilkunde. Hippokrates-Verlag 1935, S. 87.

Titel »Eine Angstneurose und ihre Behandlung« (Leipzig 1931) hervorgeht, handelt es sich auch um eine Angstneurose, nur daß sie beschränkt bleibt auf die Adlersche Individualpsychologie. Später hat K ü n k e l sich die analytische Psychologie von C. G. J u n g völlig angeeignet, wie aus seinem Buch »Ringen um Reife« (Konstanz 1955) sichtbar wird. Sein besonderes Interesse gilt der religiösen Sicht C. G. J u n g s. In seinem letzten Werk »Die Schöpfung geht weiter« (Konstanz 1957) unternimmt K ü n k e l eine psychologische Untersuchung des Matthäus-Evangeliums. Er will durch sein Buch zu Diskussionen und religiös-psychologischen Untersuchungen anregen, die zu »echten persönlichen religiösen Erfahrungen« führen und nicht zu »Denksystemen«.

Auch der berühmte Adler-Schüler Johannes Neumann neigt am Schluß zu der analytischen Psychologie von C. G. J u n g in der Verbindung mit der Existenzphilosophie.

6. Neoanalyse (Schultz-Hencke)

In gundsätzlicher Übereinstimmung mit W e r n e r S c h w i d d e r (Angst- und Neurosestruktur, Zeitschr. f. Psychosomat. Medizin, Jan. 1960) und F r a n z B a u m e y e r (ebenda Juli 1960) kommt F r i t z R i e m a n n zu vier neoanalytischen Grundstrukturen: dem schizoiden, depressiven, zwangsneurotischen und hysterischen Charakter. Angst- und Furchtkrankheiten sind entsprechend auf diese verschiedenen Haltungen zurückzuführen. In seinem Buch »Grundformen der Angst« (München-Basel 1967) unterscheidet R i e m a n n diese vier struktur-prägenden Wirkungen der Angst:

1) Die Angst vor der Selbsthingabe und damit verbundener Ich-Verlust; sie disponiert zum schizoiden Charakter mit seinen Kontaktstörungen. Die Angstregungen können in andere Menschen hineinverlegt und damit von außen her gefürchtet werden. Die Distanziertheit kann kompensatorisch auch zu »blindem« Vertrauen gewandelt werden. Die Ansatzpunkte für diese schizoide Struktur liegen vorwiegend im ersten Lebensjahr.

2) Die Angst vor der Selbstwerdung als Ungeborgenheit; sie prägt den depressiven Charakter mit der Angst vor dem Her-

ausfallen aus kindlicher Geborgenheit. Er ist gegenüber Forderungen aller Art wehrlos, kann sein Eigensein nicht durchsetzen. Auch diese Struktur entwickelt sich sehr früh, im ersten und beginnenden zweiten Lebensjahr. Sie beruht auf Hemmung der oralen und frühen oralaggressiven Impulse, was sich auch im Denken und Planen durch Überbescheidenheit und Nachgiebigkeit, ausgeprägter Passivität bemerkbar macht. Krampfhafter Leistungswille, überbetonte soziale Hilfsbereitschaft täuschen nicht über das verborgene Minderwertigkeitsgefühl. Riesenansprüche und Ersatzbefriedigung bilden den besonderen Kern dieser neurotischen Struktur.

3) Die Angst vor Wandlung, als Vergänglichkeit erlebt, verleitet zum übertriebenen Streben nach übermäßiger Sicherung und bildet den zwangsneurotischen Charakter. Durch Zwänge wie Wasch- und Zählzwang wird diese Angst gebunden. Auch die Zweifelssucht gehört zu dieser Struktur. **Freud** und seine Schüler zählen den anal-sadistischen Charakter dazu, während Schultz-Hencke die motorisch-aggressiven und anal-retentiven Antriebserlebnisse als Charakteristikum bezeichnet. Ordentlichkeit, Sparsamkeit und Eigensinn sind nach **Freud** die hervorstechenden Eigenschaften. Zwangsneurotische Strukturen entwickeln sich vorwiegend im zweiten und dritten Lebensjahr. Sie sind unter anderem das Ergebnis von zu früher Sauberkeitserziehung sowie von Hemmung und Einengung kindlicher Motorik und Intentionalität und von Härte, Strenge und moralisierenden Tendenzen seitens der Eltern. Latente Proteste und Schuldgefühle sind die Folgen. In plötzlichen Willkürdurchbrüchen finden feindselige Regungen Auswege. Die Sauberkeitserziehung führt zur Vermeidung von allem, was als schmutzig, unästhetisch erlebt worden ist.

4) Die Angst vor dem Endgültigen, vor Notwendigkeit und Unfreiheit bildet die hysterische Charakterstruktur. Sie beruht auf Hemmungen des Antriebslebens im vierten und fünften Lebensjahr. Zärtlichkeitsstreben und infantile sexuelle Regungen werden gehemmt. Durch Verleugnung der Realität baut sich der Hysteriker eine Wunschwelt auf, ohne sich der zugrunde liegenden Ängste bewußt zu werden. Da das Kind in seiner Gefühlswelt und Motorik gehemmt worden ist, neigt es zu stark dazu, sich an fremde Ideale und

Vorbilder anzulehnen, nicht an seine eigenen. So entsteht die Neigung, eine Rolle zu spielen, zu schauspielern. Für F r e u d ist die Hysterie mit dem Ödipuskomplex als Kern des neurotischen Geschehens verbunden. Sie gehört zur phallischen Organisationsstufe der Libido. Einzureihen ist hier der Typ der phallischen Frau, die Männer ablehnt, sich emanzipiert und vatergebunden ist. Das Entsprechende bei Männern ist das frauenfeindliche Mutter-Söhnchen. Liebes- und Zärtlichkeitsstrebungen sowie sexuelle Neugierde führen, da gehemmt oder verdrängt, zu heftigen Angst- und Schuldgefühlen. Die Neoanalyse führt den hysterischen Charakter nicht einseitig auf Sexualitäts-Fehlentwicklung, sondern auf Störung des gesamten Antriebslebens zurück. W e r n e r S c h w i d d e r resümiert: »Der Depressive scheitert in der Regel, bevor er Erfolg hat; der Zwangsneurotiker, wenn der Erfolg zuviel Einsatz von ihm verlangt, der Hysteriker scheitert an jedem Erfolg, der planvollen Einsatz und Spannungsbogen verlangt. Oft scheitert er nach dem Erfolg, wenn es gilt ihn planvoll nutzbar zu machen.« (Handbuch der Neurosenlehre und Psychotherapie, München-Berlin 1958, S. 201).

Sowohl B a u m e y e r wie S c h w i d d e r veröffentlichen das bisher umfangreichste Material über Angst-Krankheiten bzw. die Agoraphobie. Von zweihundert Patienten des Zentralinstituts für psychogene Erkrankungen der AOK Berlin greift B a u m e y e r einhundert Fälle von Agoraphobie heraus. Von diesen wurden fünfundfünfzig Frauen und dreizehn Männer in Behandlung genommen, die anderen untersucht. Die Dauer der Störungen vor der Behandlung betrug eins bis fünf Jahre. Zwischen einundzwanzig und vierzig Jahre alt waren etwa zwei Drittel der Männer und drei Viertel der Frauen. Die durchschnittliche Stundenzahl bei den geheilten Fällen betrug 138; bei den 25 gebesserten Fällen 119. Bei allen Agoraphoben des Zentralinstituts (zweihundert) ergab sich ein Verhältnis von drei zu eins von Frauen zu Männern. Entsprechend der Neurosen-Struktur nach Schultz-Hencke werden die Patienten in die genannten vier Gruppen eingeteilt. In unserem Zusammenhang ist bemerkenswert, daß die hysterische Struktur, zumal bei Frauen, gegenüber der zwangsneurotischen bei weitem überwiegt. S c h w i d d e r setzt sich mit der existentialontologischen

Konzeption von v. Gebsattel kritisch auseinander. Einer »allgemein-menschlichen Angst« mißt er keine große Bedeutung zu, will vielmehr die ganz speziellen Daseins- und Lebensbedingungen, die die Störungen hervorrufen, zugrundelegen. Zwei Drittel der Angstkranken berichten nach Schwidder über Angstsymptome aus der Kindheit. Dabei werden nicht nur Sexualität und Aggressivität, sondern in neoanalytischer Sicht *alle* Antriebserlebnisse der frühen Kindheit herangezogen. Deren Hemmung führt zu den verschiedenen, oben angeführten vier Strukturen. Statt der Freudschen Kastrationsangst wird »Furcht vor Beschädigung und Substanz-Verlust« angenommen. Interessant sind die von Baumeyer bereits 1949/50 (in Zeitschr. f. Psychoanalyse, Heft 2) beschriebenen besonderen Motive bei der Straßenangst: Exhibitionismus und Fortlaufimpulse (in Richtung der Poriomanie). Über exhibitionistische Tendenzen siehe auch den von mir beschriebenen Fall 1, Seite 21.

Theoretisch bestätigt Baumeyer im wesentlichen die Freudsche Theorie, daß der Agoraphobe eine innere Gefahr so erlebt, als wenn sie eine äußere sei. Die Straßenangst erspart dem Patienten die Angst vor seiner Innenwelt. In der Auseinandersetzung mit den daseinsanalytischen Theorien von v. Gebsattel, Strauß, Zutt gibt Baumeyer zu, daß wir mit der Rolle der symbolischen Raumqualität eine »sehr differenzierte Phänomenologie dieser ... Phobien erhalten haben«. Die These von v. Gebsattel, daß wir nur dadurch Phobien wirklich erhellen und verstehen können, hält Baumeyer für zu weitgehend. Er behauptet, daß der daseinsanalytischen Phänomenologie »alle genetischen Gesichtspunkte« fehlen.

Außer den biologischen und instinkthaften Antriebsquellen hat Schultz-Hencke autonome geistige und religiöse angegeben, deren Hemmung in der neoanalytischen Literatur leider kaum zu finden ist. Ich zitiere Schultz-Hencke: »Auch das Geistige ist triebhaftes Bedürfnis ... Geistiges Erleben ist existentielles Bedürfnis ... – Die geistigen Haltungen haben ebenfalls die Tönung des Lustvollen und der Gerichtetheit ... Vielleicht ist das Wesen des Geistigen die Distanz ... Das grobe Gefüge der Affekte und Gefühle der Welt gegenüber wandelt sich allmählich um in das Gefüge feiner Haltungen, die wir Lebensgefühl nennen... In allem wahrhaft Geistigen vertieft sich der Abstand so weit, daß er zum Abgrund zu werden droht, zum Zwang der Abwendung vom Leben, der Hinwendung zum Jenseitigen, Transzendenten. Das Geistige bleibt immanent...«[39]

Unter dem Titel »Das religiöse Erleben des Atheisten« schreibt S c h u l t z - H e n c k e : »... Auch für den Atheisten ist religiöses Erleben von *letztlich entscheidender* Bedeutung..., daß der Mensch mit seinem Gefühl u. a. auch auf das *Ganze* der Welt, auf das Ganze des Lebens antwortet..., daß dieser... Erlebnisbereich von *allerhöchster Bedeutsamkeit* ist..., daß die unmittelbare Reaktion des Menschen auf das Ganze der Welt... in Angst besteht..., Urangst... Der Mensch (erlebt) den Sonnenaufgang, den Sonnenuntergang, den Sternenhimmel... mit dem Gefühl des Erhabenen, vielleicht mit dem Gefühl der Ehrfurcht... daß... der Natur gegenüber auch echtes religiöses Erleben... mitzuschwingen pflegt..., daß das religiöse Erleben ein im Grunde ehrfürchtiges ist... Aber eine Fülle von Äußerungen religiös Erlebender bringt das Schuldgefühlserleben der Menschen in unmittelbarsten Zusammenhang mit dem Religiösen..., das religiöse Erleben (stellt) einen Bereich sui generis (dar).« (Psyche, IV. Jahrg., H. 8, S. 420-429).

Wie erwähnt, findet sich, soweit ich übersehe, in der gesamten neoanalytischen Literatur kein einziger Fall, in dem das religiöse Antriebserleben, das doch von »allerhöchster Bedeutsamkeit« ist, durch Hemmung zu neurotischen Störungen geführt hat.

7. Die analytische Psychologie von C. G. J u n g

Bedeutet für A d l e r das Unbewußte einen »Kunstgriff der Psyche«, so legt C. G. J u n g auf das Unbewußte den Schwerpunkt seiner Psychologie, indem er das Unbewußte als das Primäre und Schöpferische im Menschen ansieht. »Im Unbewußten sind alle die Elemente vorhanden, die zur Selbstregulierung der Gesamtpsyche nötig sind[40].«

---

[39] H. S c h u l t z - H e n c k e , Der gehemmte Mensch, Stuttgart 1947, S. 89 u. 90.
[40] C. G. J u n g , Seelenprobleme der Gegenwart, S. 175.

Die Inhalte des persönlichen wie des kollektiven[41] Unbewußten lassen sich an Träumen, Phantasien, Visionen ablesen. Solche mythologischer Art oder von allgemein menschheitsgeschichtlicher Symbolik lassen auf tiefste Schichten schließen. Derartige Motive nennt J u n g *Archetypen.* »Sie sind Abbilder von instinktiven, d. h. psychisch notwendigen Reaktionen auf bestimmte Situationen, die mit Umgehung des Bewußtseins durch ihre angeborene Bereitschaft ein Verhalten heranführen, das im Sinne einer psychischen Notwendigkeit liegt.«[42] Bei den Archetypen handelt es sich nicht um ererbte Vorstellungen, sondern um ererbte Bahnungen[43]. Sie sind Anordnungen von Urbildern und Urvorstellungen, seit Urzeiten genetisch übernommen, und erscheinen in symbolischer oder personalifizierter Form. Sie sind a priori gegeben und somit jeder Erscheinungsform präexistent. Der Neugeborene besitzt ein anererbtes System des Vorhandenseins von Eltern und deren möglicher Einwirkungen. Sie sind Selbstabbildungen der Instinkte und mit der Energie der Instinkte identisch. Als pattern of behaviour bestimmen sie wie Instinkte, also unbewußt, unser Tun und Lassen und damit unsere zwischenmenschlichen Beziehungen.

J u n g zitiert das N i e t z s c h e - Wort: »Im Schlafe und Traume machen wir das ganze Pensum früheren Menschentums durch« und bemerkt dann: »Die Vermutung, daß auch in der Psychologie die Ontogenese der Phylogenese entspreche, ist daher gerechtfertigt[44].«

Das persönliche Unbewußte darf aber, besonders in der ersten Lebenshälfte, nicht zugunsten des kollektiven vernachlässigt werden. Besonders bei der Entstehung der Kinderneurosen sind Vater- und Mutterbindungen aufzudecken. Hatte J u n g früher den Vater für das gefährlichere Objekt der kindlichen Phantasie gehalten, so ist in seinen späteren

---

[41] Über das kollektive Unbewußte siehe auch Einleitung S. 23.
[42] J. J a c o b i, Die Psychologie von C. G. Jung, Zürich 1940, S. 55/56.
[43] C. G. J u n g, Die Beziehung zwischen dem Ich und dem Unbewußten, S. 30.
[44] C. G. J u n g, Wandlungen und Symbole der Libido, S. 25.

Publikationen der störende Einfluß der Mutter stärker unterstrichen worden, über dessen Folgen er sich 1938 äußert: »Die Möglichkeit ist unbestritten, daß diese abnorme Entwicklung auf störende Einflüsse von seiten der Mutter zurückgeführt werden kann. Ich selber suche stets den Grund infantiler Neurosen in allererster Linie bei der Mutter...« Es handelt sich »darum, diese Projektionen aufzulösen, um deren Inhalte dem wieder zurückzugeben, der sie durch spontane Entäußerung verloren hat.«

Weder die Bedeutung der personalen Kindheitseinflüsse noch die der biologischen, insbesondere sexuellen Triebkräfte, wird geleugnet noch der Geltungsdrang der Individualpsychologie. Darüber hinaus sieht Jung aber eine Unzahl von anderen, dynamisch wirkenden libidinösen Kräften. Libido wird nicht gleichgesetzt mit der Freud schen Sexualität, sondern als seelische Energie aufgefaßt. Die Komplexität der menschlichen Psyche äußert sich nach C. G. Jung auch in der Art der *Träume*. Für ihn ist der Traum die »spontane Selbstdarstellung der aktuellen Lage des Unbewußten in symbolischer Ausdrucksform[45]«. Da der Traum aus dem Schatze unterschwelliger Wahrnehmungen schöpft, so kann er gelegentlich sehr wissenswerte Dinge produzieren (nämlich in Fällen schwieriger Differentialdiagnosen bei organischen und psychogenen Symptomen, auch für die Prognose) (Jung, 1945). Der Traum ist nicht in erster Linie Wunscherfüllung, sondern er hat im besonderen *kompensatorische* Beziehung zum Bewußtsein. Damit entfällt auch die Freud sche Funktion der Traum-Zensur, jener Instanz bei der Bearbeitung des latenten Trauminhalts. Die Jung sche Traumdeutung beschränkt sich nicht auf die Symbole, die auf Sexual- und Machttriebe zurückzuführen sind, sondern erfaßt alle Probleme der menschlichen Seele, auch die geistigen und religiösen. Zu diesem Bezirk rechnet Jung u. a. alles Irrationale, dessen Entwertung durch die Überbetonung des Intellektuellen eine der Ursachen nervöser Zusammenbrüche darstellt. Die Überbewertung bestimmter seelischer Funktionen und deren einseitige Entwicklung in unserer Zeit führt zu einem bedenklichen Mangel an innerem Gleichgewicht, der leicht zu

---

[45] C. G. Jung, Energetik der Seele, S. 157.

pathogenen Konflikten führen kann. Die seelische Not, die als Neurose zum Ausbruch kommen kann, zwingt zu den tief verborgenen schöpferischen Seiten der Seele, zu den Bildern des Unbewußten zurück. Die Vereinigung der Gegensätze zwischen Bewußt und Unbewußt und die Integrierung von Inhalten des Unbewußten ist die Voraussetzung für die »Selbstfindung«. Ein wichtiger Weg zum Unbewußten ist der Traum. Er zielt meist ab auf die Herstellung eines normalen seelischen Gleichgewichts und dient damit als eine Art Selbststeuerung des psychischen Systems (worauf schon A l f r e d A d l e r und unabhängig von ihm A l p h o n s e M a e d e r hingewiesen hatten). Hinter der jeweiligen Ausbalancierung des gestörten Gleichgewichts ist »ein wie in planvollen Stufen verlaufender Entwicklungs- oder Ordnungsprozeß« erkennbar. »Ich habe diesen in der Symbolik langer Traumserien sich spontan ausdrückenden Vorgang als Individuationsprozeß bezeichnet« (J u n g , 1945). Er ist nicht zu verstehen ohne Kenntnisse auf den Gebieten der Mythologie, der vergleichenden Religionswissenschaften, der Märchenkunde und der Psychologie der Primitiven. Denn in diesen Symbolen, die sich nicht auf das persönliche Leben des Träumers beschränken, werden Probleme der universalen Menschheitsentwicklung berührt.

Diese Hinweise sind notwendig, um die J u n g sche Pathogenese der Neurose und damit der Phobie zu verstehen. Für J u n g liegt in viel umfassenderem Sinne als bei den anderen psychologischen Schulen die Ursache für die Entstehung der Neurose in einer zentralen psychischen Gleichgewichtsstörung. Auf die Differentialdiagnostik, etwa Hysterie oder Zwangsneurose, und deren Genese legt seine Psychologie daher nicht den entscheidenden Wert. Maßgebend für die Schwere der Neurose ist der Grad der Abspaltung des Ich vom Unbewußten, und zwar nicht nur als Folge von Verdrängungen, sondern auch von Vernachlässigung seelischer Funktionen und von einseitiger Einstellung nach außen oder innen; nach außen infolge mangelnder Anpassung an die Realität (Extraversion), nach innen durch mangelnde Verarbeitung von Inhalten aus dem persönlichen und kollektiven Unbewußten (Intraversion). Wohl sind es wie bei F r e u d intrapsychische Konflikte, die die Neurose verursachen, aber unter Einbeziehung anderer seelischer Faktoren und Funktionen. Damit ergibt sich eine grundsätzlich andere Gesamtschau der Seele und des psychischen Geschehens. Das Finale und Prospektive überwiegt gegenüber dem Kausalen. Das Triebhafte wird nicht nur konkret, sondern auch gleichnishaft verstanden (so auch der Ödipuskomplex). Der Dualismus des Seins wird nicht auf Lebenstrieb (Eros) und Todestrieb beschränkt. Die höheren Triebe werden nicht auf die Sexualität reduziert (als Sublimierung), obwohl anerkannt wird, daß die sogenannten niederen Triebe immer mitschwingen. Die Regression wird nicht nur negativ beurteilt. Vielmehr kann sie zurückführen zu schöpferischen Quellen des Unbewußten (regredier pour mieux sauter).

Die frühkindlichen Triebe sind nicht polymorph-pervers, sondern »polyvalent«. Bei der Struktur der Seele werden neue Begriffe eingeführt: das bereits erwähnte kollektive Unbewußte; die *Persona* als Funktion der Anpassung an die objektive Welt; das *Selbst* als hypothetisches Zentrum der Persönlichkeit und Ziel der *Individuation*.

Am deutlichsten wird die Abweichung von F r e u d und A d l e r durch die *Archetypen*, die J u n g in die Psychologie eingeführt hat. Sie sind Dominanten des kollektiven Unbewußten – kollektiv, da allen Menschen gemeinsam. Daraus erklärt sich die Übereinstimmung der Symbole in den Träumen aller Menschen und der Motive in Märchen, Sagen und Mythen aller Zeiten und Kulturkreise. Derartige Symbole und Urbilder sind Niederschläge von Archetypen[46]. Um sie anschaulich zu machen, verweisen wir auf einen Traum unseres Berichts einer J u n g schen Analyse (Traum Frau Clarisse Nr. 9, Abs. 3). Die Träumerin überschreitet eine *Brücke* und kommt, da der Fluß die Landesgrenze bildet, am anderen Ufer ins Ausland. Hier hat sie merkwürdige Erlebnisse (Löwen, Affen, Massengrab). Bei der Rückkehr findet sie den Fluß in einen reißenden Strom verwandelt. Die Brücke ist gefährdet und damit die Rückkehr nach Hause, ins Heimat-

---

[46] Nähere Aufklärung in der Literatur von C. G. J u n g, besonders in seiner Schrift über die »Psychologie des Unbewußten«, Zürich 1943, Kap. 5–7. Eine systematische Zusammenfassung versucht worden in dem Aufsatz von J o l a n J a c o b i : »Komplex, Archetypus, Symbol« in der Festnummer der Zeitschrift »Psychologie«, 1945, Nr. 3/4 (bei Huber, Bern) zu Jungs 70. Geburtstag.

land. Die Analysandin wacht angstvoll auf. Das andere Ufer bedeutet einen anderen, neuen Seinszustand, psychisches Neuland, das nicht ohne Gefahr und Erschütterungen betreten werden kann. Die Brücke ist also ein Symbol des Übergangs. J u n g veröffentlicht zur Illustration dieses Archetypus den Traum einer seiner Analysandinnen. Sie will die Furt eines breiten Baches überschreiten, da sie keine Brücke findet. Da faßt sie ein großer Krebs, der verborgen im Wasser war. Solche Träume können nicht auf objektive Erlebnisse zurückgeführt werden. Sie weisen auf das Bild des Übergangs, das im kollektiven Unbewußten als Brücke oder Furt bei Menschen aller Zeiten und Völker bereit liegt. Hierher gehört auch der Drachen-Traum unserer Analysandin Frau Clarisse (Traum Nr. 6). Es ist dem Nichtpsychologen erstaunlich, wie oft moderne Intellektuelle Angstträume haben vom Drachen, dem vorgeschichtlichen Fabeltier, oder von Schlangen, obschon ihnen nie eine Schlange gefährlich geworden ist. Auch diese Tiere sind Urbilder, vorgeprägt in den tiefen Schichten des Unbewußten. Meist erscheinen die Archetypen als Personen: als Hexe oder Heilige (die negative oder positive Mutter); als Held, als Despot oder als Prophet (positive oder negative Vaterfigur); als göttliches Kind; als »Schattenfigur«; als Anima (beim Mann) und als Animus (bei der Frau). Auf besondere Schwierigkeiten des Verständnisses stoßen die Archetypen *Anima und Animus*, die in jeder Psyche mehr oder weniger wirksam sind. Sie spielen als gegengeschlechtliche Seelenbilder in der Analyse eine hervorragende Rolle. Als »Hüter der Schwelle« hat die Anima bzw. der Animus die Funktion einer Brücke zum Unbewußten. Sie werden *personifiziert* in Träumen und Phantasien erlebt, d. h. als Mann oder in der Vielzahl von Männern bei der Frau, und in der Gestalt einer Frau beim Manne. Sie sind keine Erfindung C. G. J u n g s , sondern unabhängig von ihm nicht nur in Märchen und Mythen, sondern auch in der modernen belletristischen Literatur zentrale Figuren[47]. Lassen wir J u n g selbst über ihre Wirkungen zu Wort kommen: »... wie die Anima Launen, so bringt der Animus Meinungen hervor, und wie die

---

[47] So in R i d d e r H a g g a r d , »She«, ferner in Benoît, »Atlantide«.

Launen des Mannes aus dunkeln Hintergründen hervortreten, so beruhen die Meinungen der Frau auf ebenso unbewußten, apriorischen Voraussetzungen, deren Existenz man aber zu erschließen hat, d. h. die Meinungen sind anscheinend so gedacht, als ob solche Voraussetzungen existieren. In Wirklichkeit sind aber die Meinungen gar nicht gedacht, sondern sind schon fix und fertig vorhanden, und zwar dermaßen tatsächlich und unmittelbar überzeugend, daß die Frau auch nicht an die Möglichkeit eines Zweifels denkt.«[48]

Wesen und Wirksamkeit des *Animus* läßt sich theoretisch nur ungenau und mißverständlich umschreiben. Wir verweisen daher auf die Analyse der Frau Clarisse im Anhang dieser Arbeit und die dort mehrfach erläuterten Animus-Traumfiguren[49]. Die sonderbare Tatsache der Vielzahl der Animus-Erscheinungen oder deren Auswechselbarkeit kann aus der kompensatorischen Funktion des Unbewußten gegenüber dem Bewußten verstanden werden. Die bewußte Einstellung der Frau ist grundsätzlich auf das Persönliche konzentriert, auf *den* Gatten oder *den* Geliebten. Das Unbewußte produziert demgegenüber eine *Vielheit* von männlichen Repräsentanten. Im Gegensatz dazu die Psychologie des Mannes: Seine bewußten Interessen gelten weniger ausschließlich *der* Frau, *der* Familie, als seinem Volk, seinem Staat oder unpersönlichen Problemen. Daher die Personifikation seiner Anima in einer bestimmten *einzelnen* Frauenfigur.

Der wichtige Archetypus des *Schattens* ist der Repräsentant der *gleichgeschlechtlichen* »dunkeln« Seite unserer Psyche. Der Schatten hat die notwendige Aufgabe, die Persönlichkeit plastisch zur Darstellung zu bringen. Er enthält die vernachlässigten und besonders die verdrängten Seiten unseres Charakters, die von uns abgewertet und abgespalten sind, weil sie uns moralisch oder sonstwie unakzeptabel erscheinen. Je weniger der Schatten uns bewußt und von uns angenommen ist, um so tiefer die Gefahr der Spaltung. Die Konfrontierung mit ihm ist eine der Voraussetzungen für den Zugang zum Unbe-

---

[48] C. G. Jung, »Die Beziehungen zwischen dem Ich und dem Unbewußten«. Siehe auch die Beiträge von Heinz Artur und Sigrid Strauss in »Krisis und Zukunft der Frau« (Hrsg. W. Bitter) Stuttgart, 2. Auflage 1967.
[49] Siehe besonders Träume Nr. 2, 3, 4, 8, 10, 11, 13.

wußten und spielt daher in jeder J u n g schen Analyse eine entscheidende Rolle.

Der Schatten ist in der schönen Literatur in Chamissos »Peter Schlemihl« und in Hofmannsthals »Frau ohne Schatten« als führendes Motiv verwendet worden. In Goethes »Faust« erscheint der persönliche Schatten als Wagner, der »trockene Schleicher«, der kollektive Schatten als Mephisto. Ist mit der Analyse eine Art Beichte verbunden, so hat sie durch die Beschäftigung mit dem Schatten eine tiefergehende Wirkung als die kirchliche Beichte. Diese beschränkt sich auf bewußte Verfehlungen, während der Schatten die unbewußten Eigenschaften personifiziert. Oft erlebt der Arzt, daß der praktizierende Katholik im persönlichen Schatten sein abgewertetes Gegenbild erschreckend erkennt, so daß es erst nach längerem Widerstand als zu ihm gehörig angenommen wird. Wirkt sich der »Schock« positiv aus, kann der Patient einsehen: Ja, diese Traumfigur ist ein Teil von mir, sie gehört notwendig zu mir, sie ist mein »Schatten«, so ist therapeutisch viel erreicht. Meist wird mit einer solchen Anerkennung bei ethisch hochstehenden Menschen mit einem hypertrophierten Gewissen eine neue Plattform geschaffen für die analytische Weiterarbeit. Die Anerkennung des Kollektivschattens rührt an letzte Geheimnisse des Lebens. Goethe läßt Mephisto sagen: »Ich bin ein Teil von jener Kraft, die stets das Böse will und doch das Gute schafft.« Paulus: »... denn ich tue nicht das Gute, das ich tun will, sondern vollbringe das Böse, das ich nicht tun will« (Römer 7,19).

Die unbewußten Bilder der Seele werden auf die Umwelt *projiziert*. »Alles, was aus dem Unbewußten wirkt, erscheint projiziert an anderen« (J u n g). Um bei unserem Beispiel des Animus zu bleiben: die Frau projiziert ihr Animus-Bild auf einen Mann, der mit diesem Bild Ähnlichkeit hat. Im Gegensatz zum F r e u d schen Begriff der Projektion sind es nicht nur Bilder, die die Betreffende vom Vater oder Bruder in sich trägt und nun auf den Ehemann oder Geliebten projiziert. Es sind vielmehr auch immanente Bilder des kollektiven Unbewußten. Sie sind zwar auch von den realen Männerfiguren des Vaters, des Bruders mitgeprägt worden, sind aber keineswegs – wie bei F r e u d – mit diesen identisch. Die Projektion des Animus spielt im Leben der Frau eine entscheidende, oft verhängnisvolle Rolle. Wie viele Frauen in Deutschland – und außerhalb! – waren von Adolf Hitler fasziniert, als Objekt ihrer Animus-Projektion. Der Animus in der Frau »saugt« gewissermaßen »passende«, d. h. projektions-geeignete Objekte an. Darüber hinaus vermag die Frau unter dem Zwang ihres Animus einen geradezu unheimlichen Einfluß auf den Mann auszuüben. Er muß sich verhalten wie der projizierte Animus. Ein Beispiel hierfür enthält die Novelle von M a r y H a y »The Evil Vineyard«. Die Heldin hat eine ihrem Animus entsprechende »Meinung« von ihrem Mann, d. h. sie projiziert ihren Animus auf ihn und drängt ihn allmählich in eine Rolle, die ihm ganz fremd ist[50]. Umgekehrt spielt die Frau oft im Leben die »Rolle«, die ihr der Mann kraft seiner Anima-Projektion aufzwingt.

Projektion und Übertragung hängen eng zusammen. So verschieden der Begriff der Projektion bei F r e u d und J u n g ist, so auch der der *Übertragung*. Er hat bei der praktischen Analyse eine nicht zu überschätzende Bedeutung und soll im Kapitel Analyse (unter Therapie) behandelt werden.

Zum Schluß müssen wir die J u n g sche *Typenlehre* noch kurz erwähnen. Es wurde bereits darauf hingewiesen, daß eine Harmonie der typenmäßig bedingten Veranlagung und die Entfaltung inferior gebliebener seelischer Funktionen ein Ziel der analytischen Psychologie ist. J u n g unterscheidet den intro- und extravertierten Typ. Dem *Introvertierten* ist die innere Welt näher als die äußere. Er lebt wesentlich im Reich seiner inneren Bilder. Der *Extravertierte* ist dem wirklichen Leben zugewendet, er »findet innerhalb der Schranken des objektiv Gegebenen genügenden und angemessenen Spielraum« (J u n g). Die Gefahr für ihn liegt darin, daß er sich von den Quellen seines Unbewußten entfernt und sich in die Welt der Realitäten verliert. Der Introvertierte ist versucht, sich von der Gemeinschaft eigenbrötlerisch abzusondern und die äußere Wirklichkeit zu vernachlässigen. Für jeden dieser Typen unterscheidet J u n g vier verschiedene Reaktionsweisen oder *Funktionen:* das Denken, Fühlen, Empfinden und die Intuition. Während das Empfinden feststellt, was tatsächlich vorhanden ist, vermittelt das Denken die Bedeutung des

---

[50] Siehe dazu J u n g , »Seelenprobleme der Gegenwart«, S. 200 ff.

Vorhandenen, das Gefühl den Wert und die Intuition die Möglichkeit. Der Denker orientiert sich mit dem »Kopf«, der Mensch mit dem Gefühl als führender Funktion hat »das Herz auf dem rechten Fleck« und orientiert sich mit ihm. Beides sind rationale Funktionen, was besonders beim Verständnis der Fühlfunktion Schwierigkeiten bereitet. Es ist das wertende, urteilende Fühlen, das die Fühlfunktion auszeichnet, nicht nur Gefühl im Sprachgebrauch. Von den beiden irrationalen Funktionen ist die Intuition die Fähigkeit des Ahnens, des instinktiven Erfassens der Möglichkeiten einer Person, Sache oder Situation. Man könnte die Intuition als unbewußte Wahrnehmung bezeichnen. Dagegen ist die Empfindung die bewußte Wahrnehmung des Gegebenen, J a n e t s »fonction du réel«.

In der ersten Lebenshälfte zwingt »der Kampf ums Dasein«, die Sorge um den Unterhalt der Familie, das berufliche Sichdurchsetzen zur Ausbildung der angeborenen führenden Funktion. Die »minderwertige« Funktion versinkt ins Unbewußte, je weniger sie gebraucht wird, je einseitiger sich der Mensch entwickelt. Darin liegt die Gefahr der Neurose: wenn besondere Anforderungen gestellt werden, die an die minderwertigen Funktionen appellieren. Da diese archaisch-primitiv in Erscheinung treten, wird die Gleichgewichtsstörung evident, bricht die Neurose aus.

Regelmäßig zwingt der Übergang in die zweite Lebenshälfte zu einem Bewußtmachen und Entwickeln der inferioren Funktionen und der verdrängten Einstellung. Die analytische Psychologie findet daher ein besonderes Arbeitsfeld bei *Menschen in der zweiten Lebenshälfte*. Für den älteren Menschen ist die Libido, die Lebensenergie, stärker auf andere Ziele als die Triebbefriedigung gerichtet. Seine Probleme sind also wesentlich andere als die eines in sexuellen Konflikten und in Existenzkämpfen stehenden Menschen der ersten Lebenshälfte. Das haben wir an einem Fall von Agoraphobie in der Einleitung illustriert (S. 24). Von demselben Vertreter der analytischen Psychologie ist uns folgender Krankenbericht mitgeteilt worden:

Fall 10:
Älterer Mann, dessen agoraphobe Symptome darin be-

stehen, daß er nicht über ein freies Feld gehen kann. Seine schweren Angstanfälle kann er nur dann mildern, wenn er auf einer möglichst sorgfältig vorbereiteten, gedachten geraden Linie geht, ohne nach rechts oder links oder gar nach rückwärts zu blicken. Auch dann sind Anfälle häufig nur zu vermeiden durch starke Sedativa. Das besonders Beunruhigende für den Patienten ist die weite *Natur,* daher die Beschränkung des Blickfeldes auf die gedachte Linie und das Verbot des sich Umsehens. Im Grunde soll jegliche Berührung mit der Natur vermieden werden. Während der Behandlung stellt sich heraus, daß der Patient einer Familie engster religiös-katholischer Lebenseinstellung entstammt, die die »Welt«, also auch die Natur, als Gefahren- und Versuchungsquelle erblickt, die überwunden werden muß. Nur durch Verzicht auf alles, was Natur ist und zu ihr gehört, kann man der Gefahr, der Versuchung zu erliegen, entrinnen. Es handelt sich also nicht nur um die Sexualität, sondern um die Auseinandersetzung mit den dualistischen Lebensprinzipien: Natur und Geist, Gut und Böse, diese Welt – Reich Gottes. Die Träume des Patienten geben eine geradezu klassische Illustration zu diesem tiefsten, für den Patienten unlösbaren pathogenen Konflikt.

Die vorgenannten Fälle, besonders der letztere, zeigen, daß nach C. G. J u n g vorwiegend geistige und religiöse Probleme zu Konflikten führen können, die das klassische Krankheitsbild der Agoraphobie auslösen. Die Heilung besteht bei diesen älteren Patienten in der Annahme der eigenen »Natur« und deren Integrierung sowie der Entfaltung inferiorer, unbewußter Einstellungen und Funktionen (Prozeß der Individuation). Aufgrund reichen geistesgeschichtlichen Materials aus Mythologie, Alchemie und vergleichender Religionswissenschaft hat J u n g den empirischen Charakter eines immanenten, autonom wirkenden Prozesses einer Sinnfindung, vom Archetypus des Selbst ausgehend, nachgewiesen. Der autonome Prozeß im Unbewußten in Richtung der *Individuation* wird genährt von dem, was J u n g das Selbst nennt. Dieses ist der zentrale Archetypus, der das Bewußtsein transzendiert und alles Individuelle und Kollektive umfaßt. Das Selbst kompensiert das Ich-Bewußtsein und wirkt auf die Einheit

der Persönlichkeit hin. Für den Arzt ist die Erforschung dieser zentralen Instanz insofern besonders hilfreich, als J u n g Symbole des Selbst in zahlreichen seiner religionsgeschichtlichen Werke herausgearbeitet hat (biblisch: Senfkorn, Stein als Idee des inneren Menschen; fernöstlich: Atman, Lotos, besonders aber das Mandala als Kreis in Verbindung mit einem Quadrat und ähnlichem). Diese in Träumen von Patienten auftretenden Symbole haben eine die Kräfte des Bewußtseins und des Unbewußten vereinigende Wirkung. Das Selbst ist, religiös gesehen, »vielleicht ein Gefäß der göttlichen Gnade« (C. G. J u n g in einem Brief an den katholischen Theologen G. F r e i) oder ein Symbol Christi. Die dynamische Macht, die in der Tiefe jedes Menschen wirksam ist, führt zum Erleben des »Selbst«, was der »Großen Erfahrung« der fernöstlichen Tradition entspricht. C. G. J u n g mißt der religiösen Erfahrung und ihrer Symbole zentrale Bedeutung zu. (Siehe W i l h e l m B i t t e r , Der Verlust der Seele, Herder-Bücherei 333, 1970.)
Daß auch J u n g bei Menschen der zweiten Lebenshälfte zuweilen die »Verdrängung biologischer Instinkte« bei Angstneurosen feststellt, erhellt aus folgender, von ihm veröffentlichter Krankengeschichte[51]:

Fall 11:
»Eine ältere Dame, 54jährig, aber gut konserviert, konsultierte mich wegen ihrer Neurose, die etwa 1 Jahr nach dem vor 12 Jahren erfolgten Tode ihres Mannes begonnen hatte. Sie litt an mancherlei Phobien ... sie (lebt) seit dem Tode ihres Mannes in ihrem schönen Landhaus allein. Ihre einzige Tochter ist seit mehreren Jahren auswärts verheiratet. Sie ist eine treue Witwe und führt ihre Ehe nach Möglichkeit ohne den Gatten weiter. Sie kann nicht im geringsten verstehen, was der Grund ihrer Phobien sein könnte, sicher war es keine moralische Frage, da sie ein würdiges Mitglied der Kirche ist ... Ihre Träume hatten damals den Charakter von Momentphotographien: ein Grammophon spielt ein Liebeslied, sie ist ein junges Mädchen, eben verlobt, ihr Mann ist ein Arzt usw. Es war deut-

---

[51] C. G. J u n g , Psychologie und Erziehung, 1945, S. 67, 75, 76.

lich genug, worauf angespielt wurde ... Die Träume enthielten ihre wirklichen Absichten, welche zu den anderen Inhalten des Bewußtseins hinzugefügt werden mußten, um ihre blinde Einseitigkeit auszugleichen. Ich nenne Träume darum kompensatorisch, weil sie jene Vorstellungen, Gefühle und Gedanken enthalten, deren Abwesenheit im Bewußtsein ein mit Angst, statt mit Einsicht gefülltes Loch hinterläßt. Sie wollte um den Sinn ihrer Träume auch gar nichts wissen, weil sie fand, daß es doch nichts nütze, an eine Frage zu denken, auf die man nicht sofort antworten kann. Sie bemerkte aber, wie so viele andere Leute, nicht, daß sie durch ihre Verdrängung unangenehmer Gedanken etwas wie ein psychisches Vakuum schuf, welches sie allmählich mit Angst ausfüllte, wie das so zu gehen pflegt. Hätte sie sich bewußt mit ihren Gedanken geplagt, dann hätte sie gewußt, was ihr fehlt und hätte dann keine Angstzustände gebraucht, um damit das ihr fehlende bewußte Leiden zu ersetzten ...«

8. Synoptische Psychotherapie

Die synoptische Psychotherapie berücksichtigt alle wesentlichen bewährten Elemente der Tiefenpsychologie, um den Störungsursachen ganzheitlich gerecht zu werden. Nicht die vom Therapeuten erlernte Schulrichtung, sondern die individuelle Problematik des Kranken sollte für die Indikation über die Art der Behandlung richtunggebend sein. Bei einer solchen weit gefaßten, mehrdimensionalen Betrachtungsweise müssen allgemein-anthropologische Gesichtspunkte hinzugezogen werden, also außer psychologischen auch soziologische, politische, nicht zuletzt geistig-religiöse. Synopsis bedeutet Zusammenschau. Sie strebt nicht, wie die S c h u l t z - H e n c k e sche Neoanalyse, eine Synthese oder ein Amalgaman an, auch keinen Eklektizismus oder Synkretismus. Eine solche Psychotherapie ist aufgeschlossen auch für neue Forschungen. Sie ist sich bewußt, daß eine umfassende systematische Theorie der Psychotherapie nicht vorliegt, denn »der Seele Grenzen sind nicht abzustecken und auszuschreiten«. In diesem Sinne berücksichtigt C. G. J u n g alle bisher bestehenden Schulen, wenn auch beim Fernstehenden der Eindruck erweckt wird, daß er die triebpsychologischen, auf biologisch-instinkthafter Basis beruhenden Faktoren vernachlässigt.

Um verbreiteten Mißverständnissen vorzubeugen, möchte ich die Zusammenschau der Schulen durch J u n g mit seinen eigenen Worten belegen:

»Die A d l e r sche Schule ... betont vor allem die soziale Seite des seelischen Problems und differenziert sich daher immer mehr zu einem sozialen Erziehungssystem ... sie ist ein psychologisches System unabhängigen Charakters, das Bekenntnis eines andern Temperaments und einer völlig andern Weltanschauung. – Keiner, der ... danach trachtet, einen einigermaßen genügenden Überblick über das Gesamtgebiet der modernen ärztlichen Seelenkunde zu erhalten, sollte es versäumen, die A d l e r schen Schriften zu studieren. Er wird daraus die wertvollsten Anregungen schöpfen und dabei erst noch die unschätzbare Entdeckung machen, daß man einen und denselben Fall von Neurose mit ebensoviel Überzeugungskraft nach F r e u d wie nach A d l e r erklären kann... der Mensch hat einen Geltungstrieb so gut wie einen Sexualtrieb. Er hat infolgedessen auch beide Psychologien, und jede seelische Regung in ihm hat subtile Tönungen sowohl von der einen wie von der andern Seite. – Da es nun keineswegs feststeht, wieviel primäre Triebe ... vorhanden sind, so besteht ohne weiteres die Möglichkeit für einen findigen Kopf, noch einige Psychologien herauszufinden, die sich alle scheinbar widersprechen und doch höchst befriedigende Erklärungen hervorbringen... Man möchte wünschen, daß sich noch mehrere solcher Bekenner fänden, damit das Gemälde der seelischen Möglichkeiten sich besser ausrunde. – Meine Ansicht und meine Schule sind ebenfalls psychologisch und unterliegen deshalb derselben Beschränkung und Kritik, die ich den andern Psychologen angedeihen lasse. Soweit ich meine eigene Ansicht selber zu beurteilen vermag, unterscheidet sie sich von den oben besprochenen Psychologien, indem sie nicht monoistisch, sondern mindestens dualistisch (insofern sie sich auf das Gegensatzprinzip gründet), wenn nicht gar pluralistisch ist (insofern sie eine Vielheit relativ autonomer seelischer Komplexe anerkennt). (C. G. J u n g , Ges. Werke, Bd. 4, S. 377, 378.)

Ich bin kein Gegner F r e u d s … Kein erfahrener Seelenarzt kann es leugnen, mindestens Dutzende von Fällen erlebt zu haben, deren Psychologie in allen wesentlichen Stükken mit derjenigen F r e u d s übereinstimmt. Darum hat F r e u d gerade mit seinem subjektivsten Bekenntnis einer großen menschlichen Wahrheit zur Geburt verholfen … A l f r e d A d l e r stellte dasselbe Erfahrungsmaterial von einem ganz anderen Gesichtspunkt dar, und seine Art zu sehen ist zum mindesten ebenso überzeugend wie die F r e u d s, weil eben auch A d l e r einen Typus von Psychologie repräsentiert, dem man häufig begegnet.« (C. G. J u n g a. a. O., S. 386, 387)

Die Konzeption von F r e u d und A d l e r ist vorwiegend auf Patienten im jüngeren und mittleren Lebensalter abgestellt. Hierzu J u n g : »Die Neurosen junger Leute entstehen in der Regel aus einem Zusammenstoß zwischen den Mächten der Realität und einer ungenügenden, infantilen Einstellung, welche kausal durch eine abnorme Abhängigkeit von den realen oder imaginären Eltern, final durch unzulängliche Fiktionen, das heißt Zweckabsichten und Strebungen, charakterisiert ist. Hier sind F r e u d sche und A d l e r sche Reduktionen durchaus am Platz … Das Gegensatzproblem … ist in der Regel ein Problem des reifen Alters« (C. G. J u n g , Ges. Werke, Bd. VII, S. 64 f.). Auch bei schweren Neurosen von Menschen in der zweiten Lebenshälfte kann es notwendig sein, »die Kindheitsphantasien, die Abhängigkeit von den Eltern usw. bewußt zu machen«; die Reduktion auf die Kindheit ist also ein »notwendiger Teil der Prozedur … Bei jungen Leuten mag die Befreiung vom Vergangenen genügen« (Ebd.). J u n g nennt seine Richtung »analytische oder komplexe Psychologie«, weil »(ich) damit etwas wie einen Allgemeinbegriff meine, der ›Psychoanalyse‹, ›Individualpsychologie‹ und andere Bestrebungen … in sich faßt« (C. G. J u n g , Ges. Werke, Bd. XVI, S. 57).

Erfreulicherweise bekennt sich eine Reihe von führenden Autoren der Tiefenpsychologie zu der genannten synoptischen Psychotherapie, wenn sie auch innerhalb ihrer speziellen Forschungsrichtung den Schwerpunkt jeweils verschieden setzen. Ich erwähne A l p h o n s e M a e d e r sowie L. S z o n d i , J o h a n n e s N e u m a n n und F r i t z K ü n k e l . Erfreilich ist die Zusammenarbeit von Vertretern der drei in Deutschland vorherrschenden Richtungen – der orthodox F r e u d schen, der neoanalytischen und der J u n g schen Psychologie – beim Zentralinstitut für psychogene Erkrankungen der Allgemeinen Ortskrankenkasse Berlin sowie in der Psychotherapeutischen Klinik in Stuttgart.

9. Neurosenstruktur

Für die Pathogenese wie für die Therapie der Agoraphobie ist es wesentlich, die Struktur der Erkrankung im Einzelfall zu ermitteln. Der rein klinische Ablauf des Krankheitsgeschehens läßt keinen Schluß auf die Schwere des Falles zu. Kann doch ein schweres Symptom vorliegen bei einer ihrer Struktur nach »leichten« Neurose. Wir halten uns hierbei an das Schema, das J. H. S c h u l t z für die Neurosenform und ihre Beziehungen zu den typischen Konfliktarten aufgestellt hat:

I. Fremdneurosen (überwiegend exogen), allopsychischer Konflikt,
II. Randneurosen (überwiegend physiogen), physio- psychischer Konflikt,
III. Schichtneurosen (überwiegend psychogen), endopsychischer Konflikt,
IV. Kernneurosen (überwiegend charakterogen), autopsychischer Konflikt.

Unter *Fremd*neurosen versteht J. H. S c h u l t z »abnorme funktionelle Erscheinungen und Verläufe physischer oder psychischer Art, für deren Entstehung das wesentliche und *hauptwertige Quellgebiet* in groben außerpersönlichen Faktoren, besonders der menschlichen Umwelt gelegen ist«[52]. Diejenigen Agoraphobien werden uns also als Fremdneurosen imponieren, die von außen her, exogen, verursacht sind.

Als *Rand*neurosen bezeichnet J. H. S c h u l t z die Neurosen, »bei denen in der Hauptsache primitive mechanische Faktoren wie Gedächtnis, Gewöhnung, bedingter Reflex, kurz, überwiegend Mechanismen von Bedeutung sind, deren

---

[52] »Seelische Krankenbehandlung«, S. 236.

Erforschung der eigentlich physiologischen Psychologie zugehörig ist. Auch ein erheblicher Teil sogenannter Organneurosen würde hier seinen Platz finden«[53].

Randneurosen sind also charakterisiert durch die nur den »Rand« der Persönlichkeit ändernden, »falschen« Gewöhnungen, Haltungen und Einstellungen.

Die meisten Pseudophobien wird man zu den Fremd- und Randneurosen (I und II) zählen können.

Unter *Schicht*neurosen sollen die überwiegend psychogenen Quellgebieten angehörenden neurotischen Erkrankungen zusammengefaßt werden, ohne daß die Gesamtheit der Persönlichkeit fundamental gestört ist. Es handelt sich bei den Schichtneurosen überwiegend um psychogene Abweichungen der Gefühls- und Empfindungswelt.

Als letzte Gruppe bleibt die der *Kern*neurosen. Darunter versteht J. H. S c h u l t z die den Kern der Persönlichkeit, also den Charakter deformierenden rein psychogenen Erkrankungen, wie diese typisch in den beigefügten Analyse-Berichten vorliegen. Das Leben des Kern-Neurotikers verfällt immer wieder aus unbewußten Antrieben, also objektiv zwangsläufig, in die gleich schweren Sinnwidrigkeiten. Diese unbewußt gegebene Zwangsläufigkeit enthält zugleich das Moment der Unbelehrbarkeit. »Es ist, als entbehrten diese Kranken der Vernunft, als seien sie unfähig, aus Lebenserfahrungen, die jeden Durchschnittlichen nachhaltig beeindrucken würden, die Anregung zu einer Umstellung zu entnehmen.«

F r e u d unterscheidet außer dem neurasthenischen Symptomkomplex Hysterie und Zwangsneurose.

Die *Neoanalyse von Schultz-Hencke* klassifiziert die Neurosestrukturen in schizoide, depressive, zwanghafte und hysterische (siehe Seite 70). In der Praxis überschneiden sich die Strukturen. In den meisten Fällen der neurotischen Agoraphobie liegen überwiegend hysterische, zum kleineren Teil depressive oder zwangsneurotische Charaktere zugrunde.

J u n g hielt sich in seiner Typenlehre (1921) noch im wesentlichen an die in der Psychiatrie üblichen Diagnoseschemata. Später wich er davon ab und beurteilte die Schwere

---

[53] A. a. O., S. 236/7.

der Neurose von dem Grad der Dissoziation, der Abspaltung des Unbewußten vom Bewußten.

10. *Therapie*

Grundsätzlich ist über die Therapie der Platzangst dasselbe zu sagen, was für alle Neurosen gilt: das Syndrom der Agoraphobie gibt keinen Anhaltspunkt für ein *bestimmtes* psychotherapeutisches Verfahren. Je nach der neurotischen Struktur der Erkrankung und der Art der konversionshysterischen, depressiven oder zwanghaften Begleiterscheinungen richtet sich im Einzelfall die Therapie.

Um mit C. G. J u n g zu sprechen: es gibt typisch F r e u d sche, A d l e r sche und J u n g sche Fälle. Einmal steht das Problem der Sexualität und Aggression im Vordergrund, das andere Mal Macht- und Geltungsstreben. Dann wieder, besonders in der zweiten Lebenshälfte, sind es die schöpferischen Impulse einschließlich der religiösen Problematik, die die Therapie der Wahl bestimmen. Hier treten wir ein für die Synopsis, die Zusammenschau der Schulrichtungen. Damit werden hohe Anforderungen an den Psychotherapeuten gestellt: er sollte theoretisch und praktisch diese drei Hauptrichtungen beherrschen. Die Indikation sollte vom Patienten gegeben werden und nicht abhängen von der Schulrichtung des Therapeuten.

In den schweren Fällen der Schicht- und Kernneurosen bildet die »Große Analyse« die Grundlage der Behandlung. Immer ist die gesamte Persönlichkeit, also Körper, Seele, Geist durch das Kranksein gestört. Darum muß jede Therapie umfassend sein, sich also nicht auf die Beseitigung der Symptome beschränken.

Verhaltenstherapie

Da die Verhaltenstherapie auf Psychotherapie-Kongressen und publizistisch stark hervortritt, wollen wir ausführlich auf sie eingehen. Sie beruht im wesentlichen auf dem Behaviorism von J. B. W a t s o n sowie auf der von I w a n P. P a w l o w entdeckten Lehre von den bedingten Reflexen (Reflexologie). P a w l o w s Versuche an Hunden ergaben, daß der Speichelfluß beim Futterzeigen (unbedingter Reflex) auch dann eintritt, wenn gleichzeitig mit dem Futterzeigen ein Glockenzeichen ertönt und – das ist das Wesentliche an der Entdeckung – die Speichelsekretion auch erfolgt, wenn später nur die Glocke einen Reiz ausübt (bedingter Reflex). Die Neo-Behaviour-Therapie, auch Verhaltenstherapie genannt, besteht im Neulernen und damit einer Umkonditionierung des Verhaltens. Sie geht nicht auf die Ursachen der zugrundeliegenden Störungen ein, sondern zielt auf ein Umlernen ab. Hierbei wird die Technik einer Desensitivisierung angewandt. Sodann wird das angsterzeugende Objekt in der Vorstellung oder Realität in allmählicher Dosierung vor Augen geführt. Es wird mit milden Angstreizen begonnen und allmählich bis zu dem Grad gesteigert, der den Angstanfall in der Realität hervorruft. Bei der sogenannten operativen Konditionierung werden erfolgreiche Ergebnisse der Übung belohnt und ungewünschte bestraft. Bei schweren Störungen erfolgt die Bestrafung durch Elektro-Schock.

In Deutschland ist die Verhaltenstherapie erst seit einigen Jahren bekannt. Sie wurde von den Angelsächsischen Ländern übernommen.* Die Desensibilisierung ist aus der experimentellen Psychologie entwickelt. Ihre Theoretiker, auf die sich die Autoren berufen, sind die Angelsachsen H u l l, S k i n n e r, M o w r e r, W o l p e, R a c h m a n n und E y s e n c k. Nach E y s e n c k (1963) ist »die Grundvorstellung, die alle diese unterschiedlichen Ansätze vereinigt, der Glaube, daß Verhaltensstörungen jeglicher Art im Grunde genommen nichts anderes als erlernte Reaktionen sind, und daß die moderne Lerntheorie (im weitesten Sinne) uns etwas über die Aneignung und Löschung solcher Reaktionen sagen kann«. (Zitiert nach R a c h m a n n / B e r g o l d). Die früheste Behandlung durch Desensibilisierung wurde von W o l p e in den fünfziger Jahren entwickelt. Die Autoren legten ihren Forschungen Experimente mit Tieren (Hunden und Katzen) zugrunde. J o n e s reduzierte Kinderängste durch Überlagerung von Eß-Reaktionen: Wenn angstauslösende Objekte (z. B. Tiere) den Kindern während des Essens allmählich nahe geführt wurden, so wurde die Angst gradmäßig verringert. In späteren Versuchen wurden statt der realen Objekte den Patienten Fotos und Modelle vorgestellt, und zwar im Zustand der völligen Entspannung. Letztere wurde zunächst durch Hypnose, bei Wolpe und Lazarus (1966) überwiegend ohne Hypnosetraining herbeigeführt. Auf diese Weise wurde es dem Patienten möglich gemacht, sich allmählich den am stärksten angstauslösenden Reiz mit Gelassenheit vorzustellen. Dieser Erfolg wurde dann auf die reale Lebenssituation übertragen. Zur Vorbereitung wurde »die allgemeine Lebenssituation« des Patienten mit der Vorgeschichte der Störungen erfragt. Sodann wurde versucht, »jegliche Art von Konflikten oder von angstauslösenden Situationen zu reduzieren oder zu beseitigen«.[*] Dabei handelt es sich zum Beispiel um Eltern oder um den Ehegatten des Patienten, deren Verhalten sowie die Reaktion des Patienten zu verändern versucht wurde. Als dritte Vorbereitung wurden dem Patienten die Grundlagen der Desensibilisierung erläutert. Diese Vorbereitung erfordert drei bis sechs Übungssitzungen. Die Entspannungsübung dauert zwischen 20–30 Minuten. Hinzu kommt eine häusliche Übung, die der Patient zweimal täglich je 15 Minuten ausführen muß. Die eigentliche Desensibilisierung erfolgt in der Weise, daß die angstauslösenden Objekte (z. B. Tiere) in der Realität oder in Bildern in allmählicher Steigerung dem Patienten nahegebracht werden. Bei stärkerer Beunruhigung soll dieser die Hand heben, woraufhin die Behandlung so lange unterbrochen wird, bis in der Entspannung die Angst beseitigt ist. Die Skala der Angst- und Furchtreaktionen wird auch mit Hilfe eines »Angstthermometers« gemessen. Der Patient wird ersucht, den Grad der Beunruhigung auf diesem Instrument abzuschätzen, also etwa bei dem Gefühl völliger Panik auf die Ziffer 100 hinzuweisen, eine leichtere Angstreaktion etwa bei 15 einzustufen. Die Angstvorstellung wird also graduell, und zwar zwischen 5 und 20 Sek. vorgenommen und jeweils durch Entspannungsphasen unterbrochen. Sodann wird bei phobischen Patienten eine Hierarchie nach Stärke der Angst-

---

[*] Literatur: H. J. Eysenck u. S. Rachmann, Neurosen – Ursachen und Heilmethoden, Berlin 1967.
J. Wolpe u. L. Blöschl, Grundlagen und Methoden der Verhaltenstherapie, Bern 1969; hier auch Literaturhinweise.
Rachmann/Bergold, Verhaltenstherapie bei Phobien, München-Berlin-Wien 1920.

wirkungen zusammengestellt. Nach Wolpe und Lazarus werden 20 Ängste in 5 Hierarchien zusammengefaßt, somit eine Skala der stärksten Angsterregungen bis zu den geringsten aufgestellt. Zur Entspannung werden auch medikamentöse Injektionen oder Sedativa verwendet. Als Hauptschwierigkeiten werden als unwichtig erlebte Hierarchien und ungenügende Fähigkeit zur Vorstellung genannt, auch daß sich Patienten durch die Entspannung selbst geängstigt fühlen. R a c h m a n n / B e r g o l d müssen zugeben, daß bei generalisierter Angst, also nicht-phobischer Angst, das Verfahren erschwert wird, desgleichen wenn andere nichtphobische Neurosen mit schweren Depressionen verbunden sind. – Auf die neurologische Grundlage der Desensibilisierung näher einzugehen, erübrigt sich; sie ist durch die P a w l o w schen Veröffentlichungen seit längerem bekannt: Wechselseitige Wirkung zwischen dem Hypothalamus anterior und posterior sowie dem vegetativen Nervensystem, das letztere insbesondere durch die neuromuskulären Vorgänge bei der Entspannung.

Ausführliche statistische Angaben werden in dem Buch von R a c h m a n n / B e r g o l d über klinische Ergebnisse gemacht. So wird ein Bericht von L a z a r u s (1963) über die Behandlung von 408 Patienten wiedergegeben. 321 (78%) hätten eine signifikante Besserung gezeigt, während 126 Patienten mit einer »schweren Neurose« nur eine Besserung von 62% erzielt hätten. Die Verfasser schließen daraus, daß »die Verhaltenstherapie ... sich möglicherweise bei der Behandlung einfacherer Störungen als wirksamer« erweise. Dieselben Einschränkungen werden aus anderen Berichten aus den Jahren 1962 und 1965 gefolgert. H u m p h e r e y (1966) hat einen vergleichenden Versuch zwischen Verhaltenstherapie und Psychotherapie vorgenommen mit dem Ergebnis, daß sich »die Verhaltenstherapie ... als etwas wirksamer und signifikant schneller als die Psychotherapie« erwiesen hat (R a c h m a n / B e r g o l d , S. 40 und 41). Geringe Erfolge werden insbesondere bei schweren Agoraphobien bekannt. G e l d e r , M a r k s und W o l f f e n haben 1967 mehrere Agoraphobiker sowohl mit verhaltenstherapeutischen als auch mit individuellen psychotherapeutischen und gruppen-psychotherapeutischen Behandlungen vergleichsweise kontrolliert. »Die Symptome ... bessern sich bei Desensibilisierung schneller als bei

Psychotherapie ... Diese Unterschiede verringerten sich jedoch später ... Allerdings war dieser Unterschied nicht mehr signifikant« (a. a. O., S. 44). Mit Recht erscheint es den Berichterstattern rätselhaft, »daß nicht alle Patienten nach einer erfolgreichen Desensibilisierung routinemäßig mit Psychotherapie behandelt werden müßten«. Unverständlich sei, daß eine angeblich schlechtere Methode nach erfolgreicher Behandlung mit Desensibilisierung eingesetzt werden sollte. Es werden dann weitere Behandlungsergebnisse wiedergegeben, die 1966 von verschiedenen Therapeuten bei Neurosen gemacht wurden, die hauptsächlich Angst und Phobien beinhalteten. Bei durchschnittlich 19 bzw. 25 Sitzungen wird eine allgemeine Besserung in ca. 70% der Fälle angegeben. Die Beziehung Patient-Therapeut wird einer kritischen Sichtung unterzogen. Die Behauptung, daß »der hauptsächliche Grund für die therapeutische Besserung« in dieser Beziehung liegt, wird besonders bei komplexen und lange andauernden Störungen in gewissem Umfang zugegeben, bei anderen Störungen, z. B. Enuresis, jedoch als praktisch bedeutungslos bezeichnet. Eine mangelnde Kenntnis analytischer Erfahrungen bei Verhaltenstherapeuten geht aus der Bemerkung hervor, daß »diese Psychotherapeuten ihre Patienten aktiv dazu anleiten, eine enge und sogar abhängige emotionale Beziehung mit dem Therapeuten einzugehen« (a. a. O., S. 48). Wiederum werden Experimente mit Tieren angeführt, um die »Wirkung von Übertragung und Gegenübertragung« zu bestreiten (Eysenck und Rachmann 1967, zitiert in Rachmann/Bergold, a. a. O., S. 48). –

Weitere Einwendungen: Der Patient kann neue und möglicherweise schlimmere Symptome entwickeln (Symptomverschiebung). Nach Rachmann/Bergold »gibt (es) mehr als ein Dutzend Untersuchungen, in denen nach Symptomverschiebungen gesucht wurde. In keinem Fall stellten sie ein ernst zu nehmendes Problem dar«. (a. a. O., S. 51) – Phobische und andere neurotische Symptome können verhaltenstherapeutisch erst dann angegangen werden, wenn die tieferen Ursachen der Erkrankung aufgedeckt worden sind. Diesem Einwand wird entgegengehalten, daß »die experimentellen Untersuchungen und klinischen Berichte eindeutig (beweisen), daß phobisches und neurotisches Verhalten mit

Hilfe der Verhaltenstherapie wesentlich gebessert werden kann, selbst dann, wenn die möglichen oder vermuteten Gründe der Krankheit kaum oder gar nicht beachtet werden«. (a. a. O., S. 51). Die Autoren müssen zugeben, daß »die beschriebenen klinischen Berichte ... einen einleuchtenden, aber nicht zwingenden Beweis (erbrachten). Eine eindeutige Entscheidung muß so lange zurückgestellt werden, bis weitere kontrollierte Untersuchungen vorliegen, in denen die Auswahlverfahren, die Methoden der Erfolgsüberprüfung, die Nachuntersuchungen und andere Aspekte der Therapie untersucht werden sollten.« (a. a. O., S. 52). Trotz dieser einschränkenden Feststellung resümieren die Autoren, daß die Lerntheorie »signifikant schneller« eine Besserung erreicht als andere therapeutische Verfahren. Weiterhin wird auf Modifikationen des Verfahrens hingewiesen, und zwar mit Hilfe von Medikamenten sowie mit Gruppensitzungen. Auch wurde eine Automatisierung erprobt mit Hilfe eines Tonbandes, das die Entspannungsinstruktion und die Angsthierarchie enthielt. Da die Erfolge ebenso groß seien wie durch den Therapeuten hervorgerufene Desensibilisierung, wird auch hieraus gefolgert, daß die Patient-Therapeut-Beziehung nur von geringer Bedeutung sei. Ferner wird über Versuche einer Synthese zwischen Lerntheorie und Freudschen Vorstellungen berichtet. Angeblich werden verborgene, innerliche, nicht verbalisierbare Reize angegangen, die der Freudschen primären Verdrängung analog seien. Nach Hogan (1968) soll »das ursprüngliche Trauma wiederherzustellen« versucht und damit Konflikte aufgedeckt werden, die sich »auf Angst vor Aggression, auf sexuelle Probleme verschiedener Art und auf durch Schuldgefühle ausgelöstes Verhalten beziehen«. Diese Behandlung wird als Implosion bezeichnet, die Rachmann/Bergold mit Reizüberflutung übersetzt. Sie will die direkte Konfrontierung mit dem jeweiligen Angst-Objekt üben, um die Angst zu löschen. Die Technik ist auch bei Schlangen-Phobien zur Anwendung gelangt. Von den freiwilligen Versuchspersonen konnten sieben von zehn nach einer Behandlung von 45 Minuten eine Schlange aufheben, während andere verhaltenstherapeutische Verfahren weit geringere Erfolge aufzuweisen hatten. – Eine weitere Technik ist das Selbstbehauptungs-Training. Danach wird »der Patient veranlaßt, seine augenblicklich gefühlten Emotionen in klarer und direkter Weise auszudrücken«. Der Patient wird ferner angehalten, Meinungsunterschiede zu äußern, statt Übereinstimmung zu heucheln. Diese Methode ist auf Ich-Stärkung ausgerichtet. Sie wird auch in Kombination mit anderen verhaltenstherapeutischen Methoden eingesetzt und als beste Methode zur Behandlung von sozialen Unsicherheiten und Ängsten angegeben (Kontaktängste, Schüchternheit, Angst vor öffentlichem Auftreten usw.). – Eine weitere Modifikation ist die Anwendung des elektrischen Schlags: »Der Patient wird trainiert, den unangenehmen Zustand, der durch den elektrischen Strom bedingt ist, durch Aussprechen des Wortes ›ruhig‹ abzuschalten. Wenn einmal eine wirksame Assoziation zwischen der Angsterleichterung und dem Signalwort hergestellt ist, kann das Aussprechen des Wortes in einigen Fällen schnell ein Gefühl der Entspannung induzieren«. Damit soll erreicht werden, daß der Patient die Angst bei Eintritt einer beunruhigenden Situation kontrolliert.

Es entspricht der materialistischen Geistesverfassung in Ost und West, daß körperliche und seelische Eigenschaften ausschließlich auf physiologisch bedingte Reize und Reaktionen reduziert werden und behauptet wird, der Mensch könne als ein Reflex-Organismus mechanistisch geprägt werden. Mit Recht bekämpft K o n r a d L o r e n z die absolute Richtigkeit der S h e r r i n g t o n schen Lehre vom Reflex sowie die P a w l o w sche Lehre vom bedingten Reflex.*
Daß ein Individuationsprozeß im Sinne von C. G. J u n g oder eine Sinnfindung nach V. E. F r a n k l (Logotherapie) durch Umlernen und Beseitigung der Symptome nicht erreichbar ist, bedarf keiner weiteren Begründung. Bei einzelnen traumatischen Störungen, etwa nach Verkehrsunfällen, wird die Verhaltenstherapie in vielen Fällen den störenden Angst-Mechanismus beseitigen. Auch bei leichteren Phobien, besonders im Kindesalter, werden relativ schnelle Erfolge zu verzeichnen sein. Im Anschluß und in Verbindung mit analytischer Therapie sind Übungen im Sinne der Lerntherapie

---

* Bekanntlich beruht die gesamte Psychotherapie in orthodox-marxistischen Ländern auf der Pawlowschen Physiologie.

durchaus angezeigt, wie aus dem Kapitel »Übungstherapie« ersichtlich.

Chemo-Therapie

In Übereinstimmung mit allen Richtungen der Psychotherapie und mit den meisten modernen Psychiatern lehnen wir die ausschließlich medikamentöse Behandlung ab. *Sedativa, Spasmolytika* und *Opiate* mögen bei Pseudo-Agoraphobie die Symptome lindern. Auch mag der psychotherapeutisch wenig geschulte Arzt im Notfall, zum Beginn einer der unten aufgeführten Behandlungen, zu chemischen Beruhigungsmitteln greifen. Vermutlich übt eine positive Übertragung in diesem Fall eine zusätzliche therapeutische Wirkung aus. Als Ausgang für eine psychotherapeutische Behandlung empfiehlt v o n S t o c k e r t die intravenöse (nicht orale) Anwendung kleiner Evipan-Dosen (0,1–0,5 g in 10% Lösung in 1 Min.). V o n S t o c k e r t will dem Kranken das Gefühl vermitteln, »einmal nicht versagt zu haben«. Der Angstneurotiker soll sich gewissermaßen Mut antrinken. Zur eigenen Verwunderung »habe sein Patient den belebtesten Platz der Großstadt ohne die geringste Angst überschreiten können, den er monatelang vorher peinlich gemieden hatte«.[54] In diesem Zusammenhang ist auch auf die Narco-Analyse als Hilfsmittel der Psychotherapie hinzuweisen, die sich verschiedener Chemotherapeutika (Evipan i. V., Nesdonal) zur Einleitung seelischer Behandlung oder in Verbindung damit bedient[55].

Physikalisch-diätetische Anwendungen

Entsprechend unserer Auffassung von der psychischen Ätiologie der Platzangst halten wir auch diese Therapie nicht für kausal wirksam. Zur gleichzeitigen Applikation mit der Psychotherapie sind sie im Falle von konversions-hysterischen Beschwerden gelegentlich zu erwägen. Hier sind bei schwächlichen heruntergekommenen Schwerkranken Mastkuren mit Bettruhe zu nennen. Als wertvolle Ergänzung zur Psycho-

---

[54] Nervenarzt, 1942, S. 185.
[55] Siehe Bericht von P i e r r e B. S c h n e i d e r auf der Tagung der Schweiz. Psychiat. Gesellschaft am 23. XI. 1947.

therapie ist die Anleitung zum »Atmen aus dem Unbewußten« zu betrachten, sei es als Sondertherapie, sei es im Rahmen des autogenen Trainings.

Übungstherapie

Hier sind in erster Linie Gehübungen auf Straßen und Plätzen mit dem Arzt zu nennen, die in langsamer Steigerung den Patienten von der Begleitung unabhängig machen. Der Patient geht zunächst neben dem Arzt, dann in gewissen Abstand vor oder hinter ihm, dann auf der andern Straßenseite, später nur in Sehweite. Beginn und Ausbau dieser Übungen hängen vom Einzelfall und von den übrigen Behandlungsmethoden ab, die mit dieser Übungstherapie gegebenenfalls verbunden werden. Die Gehübungen, notfalls bei gleichzeitiger medikamentöser Behandlung, werden von psychiatrischer und verhaltentherapeutischer Seite empfohlen. Sie sind in leichteren Fällen (von Fremd- und Randneurosen) besonders dann indiziert, wenn aus äußeren Gründen eine langwierige Behandlung nicht in Frage kommt oder eine symptomatische Behandlung ausreicht.

Janet[56] gibt bei Raumangstkranken die Übungstherapie an und veröffentlicht einen Fall von *Treppenangst*.

Fall 12:
41jähriger Mann hat Angstzustände beim Treppensteigen und vor ansteigendem Terrain. Er hat das Empfinden, als ob beim Steigen sich die Treppe oder der Weg vor ihm aufrichte. Seine Beschwerden bestehen im Anschwellen des Magens, Herzklopfen und schweren Angstzuständen. Zur Vermeidung dieser Symptome geht er die Treppe rückwärts herauf. Zu den üblichen Angstsymptomen gesellt sich also in diesem Fall ein Luftschluck-Tic, ein unwillkürliches starkes Luftschlucken als Ursache der Magenschwellung.

Eine Verbindung von Übungen in der Phantasie mit nachfolgender Übung in der Realität hat Heyer[57] in einem

---

[56] »Les Médications Psychologiques«, Paris 1928, S. 37.
[57] Gustav Richard Heyer, Praktische Seelenheilkunde, München 1935, S. 108.

Fall einer schweren Neurose angewendet, bei der eine analytische Behandlung aus praktischen Gründen nicht möglich war.

Fall 13:
»Eine Dame war außerstande, ohne Angst allein ins Freie zu gehen; völlig unmöglich war ihr gar das Besteigen eines kleinen Turmes, Hügels oder dergleichen. Sobald sie es versuchte, überfiel sie restlose Panik. Mit ihr übte ich – in der Entspannung – das Gefürchtete, indem wir – in der Vorstellung – den Berg oder den Turm immer höher hinaufstiegen. Dabei ließ sich die Grenze, bei der sie – auch in der Phantasie – Angst bekam, immer weiter hinausschieben. Das innerlich Erreichte mußte sie dann jedesmal auch äußerlich realisieren. *Das ist wichtig!* Allmählich gelang die Besteigung der höchsten Kirchtürme Münchens; und schließlich konnte sie sogar in der Seilbahn auf den Predigtstuhl hinauffahren. Sie übte diese Leistungen nicht nur bei mir in der Sprechstunde, sondern auch daheim, besonders vor jeder solchen Unternehmung, genau durch und zwar alles bis ins einzelne sich vorstellend: das Weggehen aus dem Zimmer, den Weg bis zum Bahnhof, das Lösen der Fahrkarte, das Besteigen des Wagens usw., bis zur Ankunft oben, einschließlich des Stolzes über das Erreichte und der Freude an der Aussicht.«

Ich selbst habe praktische Gehübungen bei meiner Agoraphobie-Patientin mit der Analyse verbunden. (Siehe S. 176)
Eine besondere Art von Entspannungsübungen hat H a p p i c h entwickelt und damit im Laufe von 12 Jahren über 200 Patienten behandelt, darunter auch Fälle von schwerer Platzangst (eine seit 30 Jahren bestehend). Behandlungsdauer selten länger als 1–2 Monate. H a p p i c h läßt den Patienten entspannen und lehrt ihn, »in der Schwebe, also zwischen Wachen und Schlaf zu bleiben«.[58] Dieses Verfahren führt zur Selbstbesinnung und der oft mit Erschütterungen verbundenen »Selbst-Begegnung«. Es ist ebenso wie das autogene Training von J. H. S c h u l t z nur durch einen erfah-

---

[58] Zitiert bei H e y e r , a. a. O., S. 109.

renen Arzt anwendbar wegen der damit verbundenen Gefahren. (Kollaps, Migräne-Anfälle usw. bei Vasolabilen!)

Wesentlich für die Übungstherapie ist eine gute *Übertragung*[59], hier als gefühlsmäßige Vertrauensbeziehung verstanden, wie der Patient sie als Kind zum Vater oder zu der Mutter hatte. Mit dieser Voraussetzung ist die Beseitigung einer langjährigen Platzangst durch eine kurze Übungstherapie zu verstehen, wie aus dem folgenden, uns von einer Fachärztin für innere Erkrankungen mitgeteilten Fall hervorgeht:

Fall 14:
32jährige Frau. Die üblichen Beschwerden bei Überschreiten von Plätzen, auch in der Tram, im Konzertsaal, bedeuten eine solch schwere Beeinträchtigung des Lebens der gebildeten, verheirateten Patientin, daß sie sich in nervenärztliche Behandlung begibt. Als diese erfolglos bleibt, wendet sich die Patientin an die Internistin, die ihr sehr warm empfohlen worden ist. Da augenscheinlich die *Mutter* der Patientin eine für die Entstehung der Neurose entscheidende Figur bildete, ist die Bedingung einer positiven Mutter-Übertragung auf die Ärztin gegeben. Diese wendet rein intuitiv die folgende Übungstherapie an: sie geht mit der Kranken von dem Behandlungszimmer auf den Balkon, der einen Überblick über einen verkehrsreichen Platz gewährt. In lässigem, ruhigem Ton bittet die Ärztin, sich den Verkehr auf dem Platz anzusehen. Sie solle die Menschen betrachten, wie sie alle ohne Schaden den Platz überschreiten, aus der Tram aus- und in sie einsteigen usw. So bleiben die beiden Damen 15-20 Minuten gemeinsam auf dem Balkon. Diese »Übung« wird nur einige Male wiederholt. Nach kaum zwei Wochen ist die (2 Jahre lang vergeblich vorbehandelte!) Kranke beschwerdefrei und bleibt es, wie aus dankbaren Mitteilungen über längere Zeit zu entnehmen ist.

Wie bei allen Kurzbehandlungen, bleibt bei groben Agoraphobien die Möglichkeit von Rückfällen oder das Auftauchen neuer Symptome. Aber wie oft ist die Symptombeseitigung

---

[59] Näheres bei Übertragung und Widerstand unter „Analyse".

das praktisch allein ins Auge zu fassende therapeutische Ziel! Und oft genug bleibt der Kranke symptomfrei und wird damit weitgehend »lebensfähig«.

Nach J. H. S c h u l t z sind etwa 50%/o aller Fälle von Angstneurosen praktisch heilbar durch Übungstherapien, gegebenenfalls in Verbindung mit chemischen Beruhigungsmitteln. (»Neurose, Lebensnot, ärztliche Pflicht«, 1936, S. 28.)

Hier sind auch die im Abschnitt Verhaltenstherapie angeführten Methoden zu erwähnen (S. 91).

Bei der lawinenartigen Zunahme der Neurosen, die sich fast wie eine Volksseuche ausbreiten und dem immer stärker fühlbaren Mangel an Psychotherapeuten sind Kurzverfahren unentbehrlich. Erfreulicherweise ist die soziale Krankenversicherung bereit, solche Behandlungen zu finanzieren.

Persuasionsmethode

Die genannten Übungstherapien können auch als Suggestiv-Therapie aufgefaßt werden. Ehe wir jedoch zu dieser Behandlungsart übergehen, möchten wir einige Worte über die Persuasionsmethode von D u b o i s [60] sagen. D u b o i s appelliert an die ratio, die Vernunft. In häufigen und eingehenden Belehrungen macht D u b o i s seinen Patienten klar, daß durch ihr unvernünftiges Verhalten Symptome hervorgerufen oder verstärkt werden; er zeigt ihnen, auf welche Weise ihre Leiden zustande kommen, warum sie ungefährlich sind usw. Er glaubt sich dabei ausschließlich an die *Vernunft* zu wenden. Wie wir heute wissen, geht die Heilwirkung weniger aus von der Belehrung im Sinne einer objektiven Aufklärung, als von neuen *Vorstellungen bildhafter Art*, die dem Kranken statt der bisherigen schädigenden Vorstellungen vermittelt werden.

Suggestions- und Hypnose-Therapie

Übungs- und Persuasionsmethoden sind immer mit Suggestionswirkung verbunden. Es bedarf keiner längeren Darlegung, daß eine völlige Entspannung, besonders bei Kern-Neurotikern, erst in häufigen Übungen erreichbar ist. In entspanntem Zustand ist der Patient Aufklärungen und vor allem Suggestionen gegenüber aufgeschlossen. – Grundsätz-

---

[60] P. D u b o i s, Die Psychoneurosen, Berlin 1905.

lich wird man zwei Arten von Suggestionen, das autoritative und das »einschmeichelnde« Verfahren, unterscheiden, deren Anwendung vom Einzelfall abhängt.

Die medizinische Bewertung der *Hypnose* kann bereits seit einem halben Jahrhundert als abgeschlossen angesehen werden. Zu Unrecht wird sie von einer Seite gänzlich abgelehnt, von der anderen als *das* Mittel der Psychotherapie bezeichnet. Es kann hier weder der psychische Zustand geschildert werden, der durch die Hypnose hervorgerufen wird, noch die einzelnen Tiefengrade des hypnotischen Schlafes, noch die Technik der Hypnose. Sie ist kontraindiziert in schweren Fällen, also insbesondere bei Schicht- und Kern-Neurosen oder bei Verdacht auf Psychosen. Zudem wird seitens vieler Phobiker eine ängstliche Abwehr gegen hypnotische Behandlung geäußert. Die Behauptung S t e k e l s , der Phobiker fürchte, in der Hypnose seine Geheimnisse zu verraten, entspricht dessen Theorie der kriminellen Strebungen im Unbewußten aller Angstneurotiker.

Die in der Hypnose gegebenen Suggestionen sind viel eindringlicher und nachhaltiger als die im Wachen gegebenen, während erfahrungsgemäß bei den letzteren häufig mit Rezidiven zu rechnen ist. Die Hypnose ist mit einer Krücke zu vergleichen: der Wille des Hypnotiseurs dient dem Patienten als Stütze. Gegenüber den Anhängern der Hypnosetherapie ist zudem auf eine häufige unangenehme Begleiterscheinung hinzuweisen: die oft beobachtete, lang wirkende Abhängigkeit des Patienten von seinem Arzt. Trotzdem kann in manchen leichteren Fällen die Hypnose indiziert erscheinen: bei durch Traumata ausgelösten Pseudophobien und generell bei leichteren Platzangstkranken, die auf Übungs- und Wachsuggestivmethoden nicht ansprechen. Die Indikation für die Hypnose kann auch dann gegeben sein, wenn eine begonnene Analyse abgebrochen werden muß. In diesem Fall ist das analytisch zutage tretende Material besonders wertvoll für die entsprechenden Suggestionen. Umgekehrt kann die Hypnose unbewußtes Material auf schnellem Wege zutage fördern, und dieses Material kann in einer ergänzenden Analyse verwendet werden. Daß ein *Neben*einander von Hypnose oder Suggestion und Analyse sich ausschließen, wurde schon erwähnt.

Das autogene Training

Dieses von J. H. S c h u l t z angegebene Verfahren erstrebt eine Selbst-Ruhigstellung, eine innere Sammlung (Konzentration); es benutzt aber nicht den bewußten, mit aktiver Spannung arbeitenden Willen, sondern eine *innere Hingabe an bestimmte Übungs-Ein-Bildungen*. Durch diese konzentrative Selbstentspannung wird »eine von innen kommende Umschaltung des gesamten Organismus« erzielt. Nicht durch »Zusammennehmen«, sondern durch innere Lösung, Entkrampfung wird Angst abgebaut: »aus dem überwältigenden Organismus-Sturme des Angstgefühls wird ein blasser Angstgedanke, mit dem man fertig werden kann«. Es werden sechs Übungen angegeben, die Stufe auf Stufe, immer erst nach vollständiger Erreichung der vorausgehenden, zu erarbeiten sind. Eines der Ziele ist die Selbstregulierung sonst »unwillkürlicher« Körperfunktionen, z. B. Blutkreislauf, Herztätigkeit. Die Pulsdifferenz kann bei Beherrschung des autogenen Trainings in frappierender Weise beeinflußt werden; es gelang, sie in einem Fall von 76 auf 44 hinab- und auf 144 hinaufzusetzen[61]. Ähnliche Beobachtungen konnte ich bei einem jüngeren Referendar machen, der das autogene Training bei mir erarbeitete, in Ergänzung einer Individuationsanalyse nach J u n g. Auch Steigerungen der Temperatur, der Magensaftsekretion und des Stoffwechsels wurden klinisch festgestellt.

Wegen des therapeutischen Wertes des autogenen Trainings allein oder im Zusammenwirken mit der Analyse sei hier die Technik kurz dargestellt.

Die Entspannung wird auf sechs »Gebieten« erstrebt: 1. Muskeln, 2. Blutgefäße, 3. Herz, 4. Atmung, 5. Leiborgane, 6. Kopf. Zweckmäßig wird im Liegen geübt. Die Arme liegen neben dem Leib, Ellbogen leicht gebeugt, Handflächen nach unten. Die Fußspitzen fallen locker nach außen. Mit geschlossenen Augen stellt sich der Patient, ohne irgend etwas zu »tun«, folgendes lebhaft vor:

1. Übung:

»Ich bin ganz ruhig; der rechte (linke) Arm ist ganz schwer.« Eine deutliche Schwereempfindung pflegt sich ein-

---

[61] J. H. S c h u l z Das autogene Training, 5. Aufl. 1942, S. 75.

zustellen, am häufigsten zuerst in der Ellbogen- und Unterarmgegend.

Nach ca. 1 Minute erfolgt das »Zurücknehmen«. Es muß mit derselben peinlichen Sorgfalt vorgenommen werden wie die Übung selbst. Der Arm wird mit energischem Ruck zwei- bis dreimal gebeugt und gestreckt, dabei wird tief ein- und ausgeatmet, erst dann werden die Augen geöffnet.

Diese 1. Übung je 1 Minute wird zwei- bis dreimal täglich solange fortgesetzt, bis Schwere in dem Übungsarm, dann im andern Arm eintritt. Bis dann auch die Beine »bleischwer« werden, vergehen beim Normalen 8 bis 14 Tage.

Die *2. Übung* kann auf je 3 bis 5 Minuten ausgedehnt werden. Sie führt zur Gefäßentspannung (Arterien, Kapillaren, Venen). Man denke daran, daß die Haut ein Drittel der gesamten Blutmenge aufnehmen kann! – Zu den Formelkommandos

1. Ich bin ganz ruhig;
2. Arme (Beine) sind ganz schwer, kommt nun hinzu
3. Der rechte Arm ist ganz warm.

Diese, wie alle übrigen Übungen sind nach S c h u l t z nur unter ärztlicher Aufsicht durchzuführen. Nur wenn auch diese 2. Übung sichere Erfolge gebracht hat, sollte als

3. Übung die Herzregulierung vorgenommen werden. Das Kommando lautet:

»*Herz schlägt ganz ruhig*«. Dabei wird zuerst die rechte Hand auf die Herzgegend gelegt, um die Konzentration durch den leichten Druck der Hand zu verstärken (als Wegweiser).

Die *4. Übung* führt zum unabsichtlichen, tiefen Atmen. Also nicht das übliche mit Bewußtsein verstärkte willentliche Atmen! Das Kommando:

»*Atmung ganz ruhig*« sollte durch die Konzentrationsformel ergänzt werden:

»*Es atmet mich*«

Die *5. Übung* betrifft den plexus solaris. Mit innerer Einstellung auf das »Sonnengeflecht« gibt sich der Patient das Kommando:

»*Sonnengeflecht strömt warm*«

Als *6. Übung* konzentriert sich der Patient auf die Kopfgegend mit dem Befehl:

»*Die Stirn ist angenehm kühl*«

Wie das Wärmeerlebnis zur Gefäßerweiterung, so führt das Kühleerlebnis zur Gefäßverengung und abkühlenden Blutleere im Kopf.

Diese Übung erfordert wie jede der Übungen 1 bis 2 Wochen. Nach 2 bis 3 Monaten sind normalerweise alle sechs Übungen erworben, bei täglich ein- bis zweimaligem Üben.

Wenn wir von »Kommando«, »Befehl« sprechen, so ist nicht eine aktive Willensanspannung gemeint, sondern eine formelhafte Vorstellung, eine konzentrative innere Einstellung.

J. H. S c h u l t z hält seine Methode bei psychischen Störungen verschiedenster Symptomatik für angezeigt und führt als Beispiele an: Schlafstörungen, Situationsängste, Erwartungsneurosen aller Form (Sprechangst, Lampenfieber). Mehr als die Hälfte der Patienten, Männer und Frauen im Alter von 17 bis 63 Jahren, hat S c h u l t z mit vollständigem und dauerndem Erfolg behandelt. Therapeutisch wirksam sind die formelhaften Vorsatzbildungen, die individuell und typenmäßig variiert werden sollten. Die Wirkung durch solche bild- oder formelhaften Vorstellungen ist als Autosuggestion unter besonderen Vorbedingungen aufzufassen.

E. R o t t h a u s [62] hat einen Fall traumatischer Platzangst mit Hilfe des autogenen Trainings geheilt:

Fall 15:
»... Damals suchte mich eine 36jährige Frau auf, weil sie an einer schweren Platzangst litt. Diese Qual hatte 4 Jahre zuvor begonnen im Anschluß an einen großen Schreck. Als die junge Mutter ihr kleines Kind im Kinderwagen gerade unter einer Unterführung hindurchfuhr, raste ihr ein durchgehendes Gespann zweier Pferde entgegen. Es ereignete sich nichts außer dem Schrecken, aber von der Zeit an konnte die Frau nicht mehr unter einer etwas größeren Zahl von Menschen sein, konnte nicht ohne eine ihr vertraute Begleitung einen Laden betreten, kurz, sie war trotz aller Gesundheit des Körpers ein Krüppel und war es geblieben trotz unzähliger Sedativa, Elektrisierens usw. Ich brachte der Frau in 4 Sitzungen das autogene Training bei

---

[62] In G. R. H e y e r , „Menschen in Not", S. 201.

– es kam übrigens zu keinem Abreagieren dabei, ich erfuhr auch nichts Weiteres über die Entstehung der Angst, bemühte mich auch gar nicht darum –; schon sehr bald merkte sie eine wesentliche Erleichterung, wenn sie sich in der Öffentlichkeit bewegte, und nach zehn Wochen erzählte sie mir strahlend, sie habe allein ihren Gatten auf dem Bahnsteig abgeholt und sei allein in dem Weihnachtsgedränge der Hauptstraße gegangen.«

Die »konzentrative Selbstentspannung« bildet die erste Stufe in Richtung auf den indischen Yoga, wie er seit Jahrtausenden entwickelt worden ist. Wir zweifeln daran, daß er unter den weltanschaulich und glaubensmäßig verschiedenen Bedingungen des Abendlandes bei *Kernneurosen* angezeigt ist, was wohl auch nicht von J. H. S c h u l t z angenommen wird. In leichten und mittelschweren Fällen ist das autogene Training als Kurzbehandlung wertvoll, zumal in der Hand eines tiefenpsychologisch erfahrenen Arztes. S c h u l t z selbst setzt voraus, daß Neurosebehandlungen neben seiner Methode »analytisch umbaut und gesichert« werden.

Die kathartische Behandlung

Sie ist aus der B r e u e r - F r e u d schen Psychokatharsis entstanden und wurde besonders durch F r a n k [63] ausgebaut. Sie beruht im wesentlichen auf dem »Wiederdurchleben früher erlebter Szenen im Halbschlaf« und einer Abreaktion dieser Traumata. F r a n k hat auf Grund seiner besonderen Methode des Abreagierens von pathogenen Affekten die verschiedensten psychogenen Erkrankungen geheilt. Während F r a n k dem Patienten in passiver Haltung die Einfälle aufsteigen läßt, *suggeriert* M a y e r die Erinnerung an das seelische Trauma, das der Patient neu erlebt, und zwar im Zustand oberflächlicher Hypnose[64].

Das kathartische Verfahren eignet sich besonders für Neurosen, die infolge von Unfällen, Schocks, Schrecken bedingt

---

[63] L u d w i g F r a n k, Die psychokathartische Behandlung nervöser Störungen, Leipzig 1927.
[64] L u d w i g M a y e r, Die Psychotherapie des praktischen Arztes, München 1939.

sind und die als Phobien in Erscheinung treten können. J. H. S c h u l t z berichtet über einen typisch für diese Behandlung indizierten Fall: »Nur in Ausnahmefällen läßt sich hinter einer Neurose ein offensichtlich ganz abnorm schwerer seelischer Schock als wesentliche Bedingung nachweisen, so etwa, wenn ein junges Mädchen eine schwere Geh-Angst entwickelt, die sich besonders auf eine bestimmte Straße bezieht, und die nähere Untersuchung ergibt, daß in dieser Straße die Wohnung ihres Verlobten lag, der sich dort, neben ihr auf dem Sofa sitzend, mit einer Wasserpistole in den Mund schoß, so daß der Schädel platzte und an den Wänden kleben blieb. Hier darf in einem ganz allgemeinen Sinne von ›psychotraumatischen Erkrankungen‹ gesprochen werden, die, wie uns ja auch die Kriegserfahrungen so überzeugend lehrten, im allgemeinen therapeutisch sehr einfache und dankbare Aufgaben stellen. Der erwachsene Mensch ist offenbar selbst ganz außerordentlichen Gemütserschütterungen gegenüber sehr gerüstet und widerstandsfähig, so daß z. B. im erwähnten Fall eine kathartisch-analytische Behandlung von 2 Monaten zu völliger Gesundung führte. Schließen sich selbst an eine sehr schwere Gemütserschütterung länger dauernde nervöse Symptombildungen an, so ist der Verdacht stets gerechtfertigt, daß hinter diesen meist sehr offenkundigen und leicht zu erfahrenden Ereignissen tiefere, in der Persönlichkeit und ihrer Entwicklung liegende Faktoren nötig sind.«[65]

Analytische Psychotherapie

Die oben erörterten Therapien beziehen sich auf die leichteren und mittleren Fälle der Agoraphobie sowie auf Pseudophobien. Ist das Platzangstsyndrom auf dem Boden einer Kernneurose entstanden, so ist die Therapie der Wahl die »Große Analyse«. Sie erfaßt die agoraphobe Gesamtpersönlichkeit in allen Schichten; im engeren Sinne wird unter analytischer Behandlung die Bewußtmachung und Belebung unbewußter Prozesse verstanden, wobei die persönliche Beziehung sowie Übertragung und Widerstand bedeutsam sind. Bei der Phobie muß der ihrer Entstehung zugrunde liegende spezielle Konflikt aufgedeckt werden. Nur so kann das

---

[65] A. a. O., S. 157.

Vakuum in der bewußten Persönlichkeit ausgefüllt werden, das durch Absinken und Abschieben von Energien entstanden ist und sich mit phobischer Angst gefüllt hat.

Wir lassen nun einiges über das *analytische Verfahren* selbst und seine *Technik* folgen unter Berücksichtigung der beiden analytischen Hauptrichtungen, die F r e u d sche Psychoanalyse und die J u n g sche analytische Psychologie. Zum Verständnis des analytischen Verfahrens muß hier einiges wiederholt werden, was bereits in einem früheren Abschnitt ausführlich behandelt worden ist.

Die *Psychoanalytiker* (Freudianer) wollen die unbewußt gewordenen, verdrängten Triebkonflikte durch Reaktivierung der pathogenen Erlebnisse bewußt machen. Der unmittelbare Weg zum Unbewußten, die »via regia«, ist der *Traum*. Eine ähnliche Bedeutung haben die *Wachphantasien,* das Wachträumen im Zustand der herabgesetzten Kontrolle des Bewußtseins, etwa im Halbschlaf. Hierher gehören auch die *Fehlhandlungen,* hinter denen unbewußte Motive festzustellen sind, wie das alltägliche Versprechen, Vergessen usw. Aber auch der Charakter des Patienten, die Reaktionsbildungen sind wesentlich durch das Unbewußte, d. h. durch Einwirkung der Verdrängung und durch die libidinösen »Gegenbesetzungen« bestimmt. Nach W. R e i c h ebnet die Charakteranalyse stets den Weg zu den pathogenen, unbewußten, seelischen Prozessen.

Infantile Sexualität sowie Verdrängung und Widerstand sind die Grundlagen der F r e u d schen Analyse. Wie der Arzt damit umgehen kann, ist in der Krankengeschichte von Fräulein Elisabeth ausführlich dargestellt (S. 156). Durch die Behandlung wird die Übertragungsneurose evident[66]. Unter Übertragung versteht F r e u d die Projektion der Gefühlseinstellungen des Analysanden, die er als Kind zum Vater, zur Mutter oder anderen Personen hatte, die nun auf den Analytiker gerichtet werden. Diese Gefühle und Regungen sind dem Analysanden unbewußt, sie werden in der Verdrängung gehalten. Macht man sie bewußt, so stellt sich ein Widerstand entgegen, der sich auch gegen den Analytiker richtet, weil er bei der Auflösung der Verdrängung mitwirkt.

---

[66] Alle Psychoneurosen sind nach Freud Übertragungsneurosen.

Es versteht sich bei diesem äußerst subtilen Verfahren, bei dem vom ersten Augenblick der Begegnung des Patienten mit dem Arzt das Unbewußte zum Unbewußten spricht, sich also eine durch die Neurose des Patienten determinierte »Übertragung« anbahnt, daß es auch bei der Eröffnung des Verfahrens nichts Nebensächliches gibt. Die Art der Vorbesprechung, der Honorarerörterung, alle diese Details sind vom Standpunkt der Psychoanalytiker und deren Technik von Bedeutung.

Eine Modifikation dieser Auffassung finden wir bei anderen psychologischen Schulen. Bei der *Jungschen analytischen Psychologie* wird zwar auch das Phänomen der Übertragung gewürdigt, aber es wird von vornherein versucht, eine der Wirklichkeit sich nähernde Situation zwischen Patient und Arzt herbeizuführen. Sie geht allerdings tiefer als eine bloße Vertrauensbeziehung zwischen Arzt und Patient und kann als eine Art Rapport im Sinne der Hypnose-Schulen aufgefaßt werden. Es entsteht eine »analytische Arbeitsgemeinschaft«, die zur Übertragung von Inhalten auch des kollektiven Unbewußten führen kann. So kann z. B. aus dem persönlichen Vater-Bild die sozusagen »göttliche« Natur des Vater-Geliebten werden; diese Übertragung stattet die Person des Arztes mit übermenschlichen Attributen aus[67].

Ein wesentlicher Unterschied, der mehr als »technischer« Natur ist, liegt in der Plazierung des Patienten. Während bei F r e u d der Arzt hinter der Couch des Patienten sitzt, kann der Patient in der J u n g schen Analyse den Arzt sehen, »wahr«-nehmen, ob er liegt oder sitzt. Damit wird der zwischenmenschliche Kontakt erleichtert. Bei beiden psychologischen Schulen ist eine sehr eingehende *Anamnese*, d. h. die Kenntnis des Biographischen, Voraussetzung für die Erfassung des Unbewußten. Bereits hier macht sich der Widerstand bemerkbar. Erst wenn dieser behandelt und aufgehoben worden ist, werden die besonders peinlich empfundenen »ver-

---

[67] C. G. J u n g , Die Beziehungen zwischen dem Ich und dem Unbewußten, 1934, S. 16 ff.; ferner C. G. J u n g , Die Psychologie der Übertragung, 1946. Eine kurze Gegenüberstellung der Freudschen und Jungschen Aspekte findet sich in dem Aufsatz von G. H. G r a b e r , Probleme der Übertragung für Freud und Jung, Schweiz. Zeitschrift für Psychologie Nr. 2, 1947.

gessenen« Lebensereignisse vom Patienten in der Regel preisgegeben. Niemals soll er gedrängt werden, sie zu erzählen; die »Entlarvungs-Technik« zur Abkürzung der Analyse ist abzulehnen. Die analytische Anamnese ist also nicht vergleichbar mit der gewöhnlichen, ärztlichen, auch wenn diese außer der physischen Untersuchung eine Art Lebensbeichte einschließt. – Hauptziel für die F r e u d sche Analyse ist die Wiedererinnerung der früheren Kindheitserlebnisse und ihre Durcharbeitung. Für J u n g spielt die Bewußtmachung der Archetypen des kollektiven Unbewußten die entscheidende Rolle. Dazu dienen ebenfalls alle Emanationen des Unbewußten, also Träume, Phantasien, Fehlleistungen, aber auch bildnerische Gestaltungen aus dem Unbewußten (Zeichnung, Plastik usw.). Besonderen Wert legt J u n g auf die »aktive Imagination«; er versteht darunter das Aufsteigenlassen von Bildern aus dem Unbewußten im schlafnahen (hypnagogischen) Zustand.

Über die unterschiedliche Bewertung und Deutung des Traumes und der anderen Produkte des Unbewußten bei F r e u d und J u n g wurde bereits in den speziellen Kapiteln das Wichtigste ausgeführt. Schlagwortartig vereinfachend könnte man sagen: bei F r e u d sind die Träume usw. *Wunscherfüllungen*, entstellt durch die Traumzensur; bei J u n g sind sie in der Regel *Kompensationen* zum Bewußten ohne Einschaltung einer Zensurfunktion.

Ist die Technik der Deutung bei F r e u d die freie Assoziation, so bei J u n g vor allem die Amplifikation, d. h. Einfälle zum einzelnen Traumgegenstand zur Herstellung des *Traumkontextes*. Sie besteht darin, daß der Träumer Einfälle zu jeder hervorstechenden Einzelheit des Traumes äußert. Damit wird der besondere Sinn ermittelt, der dem Traumgegenstand für den Träumer anhaftet. Es wird also eine Art Dechiffrierung eines schwer lesbaren Textes angestrebt. Bei den Assoziationen F r e u d s führen die freien Einfälle zwar auch immer zu einem Komplex hin, jedoch nicht immer zu jenem Komplex, der den Traumsinn ausgemacht hat; denn sie werden nicht durch den einzelnen Traumgegenstand gesteuert, sondern durch den damit verbundenen Affekt, der regelmäßig weit von dem Gegenstand abführt. – Wir verweisen auf die Träume und ihre von

Freud abweichende Deutung nach Jung in der Analyse der Frau Clarisse.

Persönliche und fachliche Eignung des Analytikers
Zum Schluß kommen einige Bemerkungen über die *Anforderungen an die Persönlichkeit des Analytikers*, die allgemein für den Psychotherapeuten gelten. Einigkeit herrscht darüber, daß nur ein vom Leben gereifter Mensch für diesen Beruf in Frage kommt, daß er also möglichst auch die Probleme der Ehe und Kindererziehung aus Erfahrung kennt. Die Ausbildung an den psychotherapeutischen Instituten ist nicht vor dem dreißigsten Lebensjahr abzuschließen. Ein tiefes und warmes Interesse an Menschen der verschiedensten Art und möglichst wenig Vorurteil ist eine weitere Voraussetzung. Vom Gesichtspunkt des psychologischen Typs sollte er als führende Funktion über eine starke Intuition verfügen, und falls er von Natur ein Extravertierter ist, müßte die inferiore introvertierte Einstellung nachentwickelt sein.

Eine *Lehranalyse* als Selbsterlebnis ist unumgänglich. Sie bildet die Grundlage der psychotherapeutischen Ausbildung aller Richtungen. Ein Analytiker muß z. B. Übertragung und Widerstand an sich selbst erlebt haben und nicht nur aus der Theorie kennen, um diese Vorgänge bei seinen Patienten zu verstehen und therapeutisch nutzbar zu machen. Er muß die oft erschütternden Erlebnisse bei der Bewußtmachung bisher unbewußter Vorgänge kennen und von »blinden Flecken« möglichst befreit werden. Nur dann kann er die nicht immer ungefährliche seelische »Chirurgie« beherrschen (man denke an die seelischen und körperlichen Folgeerscheinungen einer zu intensiven, schlecht »dosierten« Analyse!). Und schließlich darf mit Fug erwartet werden, daß der Analytiker mit dem religiösen Problem gerungen hat und zu einem »Durchbruch« gelangt ist, will er Patienten nach der Jungschen Psychologie behandeln, die nicht ohne Lösung des religiösen Problems erfolgreich durchzuführen ist.

Die Lehranalyse erstreckt sich auf mindestens 150, im Durchschnitt aber auf 300–400 Sitzungen zu 50 Minuten, je nach Alter und Charakter des Studierenden.

Die üblichen ärztlichen Verpflichtungen zur Diskretion und vor allem die besonders hohen ethischen Anforderungen, die sich aus der Abhängigkeit des Patienten bei der analytischen Situation ergeben, sollten in einem besonderen Ehrenkodex durch eine Standesinstitution gesichert werden.

Zur fachlichen Ausbildung an den großen Instituten für Psychotherapie gehören mindestens 600 Stunden eigener therapeutischer Arbeit, die durch einen Lehranalytiker »überwacht«, kontrolliert wird. Etwa nach jeder 6. Stunde ist eine Kontrollstunde vorgesehen. Auf diese Weise ergeben sich 100 Kontrollanalysen, von denen etwa die Hälfte in einer Gruppe von Lernenden (nicht mehr als 3–4) absolviert werden können. Weiter sind etwa 600 Stunden Vorlesungen und Seminare vorgesehen. Diese Bedingungen sind von der »Deutschen Gesellschaft für Psychotherapie und Tiefenpsychologie« bald nach ihrer Gründung (1949) ausgearbeitet worden. Für alle Institute und Schulrichtungen werden sie als Mindestbedingung vorausgesetzt. Man rechnet mit einem Studium von 6–8 Semestern. Solche psychotherapeutischen Institute bestehen in Stuttgart, Köln, Bremen, München, Berlin, Göttingen, Frankfurt, Freiburg, Gießen, Hamburg, Hannover und Heidelberg.

Kurztherapie

Die analytische Therapie kann auch im Kurzverfahren durchgeführt werden. Sie ist an bestimmte Voraussetzungen beim Patienten gebunden, nämlich mindestens durchschnittliches Intelligenzniveau, Leidensdruck, Einsicht in psychische Ursachen, Vertrauensverhältnis zum Arzt. In der Regel ist die Behandlung beschränkt auf die Aufdeckung und Therapie des vordringlichen Krankheitsherdes (Fokaltherapie). Standardwerk ist das auf der Grundlage der F r e u d schen Psychoanalyse beruhende Buch »Die psychoanalytische Kurztherapie« von D a v i d H. M a l a n, Stuttgart 1965; ferner A l p h o n s e M a e d e r, Studien über Kurzpsychotherapie, Stuttgart 1963. M a e d e r zählt zu den Synoptikern; er stützt sich auf sein »appellatives Verfahren« (s. Handbuch der Neurosenlehre und Psychotherapie, Band III, S. 391 ff.). Die Kurztherapie ist auch auf der Grundlage der J u n g schen analytischen Psychologie durchführbar (unveröffentlichtes Manuskript von J o h a n n a L ä p p l e).

Gruppentherapie

Sie ist erst seit einigen Jahren von Amerika übernommen worden. Die Gruppe wird gebildet von sechs bis zehn Patienten und geleitet von einem erfahrenen Analytiker. Die Gruppe kommt in der Regel einmal wöchentlich zu Sitzungen von 1³/4 Stunden zusammen. Es gibt offene und geschlossene Gruppen sowie stationäre und ambulante. Gegenüber der Einzeltherapie hat die Gruppentherapie eine besondere sozialpsychologische Wirkung. Die Gruppe ist einer großen Familie vergleichbar, in der die einzelnen Mitglieder nicht nur ihre individuellen Konflikte aussprechen, sondern auch diejenigen der anderen Gruppenteilnehmer erfahren und analysieren. Es bildet sich ein Gruppengeist heraus mit einem starken Zusammengehörigkeitsgefühl, das sich auch in einer Diskretion gegenüber Außenstehenden auswirkt. Der Gruppenleiter hat sich stark zurückzuhalten und in der Hauptsache als »Katalysator« zu wirken. Die Gruppe hat die Tendenz, Vater- und Mutterimagines auf den Gruppenleiter zu übertragen. Meinungsverschiedenheit herrscht in bezug auf die Zusammensetzung der Gruppe, ob homogen oder heterogen in bezug auf Alter, Geschlecht, Störungen, soziale Stellung. Nach meiner, allerdings nur dreijährigen Erfahrung, halte ich eine heterogene Gruppe für therapeutisch besonders günstig. Ein jüngerer Teilnehmer kann auf einen älteren seine Mutter- bzw. Vaterprobleme übertragen und analysieren. Auch Träume können in der Gruppe vorgebracht und gedeutet werden.

Bei den neuerdings eingerichteten sozialtherapeutischen Kliniken im Strafvollzug bildet die Gruppentherapie die Hauptgrundlage der Behandlung (s. Verbrechen – Schuld oder Schicksal?, Hrsg. Wilhelm Bitter, Stuttgart 1969; ferner Raoul Schindler in: Lebenskrisen – Ursachen-Beratung, Hrsg. Wilhelm Bitter, Stuttgart 1971).

Spontanheilungen

Sie sind selten, besonders wenn es sich um mittlere oder schwere Agoraphobien handelt. J. H. Schultz[68] hält

---

[68] J. H. Schultz, Psychotherapie in der Praxis, Düsseldorf 1938, S. 95.

drei Wege echter Spontanheilungen von Neurosen für möglich.

1. Formung durch die Umwelt, die Fehleinstellungen abändert und die Gesundungstendenzen stärkt. Als Beispiel nennt J. H. Schultz die Erziehung eines verweichlichten Einzelkindes in Jugendvereinigungen oder im Heeresdienst. Voraussetzung für diese recht seltene Umweltformung ist eine jugendliche Aufgeschlossenheit seitens des Patienten und besonders günstige, spezielle Umweltsbedingungen.

2. »Formung und Schicksal kann gelegentlich im Zuge bekehrungshafter plötzlicher *Wandlungen*« geschehen. Hier ist in erster Linie an religiöse Erlebnisse zu denken, die auf den Kern der Persönlichkeit umformend wirken. Sie erfolgen vielfach nach schweren Schicksalsschlägen oder bei Begegnungen mit dem Tode. Vielfach ist damit eine Änderung der typenmäßigen Einstellung zum Leben verbunden (z. B. ein Extravertierter wandelt sich durch Introversion). Eine interessante Beobachtung von völliger und dauernder Heilung der Agoraphobie durch eine heftige Gemütserschütterung (Entführung der Tochter) wird durch Oppenheim[69] mitgeteilt. Ein ähnlicher Fall wird uns von einem Kollegen berichtet. Ein bekannter Facharzt in einer polnischen Großstadt litt jahrelang unter grober Straßenangst. Er war niemals außerhalb seines Hauses zu sehen. Er wurde plötzlich geheilt, als er die Nachricht erhielt, daß seine gesamten Ersparnisse durch Bankerott seiner Bank verlorengegangen waren. Auch in extremen Sondersituationen, bei direkter Feindberührung im Kriege, in Hitlerschen Konzentrations- und Stalinistischen Arbeitslagern sind Neurosen verschwunden.

3. *Innere Spätreifung* infolge verlangsamter Entwicklung. Hier nimmt J. H. Schultz also einen anormalen Reifungsrhythmus als Hemmungsfaktor an. Grundsätzlich ist dieser Auffassung zuzustimmen. Ob eine echte Platzangst als eine Art Kinderangst vor der Straße auf Entwicklungshemmung zurückgeführt werden kann und durch Nachreifung spontan heilbar ist, bedürfte der speziellen Beobachtung unter diesem Gesichtspunkt.

---

[69] Oppenheim a. a. O., S. 1522.

Prognose

In den leichteren und mittleren Fällen genügt oft eine Kurzbehandlung, die sich von einigen Konsultationen bis auf eine Behandlungsdauer von 6–8 Wochen erstrecken kann. In schweren und schwersten Fällen ist meist eine 1–2jährige Analyse erforderlich, zumal wenn die Agoraphobie mit zwangsneurotischen Symptomen verbunden ist. Etwa 20% der Fälle verschiedener Struktur müssen als unheilbar oder nur leicht zu bessern, bezeichnet werden. Ohne Behandlung ist die Prognose in Fällen von Kernneurosen, insbesondere verbunden mit zwangsneurotischen Erscheinungen, meist infaust. Die Mehrzahl dieser Kranken wird zu zunehmender Lebensunfähigkeit verurteilt sein. Wegen der progredienten Tendenzen dieser Neurosen (»Teufelskreis« nach K ü n k e l) ist mit der Möglichkeit dauernden Siechtums oder gar mit Zuständen zu rechnen, die unter Symptomen einer Psychose verlaufen können.

11. *Fünf Kategorien von Angstneurosen und die Schulen*

Wir stehen vor der Aufgabe, die Phobienlehre der verschiedenen Schulen darzustellen und den Versuch zu machen, Furchtkrankheiten nach ihren vielfältigen Ursachen in ein Ordnungssystem zu bringen. Wenn wir die verschiedenen Schulrichtungen einordnen, so sind wir uns bewußt, daß von einer Gruppe zur anderen fließende Übergänge bestehen, und daß eine Zusammenschau möglich und anzustreben ist. Ich nenne sie *synoptische Psychotherapie.*

Der Gegenstand unserer Betrachtung ist nicht die Angst des Normalen, auch nicht die neurotische Angst im allgemeinen, die den zentralen Motor aller Neurosen bildet. Vielmehr ist es die *Phobie,* die krankhafte Angst vor einem Objekt – einem Gegenstand, einem Tier, einer Situation – das zum Symbol für einen innerseelischen Konflikt wird.

Dennoch sind einige grundsätzliche Bemerkungen über die normale Angst notwendig. Es gibt kein Leben ohne Angst. Jede Lehre vom Menschen muß sich daher auch mit der Theorie der Angst befassen. Wir stimmen mit B i n s w a n g e r,

Bally[70] und anderen Autoren der medizinischen Psychologie überein, daß der moderne Arzt und zumal der Psychotherapeut sich die Frage vorlegen muß: Was ist der Mensch? Das führt zu einer Anthropologie, die das Phänomen der Angst einschließen sollte. Es gibt eine kreatürliche Angst, eine zutiefst verankerte Urangst alles Lebendigen. Für sie, die existentielle Angst, gilt das viel zitierte Wort H e i d e g g e r s über die Angst »des-in-der-Welt-Seins«. Ohne Angst gibt es keine tiefe Ehrfurcht, keine heilige Scheu vor dem Tremendum, keine Gottesfurcht – und damit auch keine Ehrfurcht vor der Würde und der einzigartigen Berufung jedes einzelnen Menschen. Die Erweckung von Angst und innerer Unruhe (des cor inquietum bei Augustinus) kann zur Aufgabe der Therapie werden, um bei »Trägheit des Herzens« Ehrfurcht vor dem Lebendigen (A l b e r t S c h w e i t z e r) zu wekken. Wir müssen uns distanzieren, wie J a s p e r s , P r i n z h o r n u. a. es hervorheben, von dem gelegentlich geäußerten Therapieziel, den Patienten angstfrei zu machen. Ein inneres Gefaßtsein auf einbrechende Gefahren innerer und äußerer Art gehört zum Menschsein. Den Verwöhnten, die sozial »von der Wiege bis zum Grabe« betreut werden, geht oft die notwendige Kenntnis von Gefahren und Versuchungen ab. Bei schreckhaften Erlebnissen, traumatischen Schocks sind bei ihnen die Reizschwellen leichter durchbrochen, und damit ist krankhaften Störungen der Weg geebnet[71].

Von unserer Betrachtung auszuschalten sind ferner alle Arten *psychotischer* Angst, auch die der Süchtigen und der echten Hypochonder. Beim psychopathischen, also erblich-konstitutionellen Anteil einer neurotischen Phobie ist lediglich der »neurotische Anteil« psychotherapeutisch angehbar. Auch die verbreitete Herzphobie haben wir unberücksichtigt gelassen, da sie – anders als die hier behandelten Angstneurosen

---

[70] L u d w i g B i n s w a n g e r , Ausgewählte Vorträge und Aufsätze, Band I. Verlag A. Francke A.-G., Bern 1947.
G u s t a v B a l l y , Vom Ursprung und von den Grenzen der Freiheit. Verlag Benno Schwabe & Co., Basel 1945.
[71] Näheres im Kapitel »Über die Angst« in meinem Buch »Der Verlust der Seele«, a. a. O., sowie in dem Taschenbuch »Angst und Schuld in theologischer und psychotherapeutischer Sicht« (Hrsg. W. Bitter), Kindler-Verlag.

und Phobien – zum Formenkreis der Hypochondrie gehört, gelegentlich auch iatrogen ausgelöst wird. Ätiologisch verwandte Organphobien wie Krebs-, Bazillen- und Syphilis-Phobien sind aus demselben Grund hier nicht berücksichtigt worden.

Auch von den den meisten Neurosen zugrunde liegenden Faktoren der Vereinsamung und Depression, Schuld und Aggression in ihrer Beziehung zur Angst, muß hier abgesehen werden, weil das den Rahmen des Buches sprengen würde.

Wir gehen wieder von der phobischen Raumangst aus, weil die Raumphobie, wie der Querschnitt durch die Phobienlehre gezeigt hat, überall als Prototyp der Phobie behandelt wird und zudem die verbreitetste Furchtkrankheit bildet.

Das Kardinalsymptom der klassischen Raumangst ist wirkliche Todesangst mit allen körperlichen und seelischen Begleiterscheinungen. Sie tritt meist auf beim Überschreiten von Straßen und Plätzen oder beim Aufenthalt in begrenzten Räumen. Die Patienten suchen vergeblich nach einem Ausdruck, der dem Entsetzlichen bei ihrer Platzangst entspräche. Eine unserer Patientinnen vergleicht ihre Qualen mit den Schmerzen, die ihr der Abgang von Nierensteinen verursacht hat. Ohne sich zu besinnen, möchte sie dieses Leiden, das bekanntlich zu den schmerzvollsten zählt, gegen die Platzangst-Katastrophe in Tausch nehmen! – Die Erde versinkt und verschlingt den Patienten. Es gibt keinen festen Stand, keine Orientierung mehr, nichts, an das man sich halten könnte. Die Beine werden »überhaupt nicht mehr gefühlt«, »ich muß von meinem Mann eher getragen als gestützt werden«, erklärte eine Patientin. Immer wieder sprechen diese Phobiker von Panik, Katastrophe, Angst vor dem Verrücktwerden, dem Sterbenmüssen. Der gesamte Organismus ist in Aufruhr, von Angst »geschüttelt«. Dabei müssen wir uns stets vergegenwärtigen: Angst *erwirkt* nicht rasendes Herzklopfen, Lähmung der Atmung, Dystonie usw., sondern sie *ist* teilweise dieses alles (C. G. C a r u s).

Es ist nicht so, daß der Arzt nur mit physikalisch-chemischen Reaktionen im Organischen oder nur mit psychologischen Mechanismen zu tun hat, sondern mit der kranken Gesamtpersönlichkeit. Er muß um alle möglichen Ursprünge der Störungen wissen, alle Hilfswissenschaften zur Erfassung und

Behandlung des Patienten heranziehen. Bei der Jungschen Analyse ist die Grundhaltung zum Leben, die Stellung zur Frage nach Grund und Sinn des Daseins bedeutsam. Dies um so mehr, als eine zunehmende Zahl von Neurosen darauf beruht, daß auf diese Frage keine oder keine befriedigende Antwort gefunden wird.

Trotz des Zwangscharakters der Symptome zählt Freud die echten Phobien zu den *Hysterien:* er nennt sie Angsthysterien. In Fällen von chronischer grober Platzangst findet man sie meist bei hysterischen Charakteren, verbunden mit funktionellen Körperstörungen, den sogenannten konversionshysterischen Erkrankungen (siehe auch unseren Berichtsfall von Fräulein Elisabeth im II. Teil). Unseren Ausführungen im Kapitel über Freud seien einige Bemerkungen hier eingefügt. Die Phobien stehen innerhalb der Psychoneurosen zwischen den Hysterien und Zwangsneurosen und stehen in der weitaus größten Zahl der Fälle der Hysterie am nächsten. Über den Begriff der Hysterie existiert eine große Literatur. Die klassische Hysteriedefinition Kraepelins wie die der älteren Psychiater beschränkt sich im wesentlichen auf die Beschreibung der Symptome. Wir haben sie bei der Analyse von Fräulein Elisabeth, Kraepelin folgend, im einzelnen aufzeigen können (II. Teil). Leider wird nicht nur unter Laien Hysterie mit Simulation in Verbindung gebracht und die Diagnose Hysterie auch heute noch vielfach als Beleidigung aufgefaßt. Die moderne Psychotherapie hat, gestützt auf Janet und andere Vorarbeiten der französischen Schule, die Diskussion der Hysterie auf eine neue Grundlage gestellt. Die Hysterie, besonders in der Struktur der Kernneurose (Seite 90), ist als durchaus ernst zu nehmende Krankheit zu betrachten, der mit Wille und Intellekt des Patienten nicht beizukommen ist.

Wie bereits ausgeführt, sind gelegentlich Zwangssymptome mit den Phobien verknüpft, so daß in schweren Fällen eine Zwangsneurose diagnostiziert werden muß. Zu trennen ist die Phobie jedoch von der *echten Zwangskrankheit*, wie das von Gebsattel in seiner ausgezeichneten Monographie »Die Welt des Zwangskranken«[72] nachgewiesen hat. Der

---

[72] Monatsschrift für Psychiatrie und Neurologie, 1938, Bd. 99, S. 10 ff.

Zwangskranke lebte in einer von der des Normalen und Neurotikers grundverschiedenen, unerschlossenen Daseinswelt. Die Angst des neurotischen Phobikers ist auf einem wesentlich anderen Seinsgrund erwachsen als die Angst des Zwangskranken.

J a n e t , dessen Theorie der psychischen Spaltung die moderne Psychotherapie so stark befruchtet hat, vergleicht Phobien mit hysterischen Lähmungen und Kontrakturen. Arm oder Hand werden gelähmt, weil sie etwas mit den moralischen Instanzen nicht zu Vereinbarendes ausgeführt haben. Die Lähmung verhindert eine Wiederholung des Vergehens und dient gleichzeitig der Bestrafung. So soll auch bei der Raumangst der Gefahr, zu »fallen«, schuldig zu werden, vorgebeugt werden. – Auch für J a n e t sind also Phobien hysterische oder hysterienahe Neurosen.

Über die Entstehung der neurotischen Angst und die psychische Genese der phobischen Angst im besonderen sucht man vergeblich tiefergreifende Untersuchungen in der älteren psychiatrischen Literatur. Sie beschränkt sich wesentlich auf die klinisch-deskriptive Betrachtung und Klassifizierung der verschiedenen Phobien. Entsprechend unergiebig ist die Therapie: Bromate, Barbitursäurederivate, Opiate und bestenfalls Sich-aussprechen-lassen in Verbindung mit Übungstherapie.

In der starken Bewertung des konstitutionell-hereditären Moments sowie der Organtheorie kommt A d l e r , stärker als die anderen Richtungen innerhalb der Tiefenpsychologie, den Psychiatern und »Organikern« entgegen. Viele A d l e r - Schüler haben jedoch die These der erblichen oder erworbenen Organminderwertigkeit aufgegeben. Der konstitutionelle Faktor wird von allen Schulen anerkannt (F r e u d s »Ergänzungsreihen«).

Aus der Theorie der verschiedenen tiefenpsychologischen Richtungen und der psychotherapeutischen Erfahrung lassen sich zwanglos fünf Kategorien von Raumängsten (und Angstneurosen überhaupt) unterscheiden. Folgende Vorgänge oder Konflikte liegen ihnen zugrunde: schwere, durch äußere Einwirkungen hervorgerufene Realängste sowie somatische, meist vegetative Störungen (innersekretorische Stauungsvorgänge), Triebkonflikte und Individuationsprobleme in Verbindung mit religiös-philosophischen Konflikten. Sie sind nicht scharf abzugrenzen, besonders die beiden letzteren bilden Übergänge von einer Gruppe zur anderen; zudem sind mehrere Elemente der einen oder anderen in der Ätiologie mitenthalten, wobei meist eine dieser Ursachen vorherrschend ist. Die nachfolgende Klassifizierung gilt als Vorschlag und Diskussionsgrundlage aus der Überzeugung, daß eine Gesamttheorie der Phobien ebensowenig wie die einer umfassenden Neurosenlehre zur Zeit nicht möglich ist.

a) Pseudophobien

Es gibt Angstzustände, die durch äußere oder somatische Traumata verursacht sind. Zu ihnen zählen Folgen von Verkehrsunfällen, Naturkatastrophen, ferner rein organische Erkrankungen, z. B. bronchiales oder kardiales Asthma, ferner Störungen im Vestibularapparat. Sie können auch bei Gesunden zu Angstanfällen im Sinne von Pseudophobien führen.

b) Aktualneurosen

Wenn nur geringfügige oder keine organischen Veränderungen der obengenannten Art bestehen, so können Angstanfälle mit allen Zeichen der Todesangst dennoch somatisch bedingt sein, wenn nämlich innersekretorische oder vaso-neurotische Dysfunktionen vorliegen. Meist handelt es sich um eine Überfunktion der Sexualdrüsen, der Hypophyse, der Schilddrüse usw. Sie führen zu objektlosen, frei flottierenden Angstzuständen und sind von den psychoneurotischen Phobien zu trennen. Langjährige Erfahrungen haben die Berechtigung erwiesen, die Pseudoagoraphobien von den Aktualneurosen und den echten, psychoneurotischen abzugrenzen. Das hat nicht allein theoretische Bedeutung. Vielmehr ist die Therapie dieser Phobien eine andere.

Kraepelins »ängstliche Erwartung«[73] ist ein Symptom, das sich vielfach als Vorstufe einer Aktualneurose findet. Sie ist gekennzeichnet durch Überängstlichkeit, für die der Patient keinen rechten Grund angeben und die bei allen seinen Vorhaben lähmend wirken kann. – Hierher gehören

---

[73] Psychiatrie, 8. Aufl., S. 34–35.

auch viele Fälle der Schreckneurose, von der in einem früheren Kapitel die Rede war.

c) Durch Triebkonflikte verursachte Phobien

Über die Entstehung von Raumangst aus Triebkonflikten haben wir uns im Kapitel F r e u d ausgelassen: sie ist im Gegensatz zur Pseudoagoraphobie und Aktualneurose auf komplizierte Vorgänge zurückzuführen. Wir fassen hier das Wesentliche der F r e u d schen Phobie-Theorie nochmals zusammen, um sie mit der anderer Tiefenpsychologen zu vergleichen. F r e u d sieht in der Angst eine Abwehr- (Flucht-) Reaktion des Ich gegenüber unerträglichen Sexualanforderungen des Unbewußten. Durch die Verdrängung werden ererbte Angstaffekte (Urangst) mobilisiert, die mit der Realangst der Kastration, d. h. der Angst vor Strafe für ödipales Begehren, zusammenfallen. Später betrachtete F r e u d die Kastrationsangst als stärksten »Motor der Verdrängung«. »Die Angst der Tierphobie ist die Kastrationsangst des Ichs, die der weniger gründlich studierten Agoraphobie scheint Versuchungsangst zu sein, die ja genetisch mit der Kastrationsangst zusammenhängen muß.«[74] Der unbewußte Konflikt zwischen Ich- und Es-Trieben wird auf ein äußeres Objekt verschoben, im Falle der Platzangst auf die Straße. Die unerträgliche, diffuse Angst wird also in Objektangst, in Furcht gewandelt und so nicht nur konzentriert und objektiviert, sondern noch an Bedingungen geknüpft: der Angstanfall tritt nur ein bei Überschreiten der Straße, ist also grundsätzlich vermeidbar. Das Symptom wird zum Symbol und zur Ersatzbefriedigung*. Das gleiche gilt für andere Phobien. Bei der Tierphobie wird die Angst auf das Tier verschoben, wobei dieses nach F r e u d an die Stelle des strafenden (kastrierenden) Vaters tritt. Diese Verschiebung der Angst auf ein äußeres Objekt ist, wie F r e u d später sagt, zwar nicht unrichtig, aber nur von sekundärer Bedeutung. Denn der Triebanspruch an sich ist keine Gefahr, sondern nur die *Kastration,* die dem Durchbruch des Triebs folgt. Es

---

[74] S. F r e u d , Hemmung, Symptom und Angst, 1926, S. 40.

* Daraus ergibt sich, daß das Angstobjekt zwar gefürchtet und gemieden, zugleich aber auch *gesucht* werden muß.

verhält sich also das Ich wie bei jeder Angst vor einer gewöhnlichen äußeren Gefahr, nur daß bei der Phobie der Inhalt der Angst – die Kastrationsdrohung – unbewußt bleibt.

Andere Tiefenpsychologen beschränken sich nicht auf den Sexualtrieb und die Kastrationsangst als Konfliktsquelle, sondern sehen Triebe der verschiedensten Art als Ursache von Kollissionen mit den moralischen Instanzen, mit den Ich-Trieben. Ein solcher originärer, nicht auf die Sexualität reduzierbarer Trieb ist z. B. der A d l e r sche Machttrieb. S t e k e l führt mehrere Fälle von Platzangst auf, die auf kriminelle Triebe verschiedenster Art zurückzuführen sind. F r e u d weiß wohl, »daß viele andere verdrängte Triebregungen in die Phobie einmünden können, aber diese sind nur auxiliär und haben sich meist nachträglich mit dem Kern der Neurose in Verbindung gesetzt«[75]. F r e u d selbst scheint gegenüber seiner, besonders von seinen Anhängern orthodox vertretenen Angst-Theorie gelegentlich Zweifel gehegt zu haben. So äußerte er sich privatim: »Es wäre Vermessenheit, zu glauben, daß es mir diesmal gelungen ist, das Problem, welches uns die Verknüpfung der Angst mit der Neurose vorlegt, endgültig zu lösen.«[76] Im besonderen wird ihm gelegentlich die Bedeutung der Kastrationsangst problematisch, wie aus folgenden Worten hervorgeht: »Steht es fest, daß die Kastrationsangst der einzige Motor der Verdrängung (oder Abwehr) ist? Wenn man an die Neurosen der Frauen denkt, muß man das bezweifeln, denn so sicher sich der Kastrationskomplex bei ihnen konstatieren läßt, von einer Kastrationsangst im richtigen Sinne kann man bei bereits vollzogener Kastration doch nicht sprechen.«[77] Aber trotz dieser gelegentlichen Zweifel sind bei F r e u d alle Triebkonflikte letztlich ausschließlich auf die Sexualität in Verbindung mit dem Ödipuskomplex zurückzuführen. Jeder psychologischen Anthro-

---

[75] Ebendort S. 68.
[76] Aus einem Brief F r e u d s an P f i s t e r (1926): Das Christentum und die Angst, 1944, S. 22. Siehe auch F r e u d , Neue Folge, S. 247: »Wo wir von der Angst handeln, sehen Sie alles in Fluß und Wandlung begriffen. Diese neuen Dinge sind auch noch nicht gründlich durchgearbeitet worden...«
[77] F r e u d , a. a. O., S. 62.

pologie liegt ein a priori, eine Mythologie zugrunde. »Der Trieb ist unser Mythus« (Freud). Später wurde der Destruktionstrieb, der Todestrieb (gegenüber dem Lebenstrieb, dem Eros) aufgenommen, ohne daß alle Anhänger F r e u d s dieser Konzeption gefolgt sind.

Auf Grund von Mitteilungen zahlreicher Kollegen, der Literatur und eigener Erfahrungen, glauben wir zu dem Schluß berechtigt zu sein, daß Konflikte aus den verschiedensten Quellen Raumängste und andere Phobien verursachen können. In den Fällen von a) und b) schwingen Triebkonflikte meist mehr oder weniger stark mit. Ohne theoretische Voreingenommenheit sollte in jedem einzelnen Fall aus Träumen und anderem Material des Kranken der unbewußte Konflikt aufgedeckt und bewußt gemacht werden. Dieser kann außer vom Geschlechts- und Destruktionstrieb von Eigensucht (feiger Selbsterhaltung), Ehrgeiz, Besitzgier, Neid (N i e t z s c h e s Ressentiment!) Machttrieb herrühren[78]. S c h u l t z - H e n c k e beschränkt sich im wesentlichen auf drei fundamentale Trieb-Ansprüche: Sexual-, Geltungs- und Besitz-Antriebe. Er findet eine Bestätigung dafür in den Forderungen der Klöster und anderer religiöser Institutionen: Keuschheit, Gehorsam und Armut.

Immer bedeutet der Raum in diesen Fällen eine Gefahr für den Durchbruch des Triebes mit unerträglichen Konsequenzen, sei es durch eigene moralische Verurteilung, sei es – wie bei kriminellen Triebansprüchen – durch Verurteilung und Bestrafung durch die Obrigkeit.

In der Praxis zeigt sich, daß der *Sexualtrieb* bei der Entstehung der Platzangst einen breiten Raum einnimmt. Unter den Agoraphoben fällt die große Zahl junger Frauen auf, die erotisch unbefriedigt sind. Für sie ist die Straße das Sinnbild der sexuellen Möglichkeiten; sie fürchten unbewußt, zu fallen, eine Gefallene, eine Frau der Straße zu werden. Das gilt für die im II. Teil ausführlich dargestellte Analyse unserer Patientin Fräulein Elisabeth und die im Kapitel F r e u d wiedergegebenen Krankengeschichten.

Ein Konflikt zwischen erotischen Triebregungen und dem moralischen Streben des Ich wird auch deutlich an dem Schick-

---

[78] Ähnlich auch manche Freudianer wie F e d e r e r , B r u n .

sal meiner Patientin, Frau Luzia, der zu einer schweren, unheilbaren Angstneurose führte.

Fall 16:
Frau Luzia ist eine hübsche, intelligente Belgierin, anfangs 40. Sie ist in gutbürgerlichen Verhältnissen aufgewachsen. Ihre eigene, fast wörtliche Lebensbeichte macht die F r e u d sche aber auch die A d l e r sche Psychologie verständlich.
»Ich war ein sehr verwöhntes Kind, das fast alles erhielt, was es sich wünschte. Als sehr schlechte Schülerin dachte ich nur daran, mich zu vergnügen. Jedermann übte sehr viel Nachsicht mit mir; immer wieder habe ich Menschen angetroffen, die mir helfen wollten, aber nie wollte ich auf sie hören. Ich beherrschte und kommandierte meine Kameradinnen. Da ich sehr sportlich war, habe ich an allen Wettbewerben erste Preise geholt, was meinen Ehrgeiz sehr befriedigte. Ich blieb nie unbemerkt, und man jubelte mir zu. Natürlich war ich ein großer Flirt, vor allem liebte ich die Komplimente.
Als junger Backfisch lernte ich den Mann kennen, der später mein Gatte wurde. Er war 21 Jahre alt. Er hat mich sofort sehr aufrichtig geliebt und ich glaubte, daß auch ich ihn liebe. Aber ich liebte ihn nicht, und ich liebte nie wirklich, aber ich liebe die Liebe und all die Fantasie, die sie umgibt. Sehr umschwärmt, sehr gefeiert, fand ich das Leben angenehm! Ich liebte, und ich liebe noch, weil ich sentimental war und es noch bin. Ich habe gespielt, und ich habe verloren! Ich habe viel Kummer und Dramen um mich verbreitet. Ich habe viele Existenzen verdorben, ich habe meine Freunde betrogen, ich habe sie angelogen. All dies, ohne mir Rechenschaft darüber zu geben. Ich beurteile mich ganz und gar nicht als oberflächlich. Ich liebte das Leben, schön und leicht, und ich stieß Hindernisse so leicht beiseite.
22jährig ging ich ins Pensionat ins Ausland, begleitet von der Mutter und meinem Verlobten. Ich fuhr fort, das zu tun, was mir gefiel, verliebt in mehrere junge Leute. Und all dies hinderte mich nicht, Liebesbriefe an meinen Verlobten zu schreiben. Erst im nächsten Jahr, da ich zurückkehrte, hatte ich intime Beziehungen zu meinem Verlobten. Ent-

täuschung. Ich machte darauf die Bekanntschaft eines jungen Mannes, den ich zu lieben glaubte. Ich löste die Verlobung auf und war mit meinem neuen Freunde glücklich. Ein Jahr später. Ich hatte einige Monate vorher bemerkt, daß ich meine Regel nicht mehr hatte, und schließlich gab es keinen Zweifel mehr, ich war im 7. Monat schwanger. Zu diesem Zeitpunkt hatte ich meine Verlobung aufgelöst, und ich mußte meinen Verlobten zurückrufen und ihm erzählen, was mir passiert sei. Er, glücklich, mich wieder zu haben, machte keine Einwände und heiratete mich. Sechs Wochen später kam mein Kind zur Welt. Aber wir verstanden uns nicht. Dieses kleinbürgerliche Leben gefiel mir nicht.
Nach einigen Monaten verlangte ich meine Scheidung. Aber ich war zu jung, um auf meine Flirts und meine Abenteuer zu verzichten.
Ich machte Tanzstudien und war mehrere Jahre lang diplomierte Tanzlehrerin an einer Tanzschule in einer anderen Stadt. Mein Kind blieb daheim, getrennt von mir. Immer sehr frivol, leidenschaftlich, sinnlich, kannte ich mehrere Männer, mehrere Frauen. Das Liebesleben ging weiter. Ich habe nicht ernsthaft für meine Schule gearbeitet. Ich machte Schulden. Mein Vater rief mich zurück. In meiner Heimatstadt gab ich dann einige Privatstunden, aber ich konnte meinen Lebensunterhalt nicht vollständig verdienen. Ich trat in das Geschäft meines Vaters ein. Im folgenden Jahr wurde ich krank: Angstzustände, Schwindel etc. Ich mußte meine Arbeit aufgeben. Ich schrieb mein Unwohlsein einem Blutandrang zu. Ich war an einem Tag sehr lange der Sonne ausgesetzt gewesen und von diesem Tag an empfand ich meinen ersten Angstzustand. Dann begannen für mich eine ganze Reihe von Behandlungen. Ich hatte in diesem Augenblick einen sehr aufrichtigen Freund, der mich liebte und den ich wiederzulieben glaubte. Einige Jahre später ging ich in eine Klinik. Hier machte ich die Bekanntschaft eines jungen ausländischen Mädchens, in das ich mich heftig verliebte. Ich brach die Beziehungen mit meinem Freund ab.
Meine Freundin ging drei Jahre später in ihre Heimat zurück. Einige Zeit darauf machte ich die Bekanntschaft und die Eroberung einer charmanten, verheirateten Auslände-

rin. Ich liebte sie. Dann fing ich wieder an, im väterlichen Geschäft zu arbeiten, und das tat mir gut. Aber ich wurde sehr krank und mußte mich einer Operation unterziehen. Ich habe Ihnen erzählt, wie gut es mir in der Klinik gefiel: keine Angstzustände mehr, keinen Schwindel, dafür sehr verwöhnt, viele Blumen, Besuche! Man beschäftigte sich mit mir. Ich hatte von neuem, was ich wollte. Ich machte die Bekanntschaft meines jetzigen Freundes. Er ist viel älter als ich und verheiratet; ich bin für einmal mehr enttäuscht. Und dennoch fühle ich mich unendlich einsam und möchte es nicht bleiben. Bin ich zu anspruchsvoll? Alle meine Liebeserlebnisse sind Niederlagen gewesen.«

Diese Lebensgeschichte ist durchaus nicht die einer geborenen Verwahrlosten, sonst wäre die Patientin nicht so schwer phobisch erkrankt und selbstmordgefährdet, vielmehr ist ihr erotischer Trieb in ständigem Konflikt mit den Ich-Trieben, den moralischen Instanzen in ihr. Sie ist ein tragischer, weiblicher Don Juan, nicht fähig, wirklich zu lieben und sich zu binden; im Grunde ewig auf der Suche nach ihrer eigenen Seele. Hier könnte man auch die Psychologie C. G. J u n g s anwenden (Archetypen des Animus und Schattens). Der Machtwille (A d l e r), die Tendenz »oben zu sein«, geht gleichfalls aus dieser Lebensbeschreibung hervor. Der sexuelle Triebkonflikt ist jedoch in diesem Krankheitsbild so vorherrschend, daß es in erster Linie unter F r e u d schen Gesichtspunkten gesehen werden muß. Jedesmal, wenn sie sich auf die Straße, auf belebte Plätze, in einen Eisenbahnzug, in eine Straßenbahn, in einen Konzertsaal, in ein Restaurant begibt, verursacht der innere Konflikt einen Alarm. Das Ergebnis sind schwerste Angstanfälle, die nur vermieden werden, wenn die Patientin sich begleiten läßt. – Das Lebensbild gibt zugleich einen Einblick in den hysterischen Charakter. – Die Patientin ist unheilbar, weil sie nicht mitarbeitet. Zu den seltenen Träumen bringt sie keine Assoziationen; sie ist nicht zu irgendwelcher sonstiger Preisgabe unbewußter Vorgänge zu bewegen, weder durch Zeichnen, Plastellieren, noch in Wachphantasien. Ihre abnorme Selbstverliebtheit, ihr Narzismus und der fehlende Leidensdruck verhindern die Möglichkeit einer Wandlung. So hat sich in den 15 Jahren der Erkrankung trotz vier längerer Analysen aller Richtungen das Krankheitsbild zunehmend verschlechtert.

Von F r e u d scher Seite ist mit Recht auf die häufigen Zusammenhänge zwischen Sexualtrieben und Aggression hingewiesen worden, und zwar richtet sich die *Aggression* besonders gegen die Begleitpersonen.

Wir haben in der Kasuistik und auch in der ausführlich beschriebenen Krankengeschichte von Frl. Elisabeth die schwere Ambivalenz, verbunden mit unbewußten Beseitigungstendenzen gegenüber der *Begleitfigur,* aufzeigen können. Eine andere Patientin (Fall 24, S. 150) wurde sich nach wenigen Analysestunden ihres mörderischen Hasses gegen ihren Ehegatten bewußt. In der Realität hatte sie nichts gegen ihn einzuwenden, er trug sie auf Händen und begleitete sie auch ohne Klagen überallhin. Meine Patientin war selbst erstaunt über ihre Mordgelüste, sie hätte ihn, wie sie sich ausdrückte, zerreißen mögen und tat das symbolisch, indem sie sich in einem Wutanfall auf ihn stürzte und seinen Pyjama in Stücke riß!

Die F r e u d sche Schule will in der unbewußten Versuchung, eine Straßendirne zu werden, und in der dadurch verursachten Platzangst auch eine Äußerung der Aggressivität erkennen. F r e u d stellt später bekanntlich den Destruktions- oder *Todestrieb* (hier »primärer Masochismus«) dem erotischen Trieb gegenüber. In ähnlicher Einseitigkeit und Überspitzung der F r e u d schen Theorien werden vielfach die Raumsymbole gedeutet. Hinter allem steht die konkrete Kastrationsdrohung. Das Schreiten auf dem Boden, der Erde, soll deshalb phobische Angst auslösen, weil es für die Patientin bedeutet: auf den Leib der Mutter treten, deren Leibesfrucht töten. Die Patientin sollte es sein, die vom Vater geschwängert war, nicht die Mutter. Oder: der freie Platz soll Leere bedeuten = kastrierte Mutter. Oder: das begleitende Kind wird zum Penis-Ersatz. Oder: die Tunnelangst heißt beim männlichen Phobiker: ich bin kastriert, ich kann nicht »eindringen«. – Wir werden an einem Fall von Hundephobie eines Knaben darlegen, daß die Angst vor konkreter Kastrierung in einzelnen Fällen nicht von der Hand zu weisen ist. Die Kastrations-Theorie wird jedoch diskreditiert und ad absurdum geführt, wenn sie dogmatisch und konkretisiert auf alle Fälle von Phobien angewendet wird. F r e u d selbst äußert gelegentlich gewisse Zweifel bei der Anwendung seiner Kastrations-Theorie auf weibliche Neurotiker, wie wir oben belegt haben.

Eine spätere Modifikation der Kastrations-Theorie ist durch B. Grunberger und R. Staewen-Haas erfolgt.* Beide Autoren machen einen Unterschied zwischen Penis und Phallus mit der Tendenz, das Phallische mit dem Schöpferischen in Einklang zu bringen. Die Kastration würde demnach nicht den konkreten Verlust des Penis, sondern eine Beeinträchtigung des gesamtpersönlichen Wertgefühls beinhalten. Damit nähern sich diese Autoren der Konzeption von Erich Neumann, dem Schüler C. G. Jungs.

Daß phobische *Angst* durch andere Unlustaffekte *vertretbar* sein kann, zum Beispiel durch Ärger und Wut, zeigt folgende Beobachtung: Es handelt sich um einen meiner Patienten (Fall 20, S. 134), einen Mann Anfang 40, der neben klaustrophoben Symptomen an Erstickungsangst beim Essen leidet. Er soll durch den Direktor der Poliklinik den Medizinstudenten vorgestellt werden. Der Patient wartet lange, bis er endlich zum Professor gerufen wird. Dieser entläßt ihn jedoch nach einigen Minuten, ohne daß die erwartete Vorstellung stattfindet. Durch einen weiteren unglücklichen Zufall wird vergessen, dem Patienten anschließend mitzuteilen, daß seine analytische Behandlung an diesem Tage ausfallen müsse. So wartet er wieder vergeblich, und zwar fast zwei Stunden lang bis gegen Abend. Am folgenden Tag frage ich ihn nach den Erstickungsängsten beim Abendessen. Er antwortet spontan, daß er wegen des vergeblichen Wartens so wütend nach Hause gegangen sei, daß er überhaupt nicht an die Möglichkeit, beim Essen einen Erstickungsanfall zu bekommen, habe denken können! Seine Enttäuschung über das stundenlange vergebliche Warten und sein Groll hätten ihn ganz ausgefüllt. Ja, er hätte nicht einmal daran denken können, das Glas Wein vor dem Essen zu nehmen, mit dem er sich sonst stets Mut antrinken mußte. – Man sieht an diesem Beispiel, daß Angst durch Aggression abgelöst werden kann. – Angst kann auch

---

* B. Grunberger, Über das Phallische, in: Psyche XVII, 1964, S. 604 ff., und R. Staewen-Haas, Identifizierung und weibl. Kastrationsangst, in: Psyche XXIV, 1970, Heft 1.

in andere Unluststimmungen, wie Ekel, schlechte Laune, Niedergeschlagenheit, umgewandelt werden.

Wir erwähnten bereits, daß auch andere als Sexualstrebungen unbewußte Konflikte und damit Phobien verursachen können. Als solche werden meist feindselige Regungen gegen die Begleitperson aufgedeckt, manchmal Eifersucht. Der Agoraphobe will den viel jüngeren Ehepartner unter Kontrolle halten oder den Begleiter für sich allein haben. W. S t e k e l weist auf *kriminelle* Trieb-Tendenzen hin. Er veröffentlicht zwei Fälle von Agoraphobie, die auf die unbewußte Absicht eines Geldraubes zurückgingen. In einem Fall handelt es sich um einen Bankbeamten, im anderen um einen Geldbriefträger. Beide waren unbewußt versucht, Eingriffe in die Kasse zu machen, der Bankbeamte zugunsten seiner notleidenden Eltern. Er wurde frei von seinen Symtomen, als er seinen Beruf wechselte, also nicht mehr der Versuchung ausgesetzt war. Beide Patienten waren versucht, mit dem gestohlenen Geld über die Straße ins Weite zu fliehen. Ihre Angst war also eine Gewissensangst in Verbindung mit der Realangst vor gerichtlicher Bestrafung. S t e k e l nennt diese Phobiker latente Kriminelle, »Verbrecher ohne den Mut zum Verbrechen«.

S t e k e l sieht auch hinter der *Erythrophobie* (Errötungsangst) stets Angst vor dem Ertapptwerden. Die F r e u d sche Schule legt den Schwerpunkt auf unbewußte exhibitionistische Wünsche, hinter denen der Kastrationskomplex stehen soll. – Das Erröten kann, besonders in der Jugend, durchaus im Rahmen des Normalen auftreten als »Scham vor der Scham«; es ist ein Ausdruck emotioneller Labilität. Vielfach liegen die Wurzeln der späteren Errötungsphobie als echter Neurose in der Jugend. Eltern und Erzieher sollten sich bewußt sein, daß ihre »Pädagogik« des Verhöhnens, des Anden-Pranger-Stellens zur Entstehung der Erythrophobie Erwachsener beitragen kann. Auch hier ist im einzelnen Falle zu prüfen, ob vaso-neurotische Störungen oder echte, unbewußte Konflikte die Grundlage bilden, d. h. ob eine Pseudophobie oder eine echte Psychoneurose vorliegt. Die letztere kann so quälende Ausmaße annehmen, daß sie gelegentlich zum Selbstmord führt.

Die »*Prüfungsangst*« wird durch die F r e u d sche Schule regelmäßig auf den Ödipuskonflikt mit seinem unbewußten

Haß gegen den Vater in Zusammenhang gebracht. E. B e r g l e r veröffentlicht im »Zentralblatt für Psychotherapie« 1933 (S. 2, 65 ff.) folgenden Fall von Prüfungsangst:

Fall 17:
»Ein Patient, der bei zwei harmlosen Teilprüfungen seines Hochschul-Studiums durchfiel, war in der Folgezeit jahrelang nicht zu bewegen, sich der Prüfungskommission zu stellen und suchte deshalb die psychoanalytische Behandlung auf. Die Ursache der Störung war das unbewußte Austragen seiner Ödipuskonflikte beim jeweiligen Prüfer, wobei der unbewußte Haß gegen den Vater und das unbewußte Bestraft-werden-Wollen die wesentliche Rolle spielten.«

Wir haben in dem Kapitel über die analytische Psychologie von C. G. J u n g darauf hingewiesen, daß die Vater-Projektion durchaus nicht immer den persönlichen Vater zum Gegenstand hat, sondern daß der Archetypus Vater, der erhöhte Vater, bei unbewußten Konflikten vorherrschend sein kann. Das wird auch bei der Prüfungsangst im einzelnen Falle festzustellen sein. Wir verweisen auf die von F r e u d scher Seite veröffentlichte Platzangst eines Italieners, bei dessen Phobie zugegebenerweise religiöse Motive mitspielten (Projektion auf den italienischen König und Mussolini als »göttliche« Vaterfiguren) (Fall 7, S. 60).

Bei der Entstehung der unbewußten Konflikte kann auch der *Machttrieb* die Führung haben als Kompensation des Insuffizienzgefühls und der Mutlosigkeit. Die Angst, auf der Straße zu fallen, entspringt dem Wunsch, »sich recht hoch oben stehend zu fühlen« (A d l e r). Der Klaustrophobe wird zum »König, der die anderen beherrscht, dadurch, daß alle anderen zu ihm kommen müssen«. Daß der Machttrieb häufig im Dienste der Sexualität und mit ihr verbunden ist, schließt nicht seine gelegentliche primäre Bedeutung bei der Raumphobie aus. Die dogmatische Reduzierung alles Triebhaften, ja aller seelischen Konflikte auf den Machttrieb ist jedoch ebensowenig haltbar wie die auf die Sexualität. Beide Schulen, die F r e u d sche, wie die A d l e r s , haben ihre Phobie-Theorien an Beispielen von *Kinderphobien* dartun wollen, aber die Verallgemeinerung ihrer Theorie ist nicht überzeugend. – **Freud** sieht nicht – wie **Adler** – in der Realangst das Primäre der Kinderphobie; »in allen Situationen, die später die Bedingungen von Phobien werden können, auf Höhen, schmalen Stegen, über dem Wasser, bei der Eisenbahnfahrt und im Schiff, zeigt das Kind keine Angst«[79]. Vielmehr ist es Vermissen der geliebten Pflegeperson, der Mutter, die die Angst der Kinder, zumal vor der Einsamkeit und der Dunkelheit, verursacht, also libidinöse Angst (Angst vor Liebesverlust).

Klaustrophobie

Wiederum sind Einzelerkenntnisse bei **Freud** in der Entdeckung infantilen Luststrebens, bei **Adler** besonders in pädagogischer Hinsicht, von großer Bedeutung. Einzelne Fälle von Klaustrophobie sind als unbewußte Kinderangst vor dem Eingesperrtwerden erkannt worden. Zugrunde liegt hier ein infantiles Trauma, ein schwerer Schock durch Einsperren des Patienten als Kleinkind.

Fall 18:

Sadler veröffentlicht einen Fall von Klaustrophobie einer Frau, die er auf das Eingesperrtwerden in der Kinderzeit zurückführen konnte[80].
Seine Patientin, eine Frau, sei als 6jähriges Kind im Klosett durch die Nurse zur Strafe eingeschlossen worden. Später stellten sich phobische Ängste ein im Theater, beim Fahren im geschlossenen Wagen etc. – Heilung nach 1 Jahr ständiger Übung.

Sadler hält die frühkindliche Freiheitsberaubung für den traumatischen Ausgangspunkt der *Klaustrophobie*. Die natürliche Angst der meisten Menschen vor dem Eingeschlossensein wird als phobische Angst fixiert. Auch das Festangefaßt-, Gefesseltwerden, etwa bei operativen Eingriffen durch den Arzt, gehören zu diesen Traumata. – Ähnliche Auffassungen vertritt J. H. **Schultz***.

---

[79] **Freud**, Vorlesungen zur Einführung in die Psychoanalyse, S. 473/74.
[80] **Sadler**, Modern Psychiatry (St.-Louis 1945, S. 268).
* J. H. **Schultz**, Das autogene Training, 5. Aufl. 1942, S. 180.

Der Klaustrophobe fürchtet sich, allein im Raum zu sein, weil er – nach Freud – unbewußt in die Versuchung gerät, der Onanie zu verfallen. Es ist allgemein bekannt, daß Onanie fast immer von schwersten Schuldgefühlen begleitet wird. Unverständige Erzieher drohen bekanntlich dem kleinen Knaben, daß das Glied zur Strafe abgeschnitten wird. Das käme der Kastration gleich und hat Todesangst zur Folge. Aber auch ohne diese Kindheitsdrohung wird nach Freud bei Onanie der Kastrationskomplex mobilisiert als Folge der Ödipussituation, wie wir im Kapitel über Freud ausgeführt haben. Gerät nun der Klaustrophobe unbewußt in die Versuchung zu onanieren, so stellt sich automatisch die Angst vor der Kastration als Katastrophe ein und damit der Angstanfall. Der »kastrierende Vater« ist nach Freud vom Ich übernommen worden als Funktion des Über-Ich. Die Bedrohung geht also vom Phobiker selbst aus und wirkt als Destruktionstrieb. In der psychoanalytischen Literatur wird auf einen Fall von Klaustrophobie Bezug genommen, der durch amerikanische Zeitungen ging: Man habe einen Klaustrophoben eingesperrt, ohne seinen verzweifelten Bitten um Freilassung nachzugeben. Er sei nach einiger Zeit tot in dem verschlossenen Raum aufgefunden worden. Die Richtigkeit des Zeitungsberichtes vorausgesetzt, ist nach dieser Theorie »der Tod infolge endogener Triebaggressionen eingetreten«. – Die Onanie-Versuchung im geschlossenen Raum als Phobie-Ursache ist in dieser Verallgemeinerung nicht zutreffend, wie überhaupt die Beschränkung auf die sexuelle Versuchung auch bei der Klaustrophobie abzulehnen ist.

Daß in einzelnen Fällen andere sexuelle Versuchungen vorliegen, zeigt ein Fall von Pädophilie (Unzucht mit Kindern), der mir von einem Kollegen berichtet wurde.

Fall 19:
Es handelt sich um einen alten Mann, der es nicht in der Wohnung aushielt und ziellos in den Straßen herumirrte. Weder er selbst noch die Verwandten konnten die Ursache dafür finden. Bald fand der Analytiker heraus, daß sich der leicht senile Patient zu einer in seiner Wohnung lebenden Nichte hingezogen fühlte und in Versuchung war, sich ihr sexuell zu nähern. Um der Gefahr zu entgehen, mußte er das

Haus meiden. Der Patient wurde auf Anraten des Kollegen bei Verwandten in einer anderen Stadt einquartiert und auf diese Weise geheilt.

S t e k e l sieht in der Klaustrophobie die Angst vor der Bestrafung nicht nur durch ein irdisches, sondern auch durch das »himmlische Gericht«. Nach ihm liegt der Klaustrophobie immer eine Gewissensangst zugrunde, und zwar immer als Auswirkung krimineller Strebungen.

Abgesehen von diesen Triebkonflikten, kommen jedoch auch andere Ursachen für die Klaustrophobie in Betracht, tiefe Störungen der Persönlichkeit, wie sie in den folgenden Kapiteln behandelt werden. Übrigens ist auch unter Normalen eine Art Klaustrophobie bekannt, nämlich die »Budenangst«, mit der wir uns im nächsten Kapitel zu befassen haben, da sie in der Regel nicht auf Triebkonflikte reduzierbar ist.

Daß unbewußte Sexual- und Aggressionskonflikte der Klaustrophobie zugrunde liegen können, veranschaulicht der nachstehende

Fall 20:
Mein Patient, ein Mann Anfang 40, von anscheinend ausgeglichenem Charakter, leidet an Angstzuständen in der Tram und in der Eisenbahn, neben diffusen hypochondrischen Befürchtungen. Außer einem schweren Angstanfall im Theater vor etwa einem Jahr hatte er bis vor wenigen Wochen keine typischen Anfälle. Diese stellten sich anläßlich eines neuen Symptoms in schwerster Form ein und zwar als Erstickungs-Phobie: Patient fürchtet, beim Schluck-Akt des Essens zu ersticken und erleidet die charakteristischen Todesängste. Er zittert am ganzen Leib, kalter Schweiß bricht aus, er ringt nach Atem, auch scheint ihm die Nase verstopft. Er selbst bezeichnet diesen Zustand als »katastrophale« Panik. Er stürzt zur Wasserleitung und läßt sich das kalte Wasser über den Kopf laufen. Damit wird der Krampf gelöst. – Er wagt nun kaum zu essen und ist körperlich heruntergekommen; »ich verhungere bei vollen Töpfen«. Er hat nicht nur Angst vor dem Essen, sondern es genügt ein Kratzen im Hals, ein leichtes Husten, um die

Katastrophe des Erstickens nahezurücken. Um die Angst vor dem Essen zu mildern, trinkt er sich Mut an, indem er 1–2 Glas Wein vor der Mahlzeit zu sich nimmt.
Die Anamnese und die Traumanalyse ergeben eine frühe Identifizierung mit seiner hypochondrischen Mutter und sexuelle sowie aggressive Exzesse im Unbewußten, letztere z. B. auch gegen seinen einzigen Sohn. (Er träumt von Festen in Bars, nackten Kellnerinnen, sexuellen Ausschweifungen, ferner von wüsten Schimpfereien und Schlägereien mit Nachbarn, mit denen er in Wirklichkeit korrekt auskommt.) – Nach 10 poliklinischen Behandlungsstunden in Abständen von je einer Woche (autogenes Training in Verbindung mit Analyse) Besserung; die schweren Anfälle sind nicht wieder eingetreten. – Über Konvertierung seiner Angst in Aggression siehe unten, auch S. 129.

Eine häufige Form der Klaustrophobie ist die *Eisenbahnangst*. Sie wird von F r e u d scher Seite damit in Verbindung gebracht, daß unbewußt sexuelle Erregung mobilisiert und diese auf das sich bewegende Vehikel (auch Schiffsboot, Flugzeug, Tram) projiziert wird. Das Fahren verstärke die Erregung, und die Angst bestehe im Unbewußten darin, nicht aussteigen, d. h. nicht abbrechen, nicht aufhören zu können (F e n i c h e l u. a.). S t e k e l sieht wiederum die kriminelle Triebregung: der Phobiker wünscht unbewußt einen Verkehrsunfall und ist bereit, sich selbst einem solchen auszusetzen, um der Gerechtigkeit willen, aus Schuldgefühlen und Selbstbestrafungswünschen (gerecht klingt wie gerächt, sagt N i e t z s c h e !).
Diese Betrachtung führt erneut zum Problem der Aggression, des Hasses, auf das man bei fast allen Angstneurosen stößt. K a r e n H o r n e y, die vielgelesene amerikanische Ärztin und erfahrene Psychoanalytikerin, läßt sich in ihren neuen Schriften über die Zusammenhänge aus, die zwischen Angst und Haß bestehen. Mit Recht hebt sie hervor, daß die F r e u d sche Theorie einer speziellen biologischen Quelle des Todestriebes entbehrlich erscheint, wenn die enge Verbundenheit von Angst und Haß (hostility) erkannt würde. In der therapeutischen Praxis fragt K. H o r n e y sich stets: welche empfindliche Stelle im Patienten ist verletzt worden, so

daß feindselige Affekte hervorgerufen worden sind, und weshalb sind diese verdrängt worden? Sie gibt als Beispiel einen Fall von

Höhenangst[81]

Fall 21:
Ein junger Mann macht eine Bergtour mit einem jungen Mädchen, dem er in tiefer Verehrung verbunden ist. Weil seine Eifersucht irgendwie geweckt worden ist, ist er zugleich von einer äußerst leidenschaftlichen Wut gegen sie erfüllt. Als er mit ihr an einem steilen Abhang entlang geht, erleidet er einen schweren Angstanfall mit Herzklopfen und Atemnot. Er fühlt nämlich einen Zwang, das junge Mädchen den Abhang herunterzustoßen. – K. H o r n e y fügt diesem Bericht bei, daß die Struktur dieser Angst dieselbe sei wie bei starken sexuellen Impulsen, die eine Katastrophe für den Betreffenden bedeuten, falls er ihnen nachgebe[82].

Komplizierter liegen die Fälle von Höhenangst, bei denen kein krimineller Impuls bewußt wird. Auch O. F e n i c h e l , der nicht wie K. H o r n e y , von F r e u d abgerückt ist, sucht hinter der Höhenphobie kriminelle Strebungen, Mordtendenzen, die als Bestrafungswunsch auch gegen den Phobiker selbst gerichtet sein können. Daneben spielen nach F e n i c h e l feminin-masochistische Tendenzen in Verbindung mit Kastrationsangst ätiologisch eine wichtige Rolle, entsprechend den dogmatischen F r e u d schen Theorien. Der Höhenangst hat F r a n z B a u m e y e r eine besondere Abhandlung gewidmet (Nervenarzt, 25, 1954, S. 473). Er stützt sich dabei auf die der neoanalytischen Neurosenlehre zugrunde liegenden genetischen Gesichtspunkte. In einer Diskussionsbemerkung dazu hat J. Z u t t die Höhenangst auf phäno-

---
[81] K a r e n H o r n e y , The Neurotic Personality of Our Time, New York 1937, S. 62 ff.
[82] K a r e n H o r n e y führt die Neurosen letzlich auf unvereinbare (incompatible) Haltungen zurück, die in der Störung der Gemeinschaft (human relationships) ihren Ausdruck finden, einschließlich der Gemeinschaft mit sich selbst. Siehe »Our inner conflicts«, 1945, insbesondere S. 47.

menologischer Grundlage behandelt. Höhenphobiker werden von einer »Angst und Qual« befallen, die Goethe bei seiner Beschreibung des Straßburger Münsterturms beschreibt. Manche erleben geradezu den Sog der Tiefe, wobei Lust und Angst gemischt sein kann.

Einigkeit dürfte bei allen Tiefenpsychologen bestehen bezüglich der Feststellung aggressiver Affekte bei den verschiedensten Phobien. Die feindseligen Gefühle können gegen andere und (oder) gegen den Patienten selbst gerichtet sein. Sie können aber auch auf das phobisch gemiedene Objekt *verschoben* sein.

Tierphobien

Außer Raumphobien zählt die pathologische Angst vor Tieren, die *Tierphobie,* zu den verbreitetsten Angstneurosen. Das Tier z. B. das Pferd, der Hund tritt an die Stelle des Vaters, der mit Kastrierung droht. Das ist, schlagwortartig ausgedrückt, die F r e u d sche Theorie (siehe F r e u d s »Analyse der Phobie eines 5jährigen Knaben«)[83]. Die Kastration als drohende Strafe wurde gelegentlich auch von Psychotherapeuten aufgedeckt, die nicht zu den orthodoxen Anhängern F r e u d s zählen. So veröffentlicht A. M a e d e r in seinem ausgezeichneten Buch über Kurzbehandlungen[84] einen Fall einer kindlichen *Hundephobie:*

Fall 22:
Es handelt sich um einen 7jährigen Knaben, der sich nach überstandenen Masern weigerte, auf die Straße und in die Schule zu gehen. Er hatte eine heftige Angst vor Hunden bekommen, die vor der Infektionskrankheit nicht bestanden hatte. M a e d e r vermutete, daß der Knabe in der Einsamkeit der Krankenstube onaniert habe und fragte ihn in einem zwanglosen Gespräch an seinem Bett sitzend, ob er angefangen habe, sein kleines Glied zu berühren. Darauf folgender Dialog, nachdem der kleine Patient diese direkte Frage bejahend beantwortet hatte: »Glaubst Du, es sei gut, das zu tun?« – »Nein, es ist nicht gut.« – »Du hast jetzt

---
[83] S. F r e u d , Ges. Werke, Bd. VII.
[84] Wege zur seelischen Heilung. Verlag Rascher, Zürich 1945, S. 119 ff.

Angst vor Hunden auf der Straße bekommen?« – »Ja.« – »Was meinst Du, daß so ein Hund Dir machen könnte?« Nach Zögern: »Er könnte mir den Finger abbeißen!« – Der Arzt fragt sich, warum er »den« Finger sagt. Er hat deren zehn. Es gibt aber nur ein Glied. Ob ein Finger für das Glied gemeint ist? Entstand die Furcht vor dem Hund wegen der Strafe für die verbotene Tat? Der Knabe weiß, daß es verkehrt ist, sich so zu berühren. Maeder fragt ihn weiter: »Könnte Dir vielleicht der Hund das Glied abbeißen, weil es nicht recht von Dir war, damit zu spielen?« – Nach kurzer Pause bejaht der Knabe die Frage klar und eindeutig, ganz überlegt. Er ist sehr aufmerksam und affektiv beteiligt. Da das Gespräch ohne die geringste Spannung, ruhig und natürlich verläuft und der Arzt im Auge hat, daß der Finger das Werkzeug der onanistischen Betätigung war, setzt er das Gespräch fort: »Du hast also Furcht vor dem Hund, weil Du mit dem Finger etwas Unrechtes getan hast. Möchtest Du nicht gern wieder rausgehen können, draußen spielen, ohne Angst haben zu müssen?« – »O, ja!« – »Wie wäre es, wenn Du probieren würdest, Dich nicht mehr so zu berühren, es wäre doch fein, wieder frei zu sein?« – Sehr deutlich und entschlossen klingt die Antwort des Kindes: »Ja, ich will es nicht mehr tun.« Der Knabe schaut dem Arzt, den er liebgewonnen hat, ruhig in die Augen. Er scheint einen festen Entschluß gefaßt zu haben. Das Gespräch ist in dem Zeichen einer positiven Übertragung erfolgt. Am folgenden Morgen geht der Knabe tatsächlich wieder ins Freie und dann auch wieder in die Schule. Als er einige Tage später an der Hand des Arztes einen Sonntagsspaziergang macht, streift er einen großen deutschen Schäferhund ohne die geringste Beunruhigung. Die Phobie ist beseitigt und seitdem – es sind 15 Jahre vergangen – nicht wiedergekehrt.

Bei den meisten Tierphobien dürfte ein Triebkonflikt zugrunde liegen oder doch einen Anteil an der Entstehung bilden. Zahlreiche pathologische Tierängste sind durch Analysen, wenn auch meist nicht im Kurzverfahren, geheilt worden. – Im einfachsten Fall gilt der Satz, daß die eigene »Tiernatur«, das schattenhafte Animalische, auf das phobisch gemiedene

Tier projiziert wird. Der Phobiker hat also eine unbewußte Angst vor dem »tierhaften« Trieb in sich selbst, der oft mit der Sexualität und Aggressivität zusammenfällt. – Daß Tiere, besonders Hunde, eine Versuchung für sexuelle *Perversionen* aller Art, insbesondere der Sodomie, repräsentieren, wie S t e - k e l festgestellt haben will, wird in einzelnen Fällen zutreffen.

Die Symbolbedeutung von Tieren kann ganz allgemein als Objektivation seelischer Funktionen aufgefaßt werden, bei denen Triebfunktionen naturgemäß einen breiten Raum einnehmen. Daß Tiere auch andere als Triebsymbole repräsentieren, werden wir im nächsten Abschnitt zu besprechen haben.

Bevor wir unsere Ausführungen über Raum- und Tierphobien abschließen, sei noch auf eine psychologisch umstrittene Unterscheidung hingewiesen. Die F r e u d sche Schule sieht in der Angst vor dem Tier ein Signal gegenüber einer *äußeren* Gefahr: der Kastrierung durch den strafenden Vater, symbolisiert durch das reale, phobisch gemiedene Tier. Die Straße hingegen bildet nach dieser Auffassung eine *innere* Gefahr. Die destruktive Einwirkung bei der Platzangst komme nicht von außen, sondern habe einen ausschließlich endogenen Ursprung (so E. W e i s s u. a.). Wir können uns dieser strukturellen Unterscheidung nicht ganz anschließen. Es ist zuzugeben, daß die Straße, der freie Platz, die Natur draußen keine so scharf umrissenen Objekte der Angst darstellen wie ein Tier. Dennoch sind alle phobischen Objekte und Situationen letztlich Projektionsträger innerseelischer Konflikte. Die Gefahr des Trieb-Durchbruchs (wir sprechen hier nur von Triebkonflikten), wird *endogen* erlebt mit allen Konsequenzen des Schuldgefühls, des Bedürfnisses nach Bestrafung bis zur Selbstvernichtung mit dem Ergebnis der Todesangst beim Anfall.

Gewitterangst

Sie ist einerseits auf die unbewußte Wirkung eines explosiven Vaters oder einer unbeherrschten Mutter zurückzuführen. In diesem Sinne symbolisiert das Gewitter das »Donnerwetter« im elterlichen Hause. Andererseits ist das Gewitter ein archetypischer Ausdruck des Numinosen mit seinen beiden Aspekten des Faszinosum und des Tremendum. In dem sogenannten

Gewitterpsalm (Psalm 29) ist sowohl von der Herrlichkeit und Macht als auch von der zerstörenden Gewalt des Vatergottes die Rede: »Der Donner des Herrn rollt mit Kraft, der Donner des Herrn in seiner Pracht... Der Donner des Herrn läßt Feuerflammen sprühn; der Donner des Herrn macht die Wüste erbeben... und entästet ganze Wälder.« Ist durch das frühkindliche Erleben eines beängstigenden Vaters die negative Seite des Gottvater-Archetyps konstelliert worden, so kann das Gewitter dem Menschen als etwas ausschließlich Erschreckendes und Bedrohliches erscheinen. Dies steigert sich gelegentlich zu Weltuntergangs- und Todesängsten. Ich habe die Erfahrung gemacht, daß es in der Therapie solcher Phobien nicht genügt, sich auf die Auflösung von Triebkonflikten zu beschränken. Vielmehr ist es die Aufgabe des Arztes, auch die *überpersönliche Natur* des Konfliktes zu berücksichtigen. Anhand von spontan auftretenden Traumsymbolen muß sich der Patient der Ambivalenz des archetypischen Vaters bewußt werden und zu einer Vereinigung der Gegensätze des gütigen und des zürnenden Vaterbildes gelangen. Bekanntlich werden Donner und Blitz von den Primitiven als Ausdruck zürnender Götter erlebt.

Verschiedene Phobien

Es erübrigt sich, neben Raum, Tier und Gewitter weitere Objekte phobischer Angst aus der unbegrenzten Zahl hier aufzuführen. Nach F r e u d werden in ermüdender Gleichförmigkeit immer aus der Sexualität sich ergebende Konflikte als ausschließliche Ursachen angeführt. So bei der *Phobie vor Scheren und Messern,* die nicht nur beim Anfassen, sondern auch schon beim Anschauen ausgelöst werden kann und letztlich auf verdrängte Aggression und Kastrationsbefürchtungen zurückzuführen sei; ferner bei *Beschmutzungsangst und Bazillophobie,* hinter der wiederum die Kastrationsdrohung und bei tieferer Regression analerotische Versuchungen als Ursache stehen sollen.

Auf die *Angst, wahnsinnig zu werden,* und einige andere verbreitete Angstneurosen kommen wir, da diese häufig nicht triebpsychologisch begründet sind, im nachfolgenden Kapitel zu sprechen.

d) Raumphobien aus Individuationskonflikten

Fällt die Raumangst aus Triebkonflikten wesentlich unter die F r e u d sche und A d l e r sche Psychologie, so die aus Individuationskonflikten unter die analytische Psychologie C. G. J u n g s. Wie in einem früheren Kapitel dargelegt, sind es die Archetypen des kollektiven Unbewußten, die außer der Typenlehre das Charakteristische der Psychologie J u n g s ausmachen. Darauf beruht seine Lehre von der Individuation, dem Prozeß der Selbstwerdung.

Es fragt sich nun, wodurch phobische Angst bei diesem Prozeß entstehen kann. In dem F r e u d schen Kapitel wurde aufgezeigt, wie Angst durch Konflikte im persönlichen Unbewußten entsteht. Das Ich als der Träger der Angst muß Energien abgeben, um die Angst zu bannen. Was vom persönlichen Unbewußten gilt, ist auch für das kollektive maßgebend: die Archetypen als ungeheure Mächte können erhebliche Mengen Energie aus dem Bewußten absaugen und in ihm ein Vakuum erzeugen. Damit würde Angst im Ich als Alarmsignal entfesselt.

Eine der Ursachen von seelischen Gleichgewichtsstörungen ist in überindividuellen, kollektiven Einwirkungen der Außenwelt zu suchen. Man denke nur an die ständigen Bedrohungen ganzer Bevölkerungsschichten in totalitären Staaten oder an das Leben in einer der Großstädte mit seiner nervösen Hast, der seelischen Entwurzelung und der zunehmenden Kriminalität – eine Daseinsform, der sich Bewohner aller Großstädte nur schwer entziehen können.

Es kommt uns hier darauf an, die verschiedenen Störungsquellen bei der Entstehung der Platzangst aufzudecken. Eine davon ist die Störung des seelischen Gleichgewichts durch eine extrem einseitige Einstellung zu den inneren und äußeren Objekten des Lebens (Intro- und Extraversion) und die Vernachlässigung seelischer Funktionen (Intellekt, Gefühl, Empfindung, Intuition). Die Neurose ist dann ein Alarmsignal wie im Somatischen das Fieber, beide oft mit demselben Erfolg, den Kranken ans Bett zu fesseln. Die S. 24 erwähnte Agoraphobe, die unter diesem Zeichen erkrankte, wurde schließlich bettlägerig, sie konnte weder das Haus noch das Zimmer und am Schluß nicht das Bett verlassen, damit die Voraussetzungen für die Entwicklung und Nachreifung ihrer inferioren, vernachlässigten seelischen Funktionen geschaffen wurden.

Wir kennen genügend Fälle derselben Problematik, bei denen Bettlägerigkeit und erzwungene Introversion durch einen unbewußt arrangierten Unfall erreicht werden, oder auch durch eine chronische organische Erkrankung. Die Straße, die Welt draußen, ist in diesem Fall ebenfalls Symbol der Versuchung, und zwar für die fortgesetzte Ausübung der bereits extrem entwickelten seelischen Funktion. Aktuell ist hier also nicht die erotische Versuchung durch die Straße, sondern das Ausweichen vor der Individuation. Damit ist nicht ausgeschlossen, daß eine unbewußte Triebversuchung durch die Straße mitklingt.

Ehe wir weiter auf die krankmachende Begegnung mit dem Raum eingehen, müssen wir einige Worte der Symbolbedeutung des Raumes widmen.

N i e t z s c h e spricht von der Tiefe, Breite und Höhe der inneren Welt, er wendet also die Dimensionen des Raumes auf die menschliche Seele an. Der Philosoph B e r g s o n behandelt das Problem der Raumsymbole in der Sprache. Auch die Umgangssprache bedient sich dieser Raumattribute in zahllosen Wendungen. Wir sprechen von einem *tiefen* Menschen, von einer *weiten* Seele oder von *engem* Horizont, wohl auch von einer *breit* angelegten Persönlichkeit, von himmelstürmenden Menschen und solchen in den Niederungen des Lebens, von Heruntergekommenen. Auch der umgrenzte Raum wird vielfach auf den Menschen angewendet. Ein Bibelwort spricht davon, der Leib solle der Tempel des Geistes sein. Der Volksmund gebraucht die Worte »Frauenzimmer«, »Du altes Haus« oder jemandem eines »aufs Dach« geben. Im Volksmund hört man heute über einen Verschrobenen oder sonst Auffälligen manchmal sagen: der Mensch hat einen leichten (oder schweren) »Dachschaden«. Der Psychotherapeut kennt die Bedeutung von Raumsymbolen aus zahlreichen Träumen: Kirchen und Häuser in den verschiedensten Beschaffenheit und in Stockwerke eingeteilt, in denen sich der Träumer befindet (Keller, Dachgeschoß, Küche, Schlafzimmer, Klosett). Auch die Beschaffenheit des Zimmers, in dem der Traum sich abspielt, kann einen Symbolwert haben. Besonders häufig sind die Träume von langen, engen, labyrinthartigen Gängen.

In der Kunst, in Architektur und Plastik, finden wir den umgrenzten Raum als Ausdruck des individuellen und kollektiven Geisteszustandes in den verschiedenen Epochen. In Zeiten der Auflösung oder Zerrissenheit springt das Krankhafte dieser Kunst in die Augen; es ist der Ausdruck seelischer Spaltung, wie er im Extremen bei der Kunst Schizophrener beobachtet werden kann. – Immer kann man wohl von Raumsymbolen sagen, daß sie den psychischen Raum, Innenraum, meinen im Sinne von R. M. R i l k e : »Durch alle Wesen reicht der *eine* Raum: Weltinnenraum.« (Späte Gedichte, S. 84.)

Es gibt noch keine umfassende Psychologie des Raumes. Vielleicht führt einmal ein Weg zu ihr über die Psychopathologie, im besonderen über die Erforschung von Raumphobien. Einen ausgezeichneten Beitrag zu dem »Raumproblem in der Psychopathologie« hat L. B i n s w a n g e r geleistet[85], desgleichen W a l t e r S c h u l t e[86]. Raumqualitäten im Zusammenhang mit dem Problem des Lichts, der Fülle und der Bewegung bei der Entstehung von Phobien behandelt v. G e b s a t t e l[87]. Ziel einer Raumpsychologie müßte sein, den Bedeutungssinn der Raumdimensionen für die verschiedenen Menschentypen in ein geordnetes System zu bringen. Wie wirken z. B. Enge oder Weite, Höhe oder Tiefe auf Menschen der verschiedensten Konstitutionen und ihren individuellen schicksalhaften Werdegang? Wie diese Raumeigenschaften in Verbindung mit Hell oder Dunkel, mit Fülle oder Bewegung? Die rein naturwissenschaftliche Betrachtungsweise würde für die Psychologie des Raumes nicht ausreichen. Die Einstellung des Menschen zu Raum und Zeit ist nicht ausschließlich instinkt- und triebgebunden. Im Gegensatz zum Tier kann der Mensch sich den Raum aus der Freiheit aneignen und ihn überwinden. Ja, er hat diese lebenswichtige Aufgabe; bei ihrer Nichtbewältigung setzt er sich der Gefahr einer Raumphobie oder anderer Neurosen aus. In der Welt sein, heißt im Raum sein, d. h. zunächst in seinem eigenen Körperraum sich zu Hause fühlen. Das Nichtbewältigen dieser Aufgabe hat zur

---

[85] Zeitschr. f. d. ges. Neurologie und Psychiatrie, 1933.
[86] W. S c h u l t e , Studien zur heutigen Psychotherapie, Heidelberg 1964.
[87] Nervenarzt, 1935, S. 337 ff.

Folge ein mangelndes Körpergefühl, ja eine Körperfremdheit. Die Abgespaltenheit vom leiblichen Sein ist eines der auffälligsten Symptome der Raumphobiker (wie übrigens auch der meisten anderen Neurotiker). So wird der Raumphobiker ein Sklave nicht nur des Raumes, sondern auch des Körpers.

Das Raumproblem ist mit dem gesamten Lebensprozeß so eng verbunden wie das der Zeit. Die *Elastizität* von Raum und Zeit – der Raum: unendlich und doch endlich, die Zeit: ewig und doch begrenzt – *wirft* ein weites Problem der menschlichen Existenz auf. Soweit es auf Religiös-Philosophisches gerichtet ist, wird einiges in den nächsten Kapitel darüber zu sagen sein. Wir sehen hier ab von den umwälzenden Ergebnissen der modernen theoretischen Physik, die nicht nur den Gegensatz Kraft und Stoff in einem andern Licht erscheinen läßt, sondern auch die Antinomien von Raum und Zeit. J e a n G e b s e r hat in der zweiten Auflage seiner »Abendländischen Wandlung« (Zürich 1945) einen glänzenden Querschnitt durch diese Forschungsergebnisse gegeben und sie in Parallele gestellt mit der J u n g schen analytischen Psychologie; das letztere auch in »Evolution«, Stuttgart 1970, S. 57 ff. (Hrsg. Wilhelm Bitter).

Die Eigengesetzlichkeit unbewußter Prozesse wird an den Raumphobien besonders erkennbar. Man sieht, daß sie dem Intellekt und Willen nicht zugänglich sind. Selbst klügste und gelehrteste Menschen müssen dem Unbewußten ihre Tribute zahlen. So litt der bekannte Philosoph R i c k e r t an grober Platzangst. Wer seinen Faust-Kommentar liest, könnte leicht Vermutungen über die Ursachen seiner Agoraphobie anstellen. Daß R i c k e r t die Goethesche Symbolik derart intellektuell interpretiert, läßt darauf schließen, daß wichtige Funktionen seiner Seele zugunsten des Intellekts vernachlässigt wurden. Die daraus sich ergebende seelisch-funktionelle Gleichgewichtsstörung könnte seine Platzangst verständlich machen. Dies ist ein typischer Fall des abendländischen Kulturkreises, insofern als die Hypertrophie des Intellektes mit der entsprechenden Unterentwicklung der Gefühlsfunktion zum Schicksal des Abendlandes geworden ist. Hinzu kommt noch die Hinwendung nach »Außen« mit der Vernachlässigung des »Innen« als Folge von Technik und Organisation.

Die Überbewertung des Bewußten und Überspannung alles Rationalen ist in unserer glaubenslosen Zeit die Ursache ungezählter Neurosen und vieler »Nervenzusammenbrüche« geworden. Die individuellen Konflikte sind also nicht die einzige Ursache von Phobien und anderen Neurosen, vielmehr spiegeln sie die Kollektivverfassung unserer Zeit wider[88].

Im einzelnen entsprechen die Raumdimensionen einer spezifischen innerseelischen Situation. Die Platzangst kann durch die Weite des Raumes den unbewußten Prozeß »konstellieren« und »aktivieren«. (S. Krankengeschichte S. 30.) Das Ich-Bewußtsein fühlt sich bedroht durch die Aufblähung (Inflation) von Inhalten des Unbewußten. Es erfolgt ein Druck des Unbewußten auf das Ich, der als Einengung, ja als Vernichtungsgefahr erlebt wird. Nicht immer sind es Triebkonflikte, die das Signal für die Gefahr auslösen und damit den agoraphoben Angstanfall. Der Ich-Untergang wird vielmehr durch Komplexe im kollektiven Unbewußten, durch deren Aktivierung und das Überwältigtwerden als Katastrophe gefürchtet. Daher die häufige Angst von Phobikern, wahnsinnig, d. h. vom Unbewußten verschlungen zu werden.

Es ist vielfach die These aufgestellt worden, der Raumphobiker fliehe immer in die Enge. Wie bei den meisten psychologischen Prozessen ist auch dieser umkehrbar: es gibt auch eine Flucht in die Weite, nämlich bei dem Klaustrophoben. Wiederum ist es nicht immer die sexuelle Genese, etwa die Onanie-Versuchung, die die Enge-Phobie begründet. Es kann der »Geburtsvorgang« der Individuation von dem Patienten als Katastrophengefahr phobisch abgewehrt werden. In unzähligen Mythen begegnen wir dem verschlingenden Ungeheuer, dem Walfischdrachen, in dessen engem Leib der Held die Wandlung erfahren muß. Wir verweisen auf das im Jung schen Kapitel Ausgeführte und besonders auf das grundlegende Jung sche Werk »Wandlungen und Symbole der Libido«, in welchem zahlreiche Wiedergeburtssymbole beschrieben worden sind.

Außer der Weite und Enge kann auch *Höhe und Tiefe* phobische Angst erwirken. Frau Clarisse (Teil II) kann nicht

---

[88] Näheres in meinem Buch »Der Verlust der Seele – Ein Psychotherapeut analysiert die moderne Gesellschaft«, Herder-Taschenbuch Nr. 333.

die Treppe hinuntersteigen, Frau Luzia (Fall 16, S. 125) kann nicht im Lift oder auf der Treppe sich nach oben begeben. Entsprechende Ängste äußern Patienten beim Bergan- oder -absteigen, beim In-den-Keller- oder In-obere-Geschosse-Gehen. Bei der Tiefenphobie, wie bei Frau Clarisse, liegen frühkindlich begründete Abwendungen vom Boden der Realität vor, die später durch Verstiegenheit der seelischen Haltung kompensiert werden. Die Träume dieser Patienten machen es daher auch deutlich, daß sie sich nach »unten«, auf die Erde zu begeben haben, den Sprung in die Tiefe wagen müssen, was vielfach die Annahme ihres »Schattens« als der im »Kellergeschoß« befindlichen, abgewerteten Persönlichkeitsseite zur Voraussetzung hat.

Sind die Raumsymbole und die entsprechenden psychologischen Prozesse eng und weit grundsätzlich umkehrbar, reversibel, so gilt dasselbe nicht von den Raumattributen und den ihnen zugeordneten seelischen Funktionen hoch und niedrig. Das Oben des Firmaments hat andere Qualitäten als das Unten der Erde oder der Unterwelt, des Hades. Lufttiere (Vögel) haben eine andere Symbolik als Kellertiere. Es liegt nahe, das Unten, die Kellerregion, mit dem Triebleben in Verbindung zu bringen. So N i e t z s c h e im »Zarathustra«, wo seine eigene Zerrissenheit erschütternd zum Ausdruck kommt: »In die freie Höhe willst du, nach Sternen dürstet deine Seele. Aber auch deine schlimmen Triebe dürsten nach Freiheit. – Deine wilden Hunde wollen in die Freiheit; sie bellen vor Lust in ihrem Keller, wenn dein Geist alle Gefängnisse zu lösen trachtet.«

G o e t h e hat die innere Bewältigung des Oben und Unten in die allgemeine Raumsymbolik verflochten:
>»Wenn am Tag Zenith und Ferne
>Blau ins Ungemeßne fließt,
>Nachts die Überwucht der Sterne
>Himmlische Gewölbe schließt,
>So am Grünen, so am Bunten
>Kräftigt sich im reinen Sinn,
>Und das Oben wie das Unten
>Bringt dem edlen Geist Gewinn.«

Bedingung des Angstanfalls ist oft eine zusätzliche Raumqualität. Bei der Weite: die freie *Natur,* das Feld, der Wald oder gar der Urwald; bei der Enge: die Dunkelheit. Die weite Natur draußen entspricht der eigenen unbewußt und damit bedrohlich-verschlingend gebliebenen Natur. Am drastischsten sind die Urwaldängste, die auch den Gesunden unter gewissen Voraussetzungen befallen, z. B. wenn er allein längere Zeit auf Anstand steht. Viele Tropenforscher und -siedler berichten von dem unheimlichen beängstigenden Gefühl, das sie, allein im Urwald, befällt. Die Tatsache, daß sie gegen jegliche Gefahr (Schlangen, Raubtiere) durch starke Gitter gesichert sind, schützt sie nicht vor der Angst, obwohl sie sich der Sinnlosigkeit bewußt sind. Der »Urwald« im Menschen selbst, sein Unbewußtes mit seinen Urwaldeigenschaften des Schöpferischen und Verschlingenden, mobilisiert Angst. Die Individuation wird mit Recht verglichen mit der Urbarmachung von Urwald und seiner Umwandlung in Gartenland.

Bei der beschriebenen Agoraphobie eines älteren Mannes (Fall 10, Seite 83) trat der Angstanfall draußen in der Natur ein. Die Analyse ergab einen tiefen unbewußten Konflikt zwischen seiner eigenen »Natur« und kirchlich-dogmatischen Vorstellungen. Dieser Gegensatz war nicht mehr zu überbrücken. Alles Naturhafte, Biologische und damit auch alles Triebhafte, war für den Patienten identisch mit Sündhaftem, Bedrohlichem. Es galt den Konflikt aufzudecken, der Patient mußte sich seiner eigenen Natur bewußt werden und sie annehmen. Dann war es ihm wieder möglich, angstfrei durch Felder und Wälder zu wandern.

Die *Verbindung zwischen Dunkelheit und Enge* bildet eine besonders häufige Voraussetzung für die Entstehung von Phobien, Angst vor dem dunklen Keller ist nicht nur auf die Kindheit beschränkt. Bei Erwachsenen ist noch die *Tunnelangst* hervorzuheben. Auch bei ihr können archetypische Dynamismen ausschlaggebend sein – neben den im vorigen Kapitel erwähnten Triebkonflikten. Die oben angeführte mythologische Mutterleibssymbolik ist durch diese Verknüpfung mit der Dunkelheit bei den Phobikern häufig aus ihren Manifestationen des Unbewußten feststellbar.

An *Licht*-Angst oder genauer: eine Art von Licht-Schwindel litt eine meiner Agoraphobinnen (s. Fall 1, Seite 21). Sie war bereits soweit gebessert, daß sie mehrmals täglich allein, auch auf belebten Straßen, sich bewegen und Einkäufe machen konnte. Lediglich das elektrische Licht in den Abendstunden erregte Ängste und Schwindelgefühle, die sie nicht näher begründen konnte. Besonders das Flimmern der vielen, auch weit entfernten elektrischen Lampen erlebte sie als eine Bedrohung ihrer Sicherheit. Um einen »festen Stand« zu finden, mußte Patientin sich unterwegs wiederholt an eine Häuserwand anlehnen und dabei besonders den Kopf zurück gegen die Mauer stützen. Licht symbolisiert Bewußtheit; es kann dem in der Dunkelheit des Unbewußten verhafteten Phobiker als erregend und bedrohlich erlebt werden (lumen naturae). – In der Analyse ist auch dieser Lichtschwindel völlig verlorengegangen.

Von Gebsattel hält es therapeutisch für notwendig, jede einzelne Raumqualität in ihrer phobischen Wirkung gesondert zu behandeln, so also auch Licht und Dunkelheit, desgleichen Fülle und Bewegung. Nach unserer Erfahrung wird die *Gesamtheit* der Raumphänomene in der Analyse durch die Manifestationen des Unbewußten erfaßt. Es versteht sich, daß diese Therapie von den »Widerfahrnissen« (Gebsattel, Strauss) des Lichts, der Weite, der Tiefe usw. *ausgehen* muß, sich jedoch nicht auf die Phänomene beschränken darf. Es sind Archetypen des kollektiven Unbewußten, zu denen die elementaren Kategorien des Raumes, des Lichtes usw. gehören, die beim Phobiker konstelliert sein können. Sind es natürliche oder künstliche Gegenstände, die den Raum psychisch charakterisieren, so können besondere Archetypen angesprochen werden. Hierzu gehören Fluß, Graben, Brücke, Furt. Die von Hippokrates berichtete Brücken- und Grabenangst ist durch *den Archetypus des Übergangs*[89] determiniert. Der Fluß und der Graben, besonders wenn dieser mit Wasser gefüllt ist, stellt ein uraltes Symbol der Trennung dar. W. Stekel behauptet, daß jenseits der Brücke und anderer Übergänge bei Traumbildern immer der Tod stände. Das ist nur die halbe Wahrheit: es ist der Tod *und* das neue Leben, mit dem »Tode« erkauft, d. h. mit den unabdingbaren Opfern, z. B. dem sacrificium intellectus

---

[89] Siehe Archetypus der Brücke und Furt, im Kommentar zum Traum Nr. 9 von Frau Clarisse im Teil II.

bei einseitig ausgebildeter Funktion des formal-logischen Denkens[90].

Beim Menschen des technischen Zeitalters werden Flüsse und Ströme oft durch moderne technische Errungenschaften, etwa den elektrischen Strom, ersetzt. Bezeichnend dafür ist folgender

Fall 23:
Eine ältere Dame war nicht in der Lage, eine Straße zu überschreiten, auch wenn sie völlig verkehrsfrei war, sofern über ihr eine elektrische Leitung für die Straßenbahn angebracht war. Da sie in einer Großstadt lebte, in der die meisten Straßen für die elektrischen Bahnen aufgeschlossen waren, und sie sich vielfach wegen ihres Berufes in der Stadt bewegen mußte, war das Symptom äußerst lästig. Unter äußerster Willensanstrengung hat sich die Patientin fast dreiviertel Jahre lang gezwungen, solche Straßen immer wieder zu überschreiten, bis sie völlig angstfrei wurde. Es war ihr sehr peinlich, mit hochrotem Kopf in fliegender Eile die Straße wie ein schweres Hindernis zu nehmen, auch wenn weder eine elektrische Bahn noch ein Auto, noch ein anderes Vehikel weit und breit zu sehen war.
Interessant ist die recht seltene Beseitigung eines solchen Symptoms durch Autosuggestion. Mit der Symptombeseitigung ist natürlich keine Heilung des unbewußten neurotischen Konfliktes erzielt worden. Der neurotische Charakter mit seiner gestörten Einstellung zum Leben blieb denn auch bei der Patientin nach der Befreiung von der lästigen Platzangst unverändert bestehen.

Wir gingen davon aus, daß Individuationskonflikte mit Neurosefolgen in der Regel beim Übergang in die zweite Lebenshälfte ausbrechen. Auch dieser Grundsatz darf – wie alle psychologischen Thesen – nicht starr angewendet werden. Eine Illustration für die Ausnahmen gibt folgende, bereits im

---

[90] Ohne Opfer keine Genesung und Wandlung. Siehe den Beitrag von K a r l R a h n e r »Das Opfer in der Selbstwerdung«, in: »Dialog über den Menschen«, (Hrsg. G. Zacharias), Stuttgart 1968.

vorigen Kapitel als Beispiel für die starke Aggression erwähnte Krankengeschichte:

Fall 24:
Meine agoraphobe Patientin zählt 26 Jahre. Sie bietet das Bild eines in seinem Typ und seinen seelischen Funktionen bereits von frühester Jugend an fehlentwickelten Menschen. – Der Vater ist Selfmademan. Von Kindheit an kennt er nur harte Arbeit und Pflichterfüllung. Vom Kellner hat er sich heraufgearbeitet zum Eigentümer eines großen und angesehenen Restaurants, das einen Wert von rund einer Million Schweizer Franken repräsentiert. Die Mutter ist ihm die treue und tüchtige Gehilfin. Im vollen Aufstieg ihres gemeinsam betriebenen Unternehmens blieb den Eltern keine Zeit und Muße, der Patientin, der einzigen Tochter, ein warmes Nest, ein Zuhause zu bereiten. Man schickte sie mit 5 Jahren in eine Klosterschule in derselben Stadt. Für ihre Erziehung und weitere Ausbildung wurden keine Kosten gescheut. Pat. hat an das Kloster die Erinnerung einer überaus strengen, ja harten Erziehung. Die geringsten Verfehlungen wurden erbarmungslos geahndet. Ein Vorfall soll den Geist dieser Erziehung beleuchten: das 11jährige Kind bekommt seine 1. Menstruation, ist völlig unvorbereitet und sucht bei Kameradinnen Aufklärung. Während einer Unterrichtsstunde steckt sie einer etwas älteren Mitschülerin einen Zettel zu mit der Frage, ob auch Jungens solche Blutungen bekämen. Der Zettel wird von der Nonne aufgegriffen, und es beginnt ein Strafgericht, das seelisch verheerend wirkt. Den Mitschülerinnen wird eingeschärft, keine Kameradschaft mehr mit der »Verworfenen« zu pflegen. Zur Sicherung dieser Maßnahme werden alle Eltern schriftlich informiert. Die traditionell-kirchliche Mutter stellt sich, wie immer, vorbehaltlos auf die Seite der Klosterschule. Völlig isoliert, gedemütigt und beschämt hat das Kind den Eindruck, ein schweres Verbrechen begangen zu haben, das sie unklar mit den gesamten sexuellen Vorgängen in Verbindung bringt. Als sie ein Jahr später mit ihrer Mutter in Florenz weilt und bei der Besichtigung der Kunstwerke mitgenommen wird, kommt sie in einen neuen Konflikt: die Mutter betrachtet

»schamlos« die nackten Plastiken Michelangelos. Die Pat. ist daraufhin so entrüstet, daß sie die Mutter tagelang nicht anzusehen wagt, so sehr schämt sie sich ihrer. Die totale Frigidität während der 4½jährigen Ehe der Patientin ist nur eine der Folgen solcher Natur- und Triebfeindschaft. – Neben dieser Klosterschule wird das häusliche Milieu zu ihrem Schicksal. Die Eltern geben das Beispiel der stets betriebsamen, aufsteigenden Geschäftsleute, die in extravertierter Haltung der Organisation, der Leitung des Personals, dem »Dienst am Kunden« ihre ganzen Kräfte geben. Immer, besonders an hohen Festtagen, sind fremde Menschen um das Kind herum, immer ist »Betrieb«. – Als Pat. nach Beendigung ihrer Ausbildung als Sekretärin kriegsverpflichtet wird, fällt sie überall auf durch ihre hervorragende Organisationsfähigkeit, durch ihre männliche Leistung, durch ihre Tüchtigkeit. Dabei ist ihre Introversionsfähigkeit und Gefühlsfunktion völlig verkümmert. Sie ist eine moderne Großstädterin. Nichts geht ihr über den Rhythmus der nahegelegenen Millionenstadt, mit ihren Restaurants, Bars, dem fieberhaften Treiben in den Zentren, nichts über die Aufregungen der großen Sportveranstaltungen mit den Zehntausenden von atemlos zuschauenden Menschen. Das und die Arbeit ist für sie das »Leben«. Die Natur sagt ihr nichts, auch nicht die schönsten Seen und Berge der Schweiz. – Eine 3. Konfliktursache – außer dem häuslichen Milieu und der Klosterschule – liegt in der blutmäßigen Fremdheit gegenüber dem Land, in dem sie aufwächst: sie ist Südländerin und wird durch die ausgewanderten Eltern in ein nordisches Land gepflanzt, in dem Haltung und Disziplin richtunggebend sind. Sie scheitert an dem Kontrast des Milieus. Nach 3jähriger Ehe bricht ihre schwere Platzangst aus, als ihr Mann sie in seinem elterlichen Haus seiner Mutter vorführt. An der Schwiegermutter entzündet sich ihr Hexenbild der Mutter. Wie immer äußerlich freundlich und beherrscht, ist sie innerlich von tiefer Aggression erfüllt. In ihren Visionen, Zeichnungen und Träumen produziert ihr Unbewußtes nun in der analytischen Behandlung immer wieder die böse Mutter, als typische Hexe, als eiskalte Nonne mit Katzenblick, als magna mater. Der andere

Archetypus, von dem sie besessen ist, wird repräsentiert durch einen älteren Mann, dem sie in frühester Jugend begegnete und verfiel. Selbst schwerer Neurotiker, dem Alkohol zugetan, frauenlos lebend, ist er ihr »Held«: arrivierter Unternehmer großen Stils, dekadenter Vertreter unserer kapitalistischen Welt. Er ist der ideale Träger ihres kranken Animus. Die vielen jungen Verehrer, die sich dem schönen jungen Mädchen mit ihren südlich feurigen Augen zu nähern versuchten, weist sie bei ersten Versuchen zu Zärtlichkeiten ab, wobei ihre Freude an diesem manchmal grausamen Spiel und an ihrer weiblichen Macht unverkennbar zutage tritt. Als ihr Animus-Freund sich endlich, nach mehreren Jahren, zu einem Heiratsantrag aufraffte, gab sie ihm einen Korb, und – um sich zu rächen – wie sie es darstellt – heiratete sie ihren jetzigen Mann, einen muttergebundenen, einzigen Sohn, den sie völlig beherrscht. – Es wäre leicht, an dieser Lebensgeschichte die A d l e r sche Psychologie darzustellen, die Krankheit als Arrangement zwecks Erhaltung ihrer Überlegenheit und ihrer Machtausübung. Ebenso leicht wäre es, die F r e u d schen Mechanismen nachzuweisen. Der Ödipus-Konflikt, hervorgerufen durch die ambivalente Einstellung zum Vater, führte zu der Verliebtheit in den älteren Freund.

Die zahlreichen Kirchenträume, die erwähnten und andere Archetypen lassen eine überwiegend J u n g sche Analyse indiziert erscheinen. Von einer Sexualisierung des Lebens, wie bei der Patientin Frl. Elisabeth (siehe Teil II), kann keine Rede sein. Das persönliche Unbewußte, das bei diesem jungen Menschen zwar eine größere Rolle spielt als bei den Patienten in der zweiten Lebenshälfte, tritt hinter dem kollektiven Unbewußten zurück. Aktuell und vorherrschend ist die Notwendigkeit einer totalen inneren Umstellung. Die Pat. muß zu ihrem früh verschütteten Kern gelangen, zu ihrer Gefühlsfunktion und damit zur echten Weiblichkeit, zur beschaulicheren, d. h. introvertierteren Einstellung zum Leben. Die Bejahung alles Naturhaften und damit der Sexualität muß eines der Ergebnisse dieser Umstellung werden. Die Straße, das sieht Pat. ein, ist für sie Versuchung, in ihrer bisherigen Lebenseinstellung zu verharren, nämlich in ihrer überspannten Extravertiertheit und ihrem einseitigen Wirklichkeitssinn (J a n e t s sens du réel oder der J u n g schen Empfindungsfunktion).

Die Extraversion im vorgenannten Fall ist ein Kennzeichen unserer Zeit und bildet auch die Grundlage von *Sonntagsangst* mit depressiven Verstimmungen. Einen Beleg bilden die gehäuften Suicide an Sonn- und Feiertagen. Eine weitere Folge der Angst vor der Introversion ist die *Budenangst;* man flüchtet in das extravertierte Leben draußen.

e) Religiös-philosophisch bedingte Raumängste
Bei dieser Kategorie verwenden wir einen Begriff, der auf Widerspruch stoßen wird. In der Negation wird vielleicht deutlich, was wir mit religiös-philosophisch hier bezeichnen wollen: nicht physiologische Angst (F r e u d s Aktualneurose), nicht psychologisch bestimmbare, aus dem Unbewußten aufhellbare Vorgänge. Sondern – wenn der Ausdruck gestattet ist – *überbewußte* Prozesse. – Wir dürfen das Schicksal des jungen Theologen in Erinnerung rufen (s. Fall 4, S. 30). Bei seinen Studien der Philosophie scheitert er an den K a n t schen Antinomien der Endlichkeit und Unendlichkeit des Raumes. Er wird platzkrank und stottert. Es sind nicht die im vorigen Abschnitt behandelten Symbole des freien Platzes, der Weite, an denen der junge Mann scheitert, sondern die überräumlichen Phänomene der Unendlichkeit. Von diesem philosophisch-religiösen Problem wird er überwältigt. Die Platzangst ist nicht allein die »phobische Antwort auf seine psychasthenische Reaktion« (v o n G e b s a t t e l), oder das Ausweichen vor der Zukunft, dem Schicksal, das ihm begegnet in der Weite des Raums. Sie ist vor allem das Versagen vor seiner »religiösen Aufgabe«, die ihm gestellt ist in der Begegnung mit dem Unendlichen, verwirklicht im Raum.

Wir sind uns bewußt, daß die Grenzen zwischen den tiefenpsychologisch angehbaren Raumängsten des vorigen Kapitels und diesen metaphysisch bedingten noch flüssiger sind als die der früher erörterten Raumphobien.

Zu dem Problem der Unbestimmbarkeit des Raumes gehören auch die sogenannten para-psychologischen Phänomene des Raumes, so das der *Telepathie.* Wir überschreiten hier bewußt die uns gestellte Aufgabe der Angstneurose. Es scheint uns jedoch nicht abwegig, die Problematik des Raumes auch von dieser Seite zu beleuchten (wie es bei J u n g , übrigens auch bei F r e u d in späteren Erörterungen über den Traum geschieht).

In ungezählten analogen Fällen haben Mütter, Schwestern, Ehefrauen von ihren Angehörigen in einer Entfernung von Hunderten oder Tausenden von Kilometern während des Krieges plötzlich den starken, oft visuellen oder akustischen Eindruck, daß der betreffende Mann verwundet oder getötet worden sei. Sie haben dieses Erlebnis sofort ihrer Umgebung mitgeteilt und kurz darauf die Nachricht des Truppenteils erhalten, die das Unglück bestätigte. Es wäre interessant, auch vom Standpunkt der Raumpsychologie aus, diesen Berichten nachzugehen, um ein möglichst großes Material derartig zu sichten, daß Selbsttäuschung oder Betrug ausgeschlossen ist[91].

Eine »Verdichtung« von Raum und Zeit wird auch übereinstimmend von Menschen beschrieben, die in höchster Lebensgefahr schwebten (Absturz oder Ertrinken) und in den wenigen Sekunden der Todesgefahr kaleidoskopartig ihr gesamtes Leben vor sich abrollen sahen.

Ist eine kausale Psychologie, die die Gesamtheit des seelischen Geschehens zu umfassen sucht, problematisch, so ist jede verstehende Psychologie ·unzuständig bei der Erforschung letzter Raumprobleme mit ihren seelischen Reaktionen.

Wem das Unendliche als metaphysische Aufgabe noch nicht aufgegangen ist, dem fehlt die heilsame Unruhe und Angst. Er leidet, um mit N i e t z s c h e zu sprechen, an einer »Neurose der Gesundheit«. V i c t o r v. W e i z s ä c k e r sprach vom »Normopathen«. Gewiß sind die Großen im Reiche des Geistes mit ihren psychischen Störungen nicht unter diese »Gesundheitsneurotiker« zu rechnen. Andererseits sind die schweren Raumphobien eines P a s c a l und T o l s t o i , der Höhenschwindel G o e t h e s und die Platzangst M a n z o n i s nicht mit gewöhnlichen psychopathologischen Begriffen abzutun. Es gibt Bezirke der Seele, die medizinisch-psychologisch nicht erfaßbar sind, und wenn sie es wären, so gilt

---

[91] Näheres über parapsychologische Phänomene in »Magie und Wunder« (Hrsg. W. Bitter), Stuttgart 1959.

unser wertendes Urteil zunächst dem Werk dieser Großen, hinter das der Versuch »kausalistischer Erklärung« ihrer phobischen Symptome in Ehrfurcht zurückzustellen ist.*

Es gibt Bezirke der Seele, die sich eher als *überbewußt* bezeichnen lassen, wenn wir die Stufen der Seele nach Bewußtem, Vorbewußtem, Unbewußtem einteilen. Mit Rücksicht auf diese »Stockwerke« der menschlichen Seele bemerkt C. G. Jung, daß das Bewußtsein »auch nach *vorwärts* antizipiert (ist) durch Intuitionen, welche ihrerseits zum Teil von Archetypen, zum Teil von subliminalen Wahrnehmungen, welche mit der Raum-Zeit-Relativität des Unbewußten zusammenhängen, bedingt sind«[92]. Die Spiegelungen des unendlichen Raumes in einem hypothetischen Überbewußtsein können nicht bewußt gemacht werden wie andere Inhalte der erforschbaren und erforschten Psyche. Sie sind ebensowenig erlebbar im Sinne der Ich-Aneignung wie die tiefsten Schichten des kollektiven Unbewußten, des Psychoid. Sie sind selbst Leben aus dem religiösen (oder lebensphilosophischen) Raum. Die Angst vor der unendlich-endlichen Raumqualität ist letztlich eine Angst vor der Erscheinung Gottes, oder philosophisch ausgedrückt: die existentielle Angst als Grundverfassung »in Grenzsituationen offenbar werdenden Daseins« (Karl Jaspers). Sie entspringt der Aufgabe der Selbstverwirklichung im Raum und damit in der Welt. Sie grenzt an die letzte Bestimmung des Menschen, von der von Weizsäcker mit Recht sagt, daß sie niemals Gegenstand der Wissenschaft und Therapie sein kann (»Es wäre Blasphemie«).

---

* Näheres in Bd. XV der Ges. Werke von C. G. Jung (dargestellt an Picasso und James Joyce).
[92] C. G. Jung, »Psychologie und Alchemie«, S. 193.

11. Teil
Berichtsfälle

1. Darstellung einer *Freud* schen Analyse

Einleitung

Die Patientin, Fräulein Elisabeth, kommt in Begleitung einer älteren Frau auf Veranlassung der Poliklinik des Berliner Psychotherapeutischen Instituts zu mir. Sie leidet an Platzangst: beim Gehen auf der Straße, besonders beim Überqueren von Straßen, bekommt sie Angstzustände, die sich bis zur Todesangst steigern; der Boden wankt unter ihren Füßen. Auch die körperlichen Symptome der Platzangst stellen sich ein: Herzbeschwerden, Schweißausbruch und Muskelkrampf. Hinzu kommen vielseitige wechselnde Organbeschwerden.

Fräulein Elisabeth ist 32 Jahre alt, unverheiratet, und als Buchhalterin einer Bank angestellt. Sie ist korrekt und geschmackvoll gekleidet. Der erste Eindruck ist durchaus nicht auffallend, sie wirkt ruhig und beherrscht. Lediglich ihr Augenausdruck verrät etwas Unruhiges und Leidendes, und gelegentlich wirkt ihre Stimme auffallend matt, »gebrochen«.

Die Patientin ist einziges Kind. Ihr Vater fuhr mit 14 Jahren zur See, wurde dann Schiffskoch, sattelte später um und wurde technischer Bahnbeamter und aushilfsweise Lokomotivführer. Seit seinem 28. Lebensjahr litt er an Wassersucht in Verbindung mit einer Herzaffektion und starb 60jährig an den Spätfolgen dieser Leiden. Von der Mutter erfahre ich zunächst nur, daß sie, ebenfalls aus kleinbürgerlichen Verhältnissen stammend, mit der Patientin einen anscheinend harmonischen Haushalt führt.

Im Verlauf der ersten Stunde frage ich sie unvermittelt, welche Erklärung sie sich selbst über ihre Unfähigkeit, über die Straße zu gehen, gibt. Darauf erzählt Fräulein Elisabeth ausführlich die Geschichte ihrer unglücklichen Liebe mit dem Assessor Gustav, die sich drei Jahre vor dem Ausbruch der Krankheit abspielte. Nachdem Nachrichten längere Zeit ausblieben, kam die Mitteilung der zukünftigen Schwiegermutter, die der Verbindung immer abgeneigt war, ihr Sohn sei bereits verheiratet. Von dieser Zeit ab datieren ihre Beschwerden. Als sie sich kurz darauf auf ihre Urlaubsreise in ein Seebad vorbereitet, glaubt sie, dem Exbräutigam leibhaftig auf der Straße zu begegnen. Sie ist wie erstarrt und kann nicht mehr frei über die Straße gehen. Sie fährt mit einer Taxe zum Arzt X, der ihr Vasano verordnet.

Am übernächsten Tage findet die zweite Sitzung statt. Pat. sitzt in einem bequemen Sessel, von mir durch einen kleinen Tisch getrennt. Freundlich lade ich sie ein, mir zu erzählen, was ihr gerade durch den Kopf geht. Als sie schweigt, schlage ich vor, mir aus ihrem täglichen Berufsleben oder aus ihrem früheren Leben zu erzählen. Nach anfänglichem Zögern berichtet Pat. lebhaft von ihrem Familienleben. Die Mutter habe sie sehr verwöhnt. Der Vater sei eher streng gewesen, trotzdem habe sie ihn sehr geliebt. Sie sei sehr zärtlich zum Vater gewesen, mehr als ihm recht gewesen sei. So entsinne sie sich, daß sie abends, vom Büro kommend ihm um den Hals gefallen sei und ihn geküßt habe. Er habe sich dagegen immer etwas gewehrt. Auf meine Frage: »Und die Mutter?« – »Die war dann meist in der Küche. Zu ihr bin ich nicht so zärtlich gewesen.« – Als sie spontan nichts weiter berichtet, frage ich sie nach Träumen. Sie hat in der letzten Zeit nichts geträumt. Aber sonst träumt sie sehr lebhaft. Ob sich bestimmte Träume wiederholen? Ja, sie träumt oft vom elterlichen Schlafzimmer: sie liegt dort im Bett, es kommt ein Mann ganz langsam auf sie zu. Bevor er sie erreicht, wird sie, in Angstschweiß gebadet, wach. Oder: sie befindet sich im elterlichen Schlafzimmer und sucht krampfhaft nach irgend etwas. Wonach, weiß sie nicht. Am Schluß sinkt sie erschöpft auf einen Stuhl und wird, völlig zerschlagen, wach. – Ich lasse Pat. zu diesem Traum assoziieren, indem ich ihr nahelege, zu äußern, was ihr einfalle. Darauf keine Antwort. »Warum haben Sie diese aufregenden Träume gerade im Zusammenhang mit dem elterlichen Schlafzimmer?« Keine Antwort. »Was fällt Ihnen zum Schlafzimmer der Eltern ein?« Nach einigem Zögern: »Ich habe als kleines Kind im Schlafzimmer der Eltern geschlafen.« Wie lange? »Bis zum 3. oder 4. Lebensjahr.« Nach kurzem Schweigen kommt Pat. dann auf ihren Hausarzt Dr. X. zu sprechen. Ich lege ihr nahe, alles zu sagen, was ihr im

Zusammenhang mit Dr. X. einfällt. Darauf Stocken. Als ich sie auf ihr Zögern aufmerksam mache, antwortet sie: »Darüber kann ich jetzt nicht sprechen, vielleicht später.« Ohne auf diese Widerstände einzugehen, fordere ich sie freundlich auf, zu erzählen, was ihr sonst gerade einfalle. Darauf berichtet sie von ihren Beschwerden, wenn sie über die Straße geht. Ich deute ihr an, das könne vielleicht auch mit einer Angst vor dem »Leben draußen«, außerhalb des geschützten Hauses, zusammenhängen, dem Kampf ums Dasein und der Begegnung mit fremden, zum Teil übelwollenden Menschen, mit den Gefahren des modernen Großstadtverkehrs auf den Straßen. Pat. geht auf diese Vermutungen in keiner Weise ein. Sie kommt vielmehr sofort auf ihre Liebesgeschichte und die schwere Enttäuschung zurück und berichtet dann sehr ausführlich von ihrem Liebesleben, bevor sie mit Assessor Gustav verlobt war.

Am dritten Behandlungstag beginnt sie bald lebhaft von dem Bank-Unternehmen, in dem sie arbeitet, zu erzählen. Die Chefs sen. und jun. seien beide in sie verliebt. Der Sohn lege oft im Vorbeigehen oder bei Rücksprachen mit ihr über Buchhaltungsfragen den Arm um sie. Der Chef sen. begünstige sie beruflich, indem er besondere Rücksicht auf sie nehme, drücke ihr auffallend herzlich die Hand. Die Kolleginnen beneideten sie darum. Der Chef jun. sei unglücklich verheiratet. Bei diesen Schilderungen bricht sie oft in plötzliches Lachen aus, bäumt den Kopf weit nach hinten zurück. Dann kommt sie wieder auf ihre Beschwerden und weint ebenso unvermittelt. Nach einer Pause in ihrem Bericht frage ich sie, ob sie sich an Träume erinnere. Sie geht lebhaft darauf ein, indem sie von einem »Wahrtraum« erzählt: acht Tage vor dem Tod des Vaters habe sie ihn im Sarg im Schlafzimmer liegen sehen, und zwar sei der Sarg genauso ausgestattet gewesen wie nachher in der Wirklichkeit. Offenbar möchte Pat. etwas über meine Ansichten über Wahrträume hören. – »Auf das Wahrträumen kommen wir später einmal zurück.« – Ich hatte in dieser Stunde den Eindruck gewonnen, daß sie freier ihre Einfälle erzählen konnte, wenn sie mich nicht ansah und wenn sie völlig entspannt liegen konnte. Deshalb schlage ich ihr zu Anfang der nächsten Behandlungsstunde vor, auf dem Behandlungsruhebett sich hinzulegen. Ich selbst sitze seitlich der Couch. So kann ich die Mimik, die Gesten, Atmung, Wechsel der Gesichtsfarbe und Bewegungen beobachten und verwerten. Auf der anderen Seite hat die Pat. die Möglichkeit, sich seitlich umzudrehen und mich zu sehen.

Frl. E. nimmt die neue Situation bereitwilligst auf und erzählt einen Traum: Sie liegt im Bett im elterlichen Schlafzimmer. Ein Mann kommt von rückwärts auf sie zu und streichelt ihren Rücken. Sie erwacht völlig zerschlagen. Ich bitte sie zu erzählen, was ihr zu diesem Traum einfällt. Patientin: nichts. Ob ihr nichts zu dem Mann einfalle. – Nichts. – Pause. – »Woran denken Sie jetzt?« – »Ich sehe ein Bild einer Winterlandschaft, das im Wartezimmer von Dr. X. hängt. Die Landschaft erinnert mich an O., wo ich im Winter eine Kur gemacht habe.« Pause. – Ich vermute, daß dieser Sprung zu dem Bild aus dem Sprechzimmer von Dr. X. eine der Pat. nicht bewußte assoziative Verknüpfung zu dem Mann im Traum ist, den sie angeblich nicht erkennt. Ich äußere diese Vermutung aber nicht. – Pat.: jetzt denke ich an die Mutter, von der es mich fortdrängt. Die Mutter, mit der die Pat. die Wohnung teilt, geht ihr auf die Nerven, ohne daß sie konkrete Gründe angeben kann. Im Gegenteil: ihr Pat. muß dankbar sein, da die Mutter sie gegen den Vater stets in Schutz genommen und dessen Eigentümlichkeiten auszugleichen versucht hat. – Auf den Traum zurückkommend, frage ich sie, ob sie den Mann im Traum erkannt habe. Antwort: nein. – Nach erneuter Pause mache ich sie darauf aufmerksam, daß sie rechts nach einer Blumenvase auf einem kleinen Schrank blicke. Darauf Pat.: Das sind die Lieblingsblumen meines Vaters. Wir haben viele davon zu seiner Beerdigung mitgenommen und ihm auf das Grab gelegt. Dann beginnt ein langer Bericht über die Beerdigung, die letzten Tage des Vaters, ihre, der Pat., Stellung zum Vater und seine zu ihr.

Nächster Behandlungstag: Pat. beginnt: »Ich muß Ihnen etwas beichten. Vor der letzten Stunde bei Ihnen habe ich bei Dr. X. einen Besuch gemacht. Ich mochte Ihnen das nicht sagen.« Sie spricht dann ausführlich von Dr. X., seiner Behandlung und wie sie ihn schätze. Natürlich nur als Arzt. Als ich dann auf Träume zu sprechen komme, stellt sie mit sichtbar schlechtem Gewissen richtig, daß sie den Mann im Traum doch erkannt hätte: es sei Dr. X. gewesen! Sie erzählt dann zwei neue Träume: Pat. befindet sich in einem Raum zusammen mit einem Manne. Aus dem Fenster blickend, sieht sie ein auf einem breiten Flusse schwimmendes Schiff, das sich auf das Haus zu bewegt. Pat. will aus dem Zimmer heraus, um in das Schiff einzusteigen, wird aber von dem Mann gewaltsam daran gehindert. – Pat. bringt zunächst keine Assoziation zu diesem Traum. Auf meine Frage, wer der Mann wohl sein könnte, kommt mit Bestimmtheit die Antwort: »Das ist Dr. X.« Dann meint die Pat., daß das Schiff wohl die neue Behandlung ist, die sie von Dr. X. entfernen würde. – »Und warum werden Sie von dem Mann zurückgehalten?« – Keine Antwort. – »Will nicht der Traum sagen, daß Sie sich gern von Dr. X. zurückhalten lassen?« Nach einigem Zögern: »Ja, das stimmt.« Sie erzählt dann von dem andern Traum, von dem sie nur noch das Ende erinnere: Sie sei im Traum so heftig geküßt worden, daß das Blut aus den Lippen gekommen wäre; mit einem Gefühl schmerzhaft wunder Lippen sei sie wach geworden. Ich frage, was ihr zu diesem Traum einfällt. Pat. schweigt. Nach einigen Minuten wendet sie das Gesicht von mir weg in Richtung eines Bildes an der Wand. »Sie wenden Ihr Gesicht von mir weg zur Wand.« – »Ich sah das Kinderporträt hängen, es erinnert mich an eine dreijährige Nachbarin, die ist so anhänglich, kommt allein zu mir in die Wohnung und ist zutraulich wie zu keinem anderen Menschen. Manchmal fällt sie mir plötzlich um den Hals.« – Pause. »Sie sind wohl sehr kinderlieb?« – »Ja, das bin ich.« »Und sind über die Zärtlichkeiten des Kindes gerührt?« Stokkend: »Es geht mir durch und durch, wenn das Kind sich an mich drückt.« Pat. unvermittelt: »Ich muß Sie mal was fragen. Im Büro, mitten bei der Arbeit, geht es mir oft auch so, es durchrieselt und schüttelt mich, ich bin dann ganz abwesend, bekomme nachher Krämpfe im Leib und bin ganz zerschlagen. Was soll ich dagegen tun?« Pat. schildert dann näher, daß sie am Vortage zweimal einen Orgasmus im Büro gehabt habe, offenbar im Anschluß an Flirt oder tätliche Zärtlichkeiten des Chefs jun. oder der Kollegen. Auch die zärtliche Umarmung des dreijährigen Mädchens habe einen Orgasmus bei ihr erwirkt. Pat. selbst hat von der ersten Stunde an immer wieder spontan sexuelle Einfälle im Zusammenhang mit ihren Beschwerden vorgebracht. Da es für die Struktur dieser Neurose von Wichtigkeit ist zu erfahren, welche Situationen bei ihr abnormerweise offensichtlich bereits als sexuell empfunden werden, ermutige ich die Pat., einschlägiges Material ausführlich zu berichten. So in diesem Falle, die dem Orgasmus vorausgegangene Situation ausführlich darzustellen. Sie entrollt daraufhin das Bild eines Menschen, der in fast permanenter Sexualerregung lebt, zu der ihr nahezu jede Begegnung dient, die für den Gesunden gänzlich indifferent wäre. –

Zu Beginn der nächsten Stunde frage ich Pat. nach ihrem Befinden und wie sie jetzt das Gehen auf der Straße ertrage. Pat. lachend: »Da muß ich Ihnen was Komisches erzählen. Als ich gestern eine Freundin auf der anderen Seite der Straße sah, bin ich schnurstracks über die Straße gerannt, um sie zu begrüßen; ich habe mich selbst gewundert, wie ich allein herübergekommen bin, die Begleiterin war ganz verdutzt, als ich über die Straße hinüber lachend gekommen bin.« – »Sie sehen, wenn Ihnen was Erfreuliches winkt, geht es auf einmal, wie durch Zufall. Seelische Vorgänge müssen also bei Ihrer Krankheit eine Rolle spielen.« – »Ja, das stimmt«, bestätigt Pat. lebhaft. Pat. erzählt dann wieder auf Grund von Träumen aus ihrem Liebesleben. Sie hat vier Jahre, bevor sie den Assessor Gustav kennenlernte, mit einem Assessor Karl sehr eng zusammengelebt. Sie haben sich häufig mehrfach in der Woche getroffen und dabei ist es meist zum Coitus gekommen. Mit Assessor Gustav dagegen hat das Sexuelle nicht geklappt. Er hatte offenbar Hemmungen, während sie bereit gewesen wäre. Nach Karl hat sie nicht wieder geschlechtlichen Verkehr gehabt. – Wenn Pat. in ihrer Erzählung eine längere Pause macht, frage ich sie: »Woran denken Sie jetzt?« Meist kommt die Antwort: »Ich bin jetzt in Gedanken im Büro.« Sie schildert dann, oftmals mit sprunghaften Umschlägen von Weinen und Lachen, irgendeine Flirt-Situation mit einem der Chefs oder der zahlreichen männlichen Kollegen. Auffällig ist dabei, einen wie breiten Raum irgendwelche stets sexuell erlebten Tagesereignisse einnehmen. Daß Pat. Männer angeblich aller Alters- und Bildungsgrade wie Marionetten sexuell in ihren Bann zieht, erfüllt sie mit lustvoller Befriedigung. Ihr Gesicht zeigt dann immer ein typisches genugtuendes Lächeln, das sich bis zu zwangsartigem Lachen steigern kann.

Zusammenfassung des ersten Teils der Analyse

Bereits die ersten vier bis fünf Stunden ergeben ein reiches biographisches Material und einige typische Träume. Die pathogenen Erlebnisse scheinen weit zurückzuliegen. Es zeigen sich Wesenszüge der Verhaltensweisen, wie sie für den hysterischen Charakter nach F r e u d scher Theorie bezeichnend sind. Pat. schafft sich überall Versuchungen; vor einer engen Verbindung mit einem Mann mit Einschluß eines sexuellen Zusammenlebens scheut sie seit dem Erlebnis mit dem ersten Freund Karl zurück. Sie hat scheinbar Angst vor der Kohabitation. Die sexualisierte aufreizende Atmosphäre im Büro läßt es verständlich erscheinen, daß die »Straße« noch viel größere Versuchungen mit sich bringt, daß ihr die Straße also schon deswegen Angst einflößt. – Sie hat eine ihr selbst nicht erklärliche scharfe Abneigung gegen die Mutter; an den Vater eine liebevolle zärtliche Erinnerung, die nicht recht in Einklang zu bringen ist mit dessen hartem egoistischem Verhalten. Die derzeit stärkste, zweifellos erotische Bindung hat sie an ihren Hausarzt Dr. X., und sie ist offenbar bereit, diese Empfindungen auf mich zu übertragen.

Übertragung und Widerstand

Aus dem Verhalten der Pat. und den in den letzten Stunden vorgebrachten Träumen ist zu erkennen, daß Pat., zunächst unbewußt, Ersatz sucht für die »zurückgewiesene Liebe« von Dr. X., und daß ich ihr als das geeignete Objekt dafür erscheine. Diese »Liebesübertragung« ermöglicht es, das für die Neurosenentstehung wichtige Erlebnismaterial wieder zu beleben: die Pat. erkennt aus ihren auf mich bezüglichen sexuellen Träumen, daß sie ähnlich verlaufen wie die Träume, die sich auf Dr. X. beziehen. Die Träume zeigen, was sie in Wirklichkeit seit Jahren erlebt: Beschränkung auf Zärtlichkeiten bis zu heftigsten, zum Teil sadistisch-masochistischen Annäherungen, wenn nur ja nicht der Coitus folgt, vor dem sie unbewußt Angst hat. Vor allem aber macht die Phase dieser Übertragung die Pat. gefügig und bereit, »mir zu Liebe« außerordentlich viel aus ihrem Leben bis in die frühe Kindheit zu erzählen und ihre Einfälle und Phantasien in der Behandlungsstunde preiszugeben. Dabei zeigen sich aber auch sogleich die Widerstände. Werde ich sie auch enttäuschen wie

Dr. X.? Oder gar, ihr noch unbewußt, wie der Vater das kleine und später das heranwachsende, in ihn verliebte Mädchen? In diesem Stadium der »Liebesübertagung« mildert sich die Straßenangst: Pat. überquert wiederholt »zufällig« die Straße, ohne geführt zu werden. Sie kann zwar nur in Begleitung, aber ausdauernder als früher, Spaziergänge machen. Ihre Leistungsfähigkeit im Büro nimmt zu, die Menschen sind erstaunt über ihr besseres Aussehen. Die Krönung dieser Phase bildet ein Betriebsausflug; sie hatte wochenlang Bedenken, an ihm teilzunehmen. Dieser Betriebsausflug im dritten Behandlungsmonat war für sie ein überwältigendes Erlebnis: sie konnte, ohne daß es einem der etwa hundert Teilnehmer auffiel, kurze Strecken allein gehen, sie hat am Ausflugsziel selbst kürzere Spaziergänge mit Kollegen gemacht und nachmittags mehrere Stunden mit verschiedenen Männern getanzt. Ich bereite Pat. darauf vor, daß solchen Anfangserfolgen meist Rückschläge folgen. Sie habe ja schon eingesehen, daß die Ursache ihrer Erkrankung viel weiter zurückliege als sie bei der ersten Konsultation vermutete und daß deshalb auf eine dauernde Besserung nach wenigen Monaten nicht gerechnet werden könne.

Es erfolgt dann auch zwei Wochen nach dem Betriebsausflug der erwartete Rückschlag. – Er zeitigt eine neue Phase der Übertragung, die negative Formen mit entsprechender Verstärkung der Widerstände annimmt. Pat. ist verstockt. Es fällt ihr nichts ein. Sie erzählt Träume, ohne zum Inhalt irgendwelche Stellung zu nehmen: »Mir fällt nichts dazu ein.« Die Träume selbst zeigen deutlich, daß sie mir und der Behandlung mißtraut. Sie träumt u. a. von zwei Männern, die sie als Dr. X. und mich identifiziert, die mit ihr in der Eisenbahn fahren. Ich reiche ihr eine Flasche braune Medizin, die sie energisch zurückweist. Oder: sie träumt von einem älteren Herrn mit Vollbart und von einem jüngeren und bekennt sich dann lebhaft zu dem älteren. Der jüngere, abgelehnte Mann bin ich, der ältere erinnert sie an den Aufnahmearzt im Institut für Psychotherapie. Dieser wiederum an ihren Großvater, auf dessen Schoß sie als kleines Mädchen häufig saß, dem »man alles erzählen konnte«; im Gegensatz zum Vater, bei dem sie als Kind sehr vorsichtig sein und vor dem sie, zum Teil in Gemeinschaft mit der Mutter, viele Geheimnisse haben mußte. – Dieses Stadium der Übertragung, in dem ich die überwiegend negative Seite der Vaterrolle bei ihr verkörpere, zeigt sich auch parallel in der Realität: Sie glaubt Anlaß zu haben, ihrem Chef jun. auf das tiefste zu mißtrauen. Er erkundigt sich bei Kollegen und Kolleginnen nach ihrer Arbeit; er hat eine Angestellte, mit der er zunächst geflirtet hat; später hat er diese schlecht behandelt und dann entlassen. Kurz, man kann dem Chef nicht trauen. Trotz der kritischen Zuspitzung gestaltet sich diese Phase besonders fruchtbar. Sie bringt viel pathogenes Material zum Vorschein und wiederbelebt insbesondere das mißtrauische, ängstlich reservierte Verhalten, das sie von früher Jugend an fast allen Menschen, besonders Männern gegenüber, zeigte. Somit wird diese charakteristische Reaktion der Pat. auch in der Analyse mir gegenüber erlebt und damit therapeutisch angehbar. Sie wird immer schweigsamer, sie berichtet die Träume immer kürzer, gewissermaßen im Telegrammstil, und erwartet, daß ich ihr Assoziationen vorschlage, selber Träume deute, ohne daß sie die notwendigen richtungsweisenden Einfälle selbst bringt. Obwohl sie genau den Trauminhalt kennt, spricht sie ihn nicht aus, sondern erwidert: »Das wissen Sie doch selbst genau.« Sie wiederholt hier ein Verhalten, das sie auch früheren Ärzten gegenüber an den Tag gelegt hat. Wenn bei der Untersuchung die Ärzte Fragen an sie stellten, so genügte das, um den Arzt in ihren Augen zu disqualifizieren. Es ist Sache der Ärzte, ihre Leiden und die Ursachen herauszufinden. »Wenn ich erst alles erklären soll, brauche ich nicht zum Arzt gehen.« – Es gibt in der Behandlung Pausen von 5–10 Minuten, in denen die Pat. schweigt und gelegentlich in Weinen ausbricht. Und wenn ich sie auffordere, zu sagen, was sie empfindet, was ihr durch den Kopf geht: »Ich habe Ihnen nichts verheimlicht, Sie wissen doch bereits alles.« Nach einer solchen Pause kommt dann in großer Erregung, meist stoßweise, die Schilderung irgendeines besonders wichtigen Erlebnisses. – Daß in Träumen auch die Eifersucht auf die Mutter mitschwingt, wird ihr nicht gedeutet. Der Grad meiner Deutung ihrer Träume und ihres unbewußt bedingten Verhaltens geht nur jeweils so weit, wie Pat. von sich aus bereits bejahen kann. Das erfolgt dann auch meistens sehr lebhaft mit den Worten: »Ja, das stimmt.« – Tief beeindruckt ist Frl. E., als ich sie auf die großen Vorteile ihrer Krankheit aufmerksam mache: Da bin ich, der Arzt, der sich fast täglich um sie bemühen muß, eine mütterliche Frau, die sie immer auf der Straße begleiten muß, sie zum und vom Büro, zu und von meiner Wohnung geleitet. Da sind die Chefs, die Rücksicht auf ihre Gesundheit nehmen, die Mutter, die zu Hause ängstlich um sie bemüht ist. Sie steht im Zentrum und hat einen großen Machtbereich .– Sie sieht das ein. Das alles muß sie preisgeben, wenn sie gesund werden will. – Bei besonderer Gesperrtheit fordere ich sie auf, ihr Verhalten gewissermaßen von außerhalb sich einmal anzusehen, wie etwas Fremdes, eine andere Person in ihr. Ob ihr dann nicht aufginge, daß sie mich behandle wie etwa einen Hausdiener, der sich um sie bemühen und ihre Wünsche ablesen müsse. Ich kann an Träumen und mehreren Fällen ihres Verhaltens diesen Vergleich illustrieren, so daß sie die Richtigkeit bestätigen muß. Wir können dann sogleich darüber sprechen, *was* sie wohl zwingt, sich so verstockt zu benehmen. – Bei ihrem Widerstand klammert sie sich auch an Prophezeiungen und ihre eigenen Ahnungen: Sie »mußte« krank werden und muß noch lange krank bleiben. – Mehr und mehr in die Enge getrieben, droht sie mit dem Abbruch der Analyse, die ihr doch nicht helfe, ja sie kränker mache. Auch darauf gehe ich freundlich ein, indem ich ihr sage, daß sie vielleicht bei einem anderen Arzt weniger Schwierigkeiten habe, sich zu äußern, und daß ich in diesem Falle gerne bereit wäre, mich beim Institut für einen anderen Arzt einzusetzen. Darauf die Pat. »Ich habe Ihnen doch immer gesagt, daß ich Vertrauen zu Ihnen habe« und weinend und in schroffem Widerspruch zu dem vorher Gesagten: »Es geht mir doch auch schon so viel besser. Ich habe gar nicht mehr die furchtbaren Krämpfe im Leib und nicht mehr das Starrwerden der Bein- und Rückenmuskeln, wenn ich über die Straße gehe.«

Ich warte mehrere Behandlungsstunden ab, bis sich die Situation der Pat. sowohl im Dienst wie mir gegenüber weiter zuspitzt. Dann berichtet sie aufgeregt folgendes Erlebnis: In der Bank will sie von ihrer Buchhaltung zwei Stockwerke heruntergehen zur Kasse und hat plötzlich die gleichen Beschwerden, als wenn sie die Straße überqueren müßte! – Gleichzeitig berichtet sie vom Besuch eines verheirateten

Freundes der Familie in ihrer Wohnung. Als sie dem Mann zur Begrüßung die Hand gibt, hat sie wieder Orgasmus. Später ißt sie mit ihm und der Mutter zu Abend. Dabei berührt sie heimlich unter dem Tisch fortwährend seine Knie oder seine Füße, was wiederum zu sexuellen Erregungen führt. – Diese Erlebnisse nehme ich zum Anlaß, sehr gründlich ihr Verhalten in der letzten Zeit zu analysieren, sowohl mir gegenüber, als auch ihrem Chef, den Kollegen und dem häuslichen Besucher. Pat. will zwar zunächst nicht einsehen, daß sie mir auffallend lange die Hand gibt, vielmehr projiziert sie auf mich: ich hätte ihr schon früher einmal besonders lange die Hand gehalten, so daß sie wegen ihrer sexuellen Erregung darauf am nächsten Tag nicht hätte kommen wollen. Ich mache sie auf ihre Erregung beim Händedruck mit dem Freund in ihrer Wohnung aufmerksam sowie auf die Bedeutung, die der Händedruck bei Freunden und bei Begegnungen mit Männern für sie so häufig gezeitigt hat. – Pat. wird in dieser Behandlungsstunde erstmalig klar, daß sie das Verhalten der Männer provoziert, sich »wie eine Kokotte« benimmt. Ganz verzweifelt fragt sie wiederholt: »Was kann ich dagegen tun?« Sie sieht auch ein, daß der Weg vom 2. Stock zur Kasse im Parterre den Gang in die »Versuchssituation« bedeutet, nachdem ich ihr mit ihren eigenen Worten resümiere, daß einmal gleichzeitig fünf Männer an der Kasse durch Blicke usw. um sie geworben haben. Sie konnte nicht mehr gehen, weil ihre Furcht vor der Versuchung zu groß wurde. Der Pat. geht auf, daß eine ähnliche Angst sie befällt, wenn sie aus dem Hause auf die Straße kommt, wo ja noch viel mehr Möglichkeiten von Annäherungen gegeben sind als in dem Geschäftslokal; dieses bedeutet bei dem Kommen und Gehen der zahlreichen Kunden auch eine Art Straße für sie. – Zwei Tage später, in der nächsten Stunde, berichtet sie spontan, daß sie sich während des Kassendienstes ganz anders den Männern gegenüber benehme und die sexuellen Erregungen nicht mehr eingetreten wären. Nach einigen weiteren Stunden, in denen diese Erkenntnisse vertieft werden, versuche ich ihr am Schluß beim Weggehen aufzuzeigen: »Alle Ihre Beziehungen zu Männern dürfen Sie nicht darüber hinwegtäuschen, daß Sie im Grunde doch Angst vor dem Mann haben.« Sie wehrt sich energisch: »Nein, das stimmt nicht.« In der folgenden Stunde berichtet sie dann ausführlich über ihren Urlaub in dem Seebad, unbewußt, um mir zu beweisen, daß keine Angst vor Männern hat. Entgegen ihrer früheren Darstellung dieses Urlaubs hat sie 14 Tage lang, trotz der unmittelbar vor der Reise ausgebrochenen Straßenangst, eine Art Dirnenleben geführt. Sie hat die Nächte durchgetanzt und sich mit verschiedenen Männern mehr oder weniger intim eingelassen.

Biographische Ergänzungen

Die Angaben werden im Laufe der Behandlung wesentlich ergänzt und vertieft.

Die Familie lebt in kleinbürgerlichen geordneten Verhältnissen, zumal die Tochter früh mitverdient. Das Familienleben ist auf den engsten Kreis beschränkt: Vater, Mutter und Tochter. Kontakt mit weiteren Angehörigen besteht nicht. Der Vater hat sich wegen Geldzwistigkeiten von seinen Angehörigen getrennt.

Bis zum 3. oder 4. Lebensjahr schlief Pat. im elterlichen Schlafzimmer; desgleichen später bis zum Tode des Vaters, also bis zum Alter von 29 Jahren, wenn die Familie im Wochenendhaus war.

Trotz der Isolierung von den Verwandten erscheint der Vater nicht völlig kontaktlos. Berufskollegen und deren Frauen und andere Freunde sind gelegentlich Gäste und werden auch von dem Ehepaar aufgesucht. Vor solchen Besuchen ist Pat. als kleines Mädchen immer furchtbar aufgeregt, so daß sie bei den Mahlzeiten nichts zu sich nehmen kann. Als junges Mädchen war sie bei Geselligkeiten zu Hause sozusagen überzählig: der Vater lud immer Ehepaare oder Brautpaare ein, nie junge Leute. Sonnabends ging sie mit ihrer Mutter spazieren, wenn nicht die Familie auf dem eigenen Gartengrundstück im Wochenendhaus den Sonntag und auch den Sonnabendnachmittag zubrachte.

Pat. wurde von der Mutter außerordentlich verwöhnt. Auch vom Vater »umsorgt«, so wie er es auffaßte. Sie durfte bis zum 20. Jahr nie allein ausgehen: Vater befürchtete, daß sie mit einer Konzeption nach Hause kommen könnte. Er war strikt gegen jede Heirat und entsprechend gegen jede Möglichkeit, Männer kennenzulernen. Am drastischsten äußerte sich das, als Karl bei ihm Besuch machte, um um die

Hand der 25jährigen Tochter anzuhalten. Mit angeblichen Geldschwierigkeiten wurde die schroffe Ablehnung begründet. – Mutter glich viele Härten des Vaters aus. So ließ sie der Pat. heimlich mit 13 Jahren Klavierunterricht geben. Auch Tanzunterricht verschaffte ihr die Mutter heimlich. – Bei den Sonnabend-Spaziergängen von Mutter und Tochter war der Vater immer ängstlich darauf bedacht, daß ja keine Ausgaben gemacht wurden. Dennoch gingen Mutter und Pat. häufig heimlich in Konditoreien. Neben all diesen Heimlichkeiten kommt im späteren Backfischalter ein gemeinsames Geheimnis von Mutter und Tochter gegenüber dem Vater zustande: Mutter erzählt der Pat. unter Tränen, daß der Vater ihren Besuch bei ihrer eigenen Mutter in derselben Stadt strengstens untersagt habe. Sie gehe aber manchmal heimlich hin. Pat. dürfe ja nichts dem Vater davon sagen. – Gegen die gütige und verständnisvolle Mutter hat Pat. eine ihr selbst nicht erklärliche Auflehnung, die sich bis zu Todeswünschen gegen sie im Traum steigern kann (siehe unten). Pat. ist allen Menschen gegenüber behilflich; sie ist bereit, in Krankheitsfällen jeden zu pflegen. Es folgt dann, in besonderer Pointiertheit, der Nachsatz: »Mit einer einzigen Ausnahme, das ist meine Mutter.« Ein andermal bringt sie spontan vor, daß ihre Mutter einmal an einem Herzschlag sterben werde. Sie bricht dabei in ein heftiges Lachen aus und sagt mit großer Präzision: »Daß meine Mutter einmal so sterben wird, das weiß ich ganz genau.« – In kurzen Zeitabständen während der Behandlung bricht es aus der Pat. heraus, daß sie am liebsten sich von der Mutter trennen möchte, die nach dem Tode des Vaters für sie immer unerträglicher geworden sei. Auch kommt es aus nichtigen Anlässen häufig zu heftigen Diskussionen zwischen den beiden. Während einer solchen Auseinandersetzung erwiderte sie der Mutter, daß sie nicht mehr virgo sei, was diese nicht glauben will. Ein andermal drückt Pat. der Mutter gegenüber den Wunsch aus, einmal drei Kinder haben zu wollen. Dafür hat die Mutter kein Verständnis. – Als der Vater starb und die Mutter bald nachher bettlägerig erkrankte, mußte die Tochter den Haushalt führen. Angeblich durfte sie während dieser fast 9 Monate währenden Krankheit der Mutter sich nie außerhalb des Hauses verabreden. Das sei der Grund, warum sie keine Verbindung mit ihren männlichen Bekannten in dieser Zeit hätte aufrechterhalten können. Sie hätte damals schon immer gedacht: »Die Mutter wird ja sehen, wohin das führt.« – Diese Schilderung der häuslichen Tätigkeit erfolgte im vierten Behandlungsmonat. Die Pat. konnte damals von mir noch nicht zum Verständnis dafür gebracht werden, daß die angeblich feindselige Haltung seitens der Mutter sicher weitgehend auf einer Projektion der Pat. beruht, also Widerspiegelung ihrer eigenen feindseligen Regungen gegen die Mutter darstellt.

Über den Werdegang der Pat. noch folgendes: Bis zum 14. Jahr Volksschule (Primarschule), dann drei Jahre städtische Handelsschule mit Französisch. Als Kind hat Pat. nie eine Freundin gehabt. Erst auf der Handelsschule hat sie mit zwei Mitschülerinnen öfters zusammen Klavier gespielt. Zu Männern im Alter zwischen 60 und 70 Jahren hatte und hat sie stets besondere Zuneigung. Auffällig ist auch, daß sie nach den Ferien, vor dem Schulanfang, sich stets so schlecht fühlte, daß sie wegen allgemeiner Unpäßlichkeit das Bett hüten mußte. – Nach Beendigung der Schule Kontoristin und Buchhalterin, die letzten 10 Jahre in einer Bank.

Ihre einzige Freundin ist eine etwa gleichaltrige frühere Kollegin, die unglücklich verheiratet ist und mehrfache sexuelle Beziehungen nebenher unterhält. Die Freundin wohnt in der Nähe des Wohnorts der Patientin und kommt alle paar Monate zu einem mehrtägigen Besuch zu ihr. Sie nimmt an dem Leben ihrer Freundin lebhaften Anteil. Besonders erfährt sie immer von deren Sexualleben in einem auffallend detaillierten Ausmaß. – Den Kolleginnen steht sie reserviert, zum Teil feindlich gegenüber. Sie versteht sich überhaupt schlecht mit Frauen. Eine Ausnahme bildet eine Kollegin, mit der sie nie ein hartes Wort gewechselt hat. Mit ihr hatte sie auch einen gemeinsamen Sommerurlaub geplant. Zu ihr eilt sie in Träumen auf der Flucht vor Männern im Büro, die sich ihr sexuell nähern wollen.

Zahlreiche Träume und Einfälle weisen darauf hin, daß die Pat. Zeugin des elterlichen Geschlechtslebens war. Daß Pat. als Kleinkind und auch später das Schlafzimmer mit den Eltern geteilt hat, wurde schon erwähnt. Zwischen den Eltern muß ein intensives Sexualleben stattgefunden haben. Das scheint auch aus Erzählungen der Mutter hervorzugehen:

»Vater ist immer ein toller Hecht gewesen.« Der Niederschlag dieses Erlebnismaterials wurde mit Rücksicht auf den bisherigen Stand der Analyse absichtlich noch nicht angegangen. Obwohl aus der Häufung und Affektbesetzung der Schlafzimmerträume zutage tritt, wie intensiv und nachhaltig diese Erlebnisse auf Pat. eingewirkt haben müssen. Die ersten sexuellen Spielereien finden mit dem 7 Jahre älteren Vetter während der Backfischzeit der Pat. statt. Sie sucht diesen im Hause seiner Eltern auf, spielt mit ihm Klavier und ist häufig allein im Hause mit ihm. Es ist früh zur mutuellen Onanie und auch laut bestimmten Angaben der Pat. zu häufigen Spielereien in Richtung einer Fellatio gekommen.

Mit 21 Jahren lernt Pat. den Juristen Karl in ihrer Firma kennen und unterhält vier Jahre einen intensiven Sexualverkehr mit ihm. Heiratsabsichten der beiden jungen Menschen wurden, wie oben berichtet, durch den Vater der Pat. vereitelt.

Nach vorübergehenden Beziehungen, verbunden mit sexuellen Spielereien, lernt Pat., 27jährig, den Juristen Gustav ebenfalls in ihrem Geschäft kennen und verliebt sich heftig in ihn. Während ihre Haltung Karl gegenüber mehr passiv ist, so ist sie Gustav gegenüber aktiv und ihre Liebe zu ihm angeblich viel tiefer und innerlicher. Sie hilft Gustav bei der Vorbereitung seines Assessor-Examens, in der Beschaffung von Literatur usw. und ist oft in seinem Zimmer mit ihm abends allein. Sie legt es offenbar auf einen Sexualverkehr mit ihm an, ohne daß Gustav darauf positiv reagierte. Er wäre in der Beziehung »eigenartig« gewesen, hätte mit Arbeitsüberlastung und Herzaffektionen seine Sexualabstinenz begründet. Gustav besteht das Assessor-Examen nicht und reist einige Monate in seine Heimat. In diese Zeit fallen wieder einige flüchtige neue Bekanntschaften. Gustav kommt zurück, um sich mehrere Monate, wieder im engen Kontakt mit der Patientin, erneut zum Assessor-Examen vorzubereiten, das er diesmal besteht. Pat. betrachtet sich als verlobt mit ihm. Er reist für einige Monate nach Hause zurück. Der Briefwechsel mit ihm wird jedoch immer spärlicher, d. h. er antwortet immer weniger. Am Schluß bleiben die Briefe der Pat. überhaupt unbeantwortet, bis die angehende Schwiegermutter in einem Einschreibebrief der Pat. antwortet, daß ihr Sohn sich inzwischen mit einer Landsmännin verheiratet habe.

Von diesem Zeitpunkt ab setzen die körperlichen Beschwerden ein. Sie veranlassen die Behandlung bei Dr. X., an den sich Pat. fixiert, »da er Karl in Aussehen und Charakter gleicht«. Die Thure-Brandsche Massage während eines halben Jahres hat die erotische Bindung der Pat. zweifellos vertieft. Häufig träumt Pat. von der Hand des Dr. X. Überhaupt spielt die Hand, der Händedruck eine stark sexuell gefärbte Rolle.

Von besonderer Bedeutung ist ein 14tägiger Erholungsurlaub im Sommer in einem Seebad. In drei verschiedenen Behandlungsabschnitten werden die Vorgänge, jedesmal völlig verschieden, berichtet. Das erste Mal berichtet die Pat. von durchtanzten Nächten ohne sexuelle Erlebnisse. Das zweite Mal von sexuellen Orgien mit mehrfachem Coitus täglich. Das dritte Mal stellt sie »richtig«, daß sie zwar jede Nacht mit einem Manne im Bett gelegen hätte, daß es aber lediglich zu sexuellen Spielereien gekommen wäre und niemals zu einem Coitus, schon deswegen nicht, weil sie während dieses Urlaubs menstruiert hätte. Das gesamte Sexualverhalten der Pat. läßt es durchaus möglich erscheinen, daß dieser letzte Bericht sich der Wahrheit am meisten nähert, hat sich Pat. doch, seit ihrem 25. Lebensjahr – seit der Trennung von Karl – mit den verschiedensten Surrogat-Befriedigungen sexueller Art begnügt. – Immer wieder taucht in Einfällen und Träumen der Vetter auf, mit dem sie viele Jahre hindurch sexuelle Spielereien getrieben hat. Diese Praktiken müssen auch in der einzigen angeblich normalen Phase ihres Sexuallebens, während der Beziehungen mit Karl, eine große Rolle gespielt haben. Während der bisherigen analytischen Behandlung beschränkt sich ihr »Sexualleben« auf Flirts und Spielereien mit Chefs, Kollegen und gelegentlichen Kunden. Die Skala der Erregungsursachen pendelt zwischen intensivem Ansehen, Händedrücken und heftigen »Knutschereien« in Gängen und Fluren der Bank.

Träume

Pat. bringt fast zu jeder Behandlungsstunde 1–2 Träume, die in sinnvollem Zusammenhang mit der jeweiligen Behandlungsphase stehen. Da sie an Wahrträume glaubt, ist ihr ohne weiteres geläufig, daß Träume zur Erforschung der seelischen

Vorgänge eine große Bedeutung haben. Trotzdem hat es lange gedauert, bis sie die Träume in allen Einzelheiten fließend berichtet und bis sie im ganzen und zu den einzelnen Teilen des Traumes frei und leicht assoziiert. Und auch das nur in Phasen positiver Übertragung, obwohl sie wiederholt geradezu verblüfft ist von der Entdeckung der Hintergründe, die sich in dem betreffenden Traum geheimen Ausdruck verschafft haben. Im allgemeinen wurden die Träume nur so weit gedeutet, wie dies der Pat. auf Grund von eigenen Einfällen einleuchtend und überzeugend nahegebracht werden konnte, so wie in der Einleitung der Behandlung an einzelnen Beispielen ausgeführt wurde. Von der Auswertung der nachfolgend geschilderten Träume mußte aus Raumgründen abgesehen werden.

Häufig träumt Pat. vom elterlichen *Schlafzimmer*. Einmal träumt sie sich krank in einem der elterlichen Betten liegend. Der Vater steht auf der Chaiselongue und rauft mit einem blonden Mann, der zwischen Chaiselongue und Bett steht. Der blonde Mann erinnert an Karl und Dr. X. zugleich. Der Vater unterliegt in diesem Ringen und dreht sich auf der Chaiselongue mit dem Gesicht gegen die Wand und dem Rücken gegen die Pat., offenbar tief gekränkt und enttäuscht. – Ein andermal träumte sie sich mit einem Mann im elterlichen Schlafzimmer. Sie selbst hat den Oberkörper entkleidet, der Mann drückt sie an sich und beißt in ihren rechten Oberarm. Später liegt er angezogen auf dem Bauch im Bett. Sie macht Anstalten, auf ihn zuzugehen und ihn im Bett hoch zu heben. Vielfach erscheint auch die Mutter in diesen Schlafzimmerträumen und ein dunkler Mann, den sie nicht identifizieren kann. Im Verlauf des Traumes verschwindet die Mutter. – Mehrfach träumt Pat. im Zusammenhang mit dem Schlafzimmer von gelben Gewändern. So sieht sie ihre Freundin mit wallendem Haar in einem gelben Kleidungsstück, in einer Art Pelzmantel. – Ein andermal werden im Schlafzimmer ihre Koffer gepackt. Mit besonderer Sorgfalt wird dabei ein gelber Morgenrock eingepackt. In der Realität hat sie sich diesen für die vielen Krankenbesuche von Dr. X. eigens herstellen lassen, dann aber, seitdem Dr. X. nicht mehr kommt, offenbar aus Pietät nicht mehr benützt.

Eine weitere Serie von Träumen befaßt sich mit *Reisen* im

D-Zug, im Auto, im Schlitten und, was wohl in diesem Zusammenhang zu nennen ist, mit Fahrten im Lift. Dabei spielen Unterhaltungen mit zwei bis drei Männern eine Rolle, die von Pat. als Dr. X., als Aufnahmearzt im Institut, als Referent dieses Berichtes oder einer der früheren Freunde erkannt werden.

Auch *Küchen*-Träume spielen eine Rolle, meist in Verbindung mit mehr oder weniger intensiven sexuellen Handlungen (Partner: Vetter, derzeitiger Berufskollege, Dr. X. oder Referent).

Die *Mutter* erscheint im Traum sehr häufig schwarz, neben oder vor ihr auf der Straße gehend. Einmal träumt Pat., daß Mutter auf der Bahre entweder tot oder schwerverletzt die Treppen des Hauses heraufgetragen und in die Wohnung gebracht wird. Mutter ist unterwegs auf der Straße verunglückt. – Einmal träumt sie sich mit der Mutter in der Elektrischen fahrend. Pat. hat einen Säugling auf dem Arm, den die Mutter ihr abnehmen will. Sie wehrt sich bis zuletzt verzweifelt dagegen, muß ihn aber dann doch hergeben.

Kleine Kinder erscheinen oft im Zusammenhang mit Dr. X., der in der Realität kleine Kinder hat, oder im Zusammenhang mit ihrer Mutter. Einmal träumt sie, daß ein Säugling neben ihr im Bett liegt. Sie wird von der Wärme des Kindes angenehm berührt und assoziiert zu diesem Traum, daß die gelegentlichen Zärtlichkeiten von kleinen Kindern, das Umarmen und Ansichdrücken sie leicht zum Orgasmus bringen.

Auch *Hunde* spielen im Traum einige Male eine Rolle: ein Dackel, der neben ihr am Strand oder auf ihrem Schoß liegt. Ein Jagdhund, der um sie herumspringt und sie mit großen, treuen, braunen Augen ansieht. – Pat. ist sehr hundelieb. Viele Jahre hat sie mit dem Hund ihres Vetters gespielt, so oft sie in der Wohnung ihres Onkels sich aufhielt. In ihren Einfällen zu Hundeträumen assoziiert Pat. zu Erlebnissen mit ihrem Vetter.

Sadistisch-masochistische Träume: der obengenannte Kußtraum, in dem sie mit blutigen Lippen und Wundschmerzen aufwacht; der ebenfalls schon erwähnte Beißtraum (siehe Schlafzimmerträume). Weitere Träume: sie sitzt am Tisch mit einem dunklen Mann (den Pat. als Dr. X. identifiziert), geht auf ihn zu, streichelt seinen Kopf, der dann mit großer Wucht auf den Tisch aufschlägt. – Ein Mann (Dr. X.?) untersucht ihren Rachen. Sie wehrt sich verzweifelt und droht zu ersticken. – Ein Mann will Pat., die auf der Chaiselongue liegt, mit einem Kissen ersticken. Sie ringt mit ihm, indem sie seine Unterarme krampfhaft festhält. Er sieht ihr dabei in sexueller Erregung intensiv in die Augen.

Einkaufsträume: Sehr häufig geht sie allein oder mit der Mutter oder außerdem noch mit einem Mann an Geschäften vorbei, sieht entweder die Auslagen an oder geht in das Geschäft hinein, ohne etwas zu kaufen. Oder sie kauft nach langem Aussuchen ganz am Schluß Äpfel, Konfitüren usw. Einmal probiert sie in einem Geschäft eine rote Perlenhalskette an, gibt sie dann aber wieder dem Verkäufer zurück.

Träume, betreffend etwa 60 Jahre *alte Männer:* Pat. flieht im Traum vor einem jüngeren Kollegen, der sich offenbar ihr sexuell nähern will, läuft die Wendeltreppe im Geschäft hinauf. Dort angelangt, kniet der 60 Jahre alte Chef vor ihr und umarmt heftig ihre Beine.

*Dr.-X.-*Träume sind besonders zahlreich und in mehr oder weniger sexueller Prägung. Gelegentlich erscheint, ganz im Hintergrund, dessen Gattin und manchmal auch die korpulente, der Pat. wohlgesinnte Schwester von Dr. X.

Fortgang und Abschluß der Analyse

Eine Behandlungspause von 2 Wochen benützt Frl. E. dazu, zu ihrem Hausarzt zurückzukehren. Dr. X. hat Pat. etwa 14 Tage wegen des Stirnhöhlenkatarrhs bis zur Abheilung behandelt und sie wegen ihrer Beschwerden im Unterbauch an einen Gynäkologen verwiesen, unter strikter Ablehnung seiner weiteren Behandlung. (Dr. X. begründet mir gegenüber sein Verhalten ausdrücklich damit, daß er ein »Wiederfestkleben« der Pat. bei ihm nicht aufkommen lassen wollte.) Die vom Gynäkologen diagnostizierte leichte Entzündung der Uterus-Adnexe ist inzwischen unter Anwendung von Packungen und Sitzbädern abgeklungen.

Nach Behebung der körperlichen Beschwerden hat die Patientin die Behandlung bei mir wieder aufgenommen. Bereits in den ersten Behandlungsstunden versichert sie spontan, daß sie zwar über Dr. X. »niemals hinwegkommen« könne, daß sie aber überzeugt sei, nur eine tiefenpsychologische Behandlung könne sie von ihren Leiden befreien. Sie habe auch Dr. X. »zugeben« müssen, daß ihre krampfartigen Beschwerden im Leib und in der Herzgegend verschwunden seien, ebenso auch die bis vor kurzem noch auftretenden Schmerzen in der unteren Rückengegend. Bei dieser Gelegenheit berichtete sie mir über weitere Fortschritte beim Gehen auf der Straße. Sie habe nicht mehr, wie früher, die furchtbaren Angstzustände. Allerdings stiege ihr gelegentlich nach Wegen von einer Viertel- bis einer halben Stunde das Blut zu Kopf, um dann einer starken Blässe zu weichen. Sie könne aber schon gelegentlich Strecken allein gehen. So habe sie sich unlängst den Scherz gemacht, aus der Elektrischen schnell auszusteigen, ohne daß es die Frau, die sie seit einem Jahr ständig begleitet, bemerkt habe, und als diese beim Weiterfahren der Elektrischen entsetzt nach der Pat. hingesehen habe, habe sie lachend gewinkt und sei bis zur nächsten Station durch das belebte Zentrum der Stadt gegangen und habe dabei einen großen Platz überquert.

Nach der eben erwähnten Abweisung durch Dr. X. sucht die Pat. unbewußt Ersatz bei mir. Damit ist sie in der Behandlung wieder aufgeschlossener und bringt mit geringeren Widerständen für den Fortgang der Behandlung wertvolles neues Material. Allerdings kommen deutlicher auch die Züge des Vaters in der Übertragung zum Ausdruck, die seine sexualverbietende und die Männer abweisende Seite illustrieren. Ihre Reaktion darauf ist nicht so sehr in der Behandlung selbst erkennbar, als in ihrem Verhalten dem jun. Chef gegenüber. Dort kommt ihre Ambivalenz besonders deutlich zum Ausdruck. Sie berichtet mir mit schnippischem Lächeln, wie sie angebliche Organisationsfehler bei ihm in ungehöriger Weise offen im Geschäft anprangert und ihm ungebührliche Antworten erteilt. Diese Szene wird mit solch unverkennbarer geheimer Lust vorgetragen, daß trotz der manifest so besonders positiven Beziehung zu allen Männern die bisher verborgen gebliebene sadistisch-gehässige Seite mehr und mehr zum Ausdruck kommt (vgl. hierzu auch obigen Traum betreffend Dr. X.). Die weitere Übertragungsphase stand unter dem Zeichen der Verarbeitung dieser aggressiven Tendenzen der Pat. Wichtig ist, daß seit Reaktivierung dieser mehr aggressiven Seite gleichzeitig auch ihr schon ganz zu Anfang geäußertes tiefes Mißtrauen den Männern gegenüber bei der Übertragung zu mir wieder zum Ausdruck kommt. Dieses Mißtrauen ergab bei der Aufarbeitung der analytischen Übertragung den Zugang zu dem weiteren pathogenen infantilen Material, ohne daß ätiologisch neue Gesichtspunkte aufgetaucht wären. – Die Behandlung stand die letzten Monate wieder unter dem Zeichen der positiven Übertragung. Da sie aus zwingenden äußeren Gründen dem Abschluß entgegengeführt werden mußte, fügte ich nun die Übungstherapie mit ein. – Ich erklärte mich bereit, sie von der Bahn zur Behandlung abzuholen und sie dort wieder hinzubringen. Überraschenderweise erklärte sich die Pat. aber in der Lage, bei dem geringen Straßenverkehr beim Anmarsch allein gehen zu können. Sie erschien dann auch – zum ersten Mal in der gesamten Behandlung – am nächsten Tag ohne Begleiterin. Meine Begleitung auf dem Rückweg gestaltete ich so, daß ich Pat. veranlaßte, vorauszugehen und an der ersten Straßenkreuzung bzw. derjenigen, die ihr Schwierigkeiten bereiten würde, auf mich zu warten. Als ich dann im Abstand von einigen Minuten folgte, fand ich Pat. an keiner der Straßenkreuzungen, vielmehr bereits am Bahnhof, stolz über ihren Erfolg und lachend auf mich wartend. Das gleiche Verfahren wurde auch beim Nachhauseweg im Anschluß an die nächste Behandlungsstunde eingeschlagen, und als ich am übernächsten Tag aus Zeitmangel mich nicht in der Lage fand, sie selbst zu begleiten, ihr statt dessen die Begleitung meiner Sekretärin anbot, glaubte sie, nunmehr allein gehen zu können. Sie hat dann auch im Laufe der nächsten 6 Wochen bis zum Abschluß der Behandlung alle Besuche bei mir ohne Begleitung gemacht, trotz des starken Abendverkehrs an einem der belebtesten Plätze der Stadt und obwohl sie dabei zahlreiche Straßen überqueren mußte.

Über Einzelheiten der organischen und sonstigen wesentlichen Besserung wird im folgenden Kapitel berichtet.

Abschließende Übersicht (Epikrise)

Zur *Diagnose:* grobe Agoraphobie und vielseitige wechselnde Organbeschwerden auf hysterischer Grundlage ist im einzelnen folgendermaßen Stellung zu nehmen.

Es lassen sich unschwer aus den vorgetragenen Symptomen der Pat. einige Hauptgruppen herausstellen, die in ihrem Gesamtbild mit den von K r a e p e l i n angeführten übereinstimmen (s. S. 39 f.).

Die *Stimmungsschwankungen* der Pat. in ihrem Beruf bilden oftmals Anlaß zu besorgten Fragen seitens ihrer Umgebung. Unklar ist, ob dieses Maß von Labilität bis in die Zeit vor der Pubertät zurückgreift. In der Behandlung zeigen sich die Schwankungen besonders deutlich in den geringfügigen Anlässen, die Pat. zu übersteigertem Lachen oder Weinen bringen, das gelegentlich von einem zum anderen umschlagen kann.

In diesem Zusammenhang ist ihre ausgesprochene *Vasolabilität* zu nennen. Charakteristisch ist, daß ihr Erröten auch ohne ihr erkennbare Anlässe auftreten kann. Manchmal wird es von starkem Erblassen abgelöst, das dann mit einem ausgesprochenen Erschöpfungsgefühl – »wie bewußtlos« – verbunden ist.

Als weiteres charakteristisches Merkmal ist ihre *Pseudologie* zu nennen, die sich insbesondere in der Behandlungssituation äußert. Die von der Pat. zweifellos subjektiv ehrlich vorgetragenen Ereignisse werden oft nach kurzer Zeit in völlig anderer Version berichtet. Das bezieht sich nicht nur auf ihre Sexualerlebnisse oder die angeblichen Beziehungen zu ihren Ärzten, sondern auch auf ihr übriges Leben. Kennzeichnend sind beispielsweise ihre Berichte über ihren Sommerurlaub im Seebad, die dreimal völlig verschieden lauten.

Der den Hysteriker bezeichnende *Körperausdruck* ist in vorliegendem Falle nicht so bemerkbar. Bei affektiven Mitteilungen der Pat. ist immerhin eine Gesamtspannung des Körpers festzustellen.

Bereits bei der Aufnahme der Anamnese verwies Pat. selbst auf das Zusammenfallen von Krankheitsausbruch und Liebesenttäuschung. Die Fixierung an den vorbehandelnden Hausarzt Dr. X., die erotisierte Situation in ihrem Geschäftsbetrieb, die sexuelle Erregbarkeit bei Begegnungen mit Männern in ihrem Privatleben und vor allem ihre Haltung in der analytischen Behandlung zeugen von einer *erotischen Spannung in Permanenz*.

Im Zusammenhang mit häufigen Orgasmen ist der unregelmäßige, oft sehr intensive Fluor zu nennen.

Die krampfartig erlebten Orgasmen bilden fließende Übergänge zu *mannigfachen Organbeschwerden*. Die orgastischen Spasmen können sich fortsetzen in krampfartige Beschwerden der Nachbarorgane, insbesondere der *Blase* und auch des Darmes. Pat. ist chronisch obstipiert. Die morgendliche Stuhlentleerung ist nur durch Abführmittel zu erzwingen. Sie erfolgt regelmäßig unter Auslösung eines genitalen Orgasmus. Dieser hinterläßt ein so ausgesprochenes Erschöpfungsgefühl, daß Pat. sich danach jedesmal wieder eine halbe Stunde zu Bett legen muß. Aus diesem Beispiel geht hervor, wie ein Organsystem, das primär mit der Sexualität nichts zu tun hat, sekundär in eine Wechselbeziehung zum Sexualapparat getreten ist[93]. Ebenfalls krampfartigen Charakter haben ihre *Herz*beschwerden, die unter starker Angstentwicklung auftreten. Zeigen sich diese bei ihrer Straßenangst, so führen sie meist zu einer brettartigen *Steife* der Bein-, Becken- und zuweilen auch der Schultergürtel*muskulatur*. Pat. steht dann stocksteif am Bordrand vor der gefürchteten Straßenüberquerung.

Alle diese Beschwerden haben bei den mannigfachen Untersuchungen der letzten Jahre niemals den geringsten, objektiv nachweisbaren Organbefund ergeben.

Neben diesen klassischen Hysteriesymptomen sind noch einige weitere zu erwähnen, die am *oberen Verdauungstraktus*, insbesondere an der *Mundzone*, zu lokalisieren sind. Dem Kliniker ist bei der Hysterie das Fehlen des Rachenreflexes, die Anorexie und die Neigung zu Erbrechen bei Erregungen geläufig. Die tiefenpsychologische Forschung hat die Bedeutung dieser sich hier abspielenden Symptomatik als für die Hysterie charakteristisch bestätigen und vertiefen können. Ein Beleg hierfür ist auch unser Fall: Schon als kleines Mädchen hat Pat. auf seelische Erregungen, die an sich geringfügiger Natur waren, mit Eßunlust bis zur völligen Inappetenz reagiert. Auch im Laufe der Behandlung hat Pat. mehrfach über offensichtlich funktionelle Magenstörungen geklagt, Störungen, deren Zusammenhang mit den durch die Analyse bewirkten seelischen Erschütterungen naheliegt. Das Problem

---

[93] Näheres über solche pathologische Koppelungen siehe in W e r n e r K e m p e r , Störungen des Liebeslebens beim Weibe. Thieme-Verlag, Leipzig, II. Aufl. 1942.

des Essens, auch im Zusammenhang mit Sexualgenuß und als Symbol hierfür, nimmt im Unbewußten einen großen Raum ein. Das geht aus den besonders häufigen Träumen hervor, die sich mit dem Einkauf von Eßwaren und Süßigkeiten befassen. Einer dieser Träume führte durch spontane Assoziation der Pat. erstmalig zur Aufdeckung von Fellatio-Praktiken in der Backfischzeit – ein bei Hysterikern erfahrungsgemäß häufig gefundenes Sexualverhalten. Womit gleichzeitig ein weiterer Beleg für die oben erwähnte besondere Bedeutung der Mundzone geliefert wird.

Unabhängig von sonstigen Differenzen in der Auffassung der Hysterie sind fast alle Forschungsrichtungen darin einig, daß bei ihr die *Sexualität* – im weitesten Sinne – eine besondere Rolle spielt. Die Lebensgeschichte, das Verhalten der Pat. in ihrem jetzigen Berufsleben und vor allem in der Analyse selbst scheint geradezu ein klassisches Beispiel hierfür zu geben.

Auch ihre an sich durchaus vorhandenen moralischen Grundsätze und ihr Wille zu einer geordneten Gemeinschaft sind von dieser sexuellen Durchdringung nicht verschont geblieben. Gegenüber ihrem Flirten mit verheirateten Männern machen sich zwar Bedenken geltend. Sie werden jedoch durch die Feststellung, daß die betreffenden Ehen (Hausarzt, Dr. X., Chefs, Kollegen) doch unglücklich seien, oder ähnliche »Gewissensbeschwichtigungen« zurückgestellt. Man gewinnt immer wieder den Eindruck, daß Pat. nicht in der Lage ist, diese selbstbetrügerisch verfärbte Umweltbeziehung zu erkennen. So scheint sie nicht mehr die Fähigkeit zu haben, ihre sittlichen Grundsätze zu verwirklichen. Dabei macht die Pat. durchaus nicht den Eindruck einer sexuell Verwahrlosten. In der Analyse berichtet sie mit weiblicher Scheu und Scham und mit – sicherlich nicht gespieltem – Zögern über sexuelle Dinge. Ebenso muß sie nach ihren Mitteilungen einen ähnlich günstigen Eindruck im Leben hinterlassen. Offenbar wird die Erotisierung ihrer Umweltbeziehung mit so sublimen Mitteln erreicht, daß bei Männern der Eindruck einer zurückhaltenden Frau entsteht. Wer jedoch als Therapeut vorurteilslos das Lebens- und Krankheitsbild, insbesondere den Zustand der Pat. zu Beginn der Behandlung, betrachtet, dem drängt sich das Bild eines in seiner ganzen Persönlichkeit veränderten

Menschen auf: Geist, Seele, Leib, um die Gesamtpersönlichkeit schlagwortartig zu erfassen, erscheinen sexualisiert.

Am Schluß ist das Symptom der *Platzangst* epikritisch zu behandeln. Wie aus den Ausführungen im allgemeinen Teil erhellt, geht F r e u d davon aus, daß die Straße als sexuelle Versuchungssituation erlebt wird. Im Falle unserer Patientin, bei der die gesamte Umwelt erotisierend wirkt, bestätigt sich diese These, indem bereits der Kassenraum mit dem Kommen und Gehen der Kunden und männlichen Kollegen dieselbe Symbolbedeutung wie die Straße gewinnt. Nachdem ihr diese Zusammenhänge klar wurden, gingen ihre Angstzustände und die übrigen spastischen und orgastischen Symptome bei fortschreitender Analyse zurück. Das oben aufgerollte Bild der Charakter-Hysterie und der hysterischen Konversionserscheinungen, sowie das Fehlen typischer Zwangssymptome, bestätigt ferner, daß der vorliegende Fall einer groben Agoraphobie nicht der Zwangsneurose, sondern der Hysterie zuzurechnen ist.

Die Indikation für eine *Analyse nach F r e u d* ergibt sich aus der vertieften Anamnese, die auf eine schwere Störung der infantilen Sexualentwicklung schließen läßt, ferner aus dem Alter und der Struktur der Persönlichkeit der Patientin (siehe hierzu die »Erläuterungen zu den Berichtsfällen« am Schluß dieser Schrift).

Die häufigen sado-masochistischen und zahlreiche andere Träume, die an das elterliche Schlafzimmer geknüpft sind, lassen darauf schließen, daß das kleine Kind im Halbwachen oder Wachen Zeugin des elterlichen Sexuallebens gewesen ist. Die damit verbundenen visuellen oder akustischen Wahrnehmungen haben, in dem nervös disponierten, beeindruckbaren Kinde schwerste, nicht verarbeitete Affekte und Vorstellungen ausgelöst und den Grund zur späteren Neurose gelegt. Diese Erlebnisse der Patientin sind verdrängt worden und haben sich zum Ödipuskomplex entwickelt. Daraus ergibt sich die ambivalente Haltung gegenüber der Mutter. In den äußeren Formen ist die Beziehung zu der Mutter einigermaßen normal. Demgegenüber weisen die Träume und die assoziativen Einfälle während der Behandlung auf einen tiefgehenden Mutterhaß, ja auf Todeswünsche gegen die Mutter hin (die auffallende Besorgnis für sie steht dazu nur in scheinbarem Widerspruch). Gelegentlich ist das gute oder doch erträgliche Zusammenleben durch heftige und unmotivierte Diskussionen so erschwert, daß Patientin daran denkt, sich von der Mutter zu trennen (S. 132). – Übrigens wird auch der bei den Agoraphoben so bedeutsame Herztod mit der Mutter in Verbindung gebracht. »Die Mutter wird einmal am Herzschlag sterben«, will die Patientin genau wissen[94].

Aus Träumen ist ersichtlich, daß auch das Verhältnis zum *Vater* durch die Ödipuskonstellation bestimmt ist. Die Patientin hing zärtlich an ihm bis zu seinem Tode, also bis zu ihrem 29. Lebensjahre. Die Verweigerung seiner Zustimmung zur Heirat läßt auch auf eine Bindung des Vaters an die Tochter schließen (Seite 167). Die Eigenarten dieses Sonderlings lasten in erster Linie auf der Mutter, aber doch auch mittelbar auf der Tochter. Daß ihre Vaterbeziehung ambivalent ist, geht u. a. aus einem Traum hervor, in dem der Vater als Todfeind ihres Bräutigams figuriert (S. 172). – So ist die Störung der Sexualentwicklung durch die Ödipussituation zu verstehen, durch die eine gesunde, zur Ehe führende Beziehung unmöglich wird; so erklärt sich die Sexualisierung der gesamten Umwelt als Ersatzbefriedigung, zu der auch die Neurose dient. – Die Straßenangst bricht aus, als die Welt draußen wirklich zur Versuchung wird: am Tage vor dem Urlaubsantritt, bevor die Patientin der Versuchung dirnenhaften Lebens in der Realität unterliegt (s. S. 163 und 171). Die Straße wird also zur Gefahr; sie ist der Patientin Symbol für mögliche sexuelle Ausschweifungen, gegen die das Ich mit Todesängsten reagiert. In den tiefsten seelischen Schichten sind es die schweren Aggressionen gegen die Mutter und die daraus entstehenden Schuldgefühle, die die Todesängste auslösen: unbewußt soll sie »beseitigt« werden. Die Patientin muß sich daher vergewissern, daß die Mutter in Wirklichkeit lebt. Die Mutter – oder eine mütterliche Ersatzfigur – muß sie auf der Straße begleiten, um die Angst zu mildern. Nicht in jedem Falle ist an die konkrete Mutter zu denken. Es genügt eine Figur, auf die ihre Mutter-Imago, das gedachte Mutterbild, projiziert werden kann. Der Konflikt besteht also im persön-

---

[94] Der Vater hat nach Auffassung der Patientin einen Herztod erlitten; über die Bedeutung des Herztodes bei Vorfahren der Agoraphoben siehe S. 55.

lichen Unbewußten; er ist auf regressive Tendenzen zurückzuführen, die die ödipale Fixierung und den unbewußten Mutterhaß reaktivieren. Somit liegen die F r e u d schen Mechanismen vor: Disposition durch frühkindliche Traumen, Fixierung der ödipalen Situation in der Pubertät. Ausbruch der Neurose durch die Entlobung, derentwegen die Patient sich unbewußt durch sexuelle Exzesse »trösten« will (Kompensation). Das führt zum akuten Konflikt, zur Verdrängung und, in Verbindung mit der Wiederbelebung der ödipalen Einstellung zur Mutter, zur Straßenangst. Das Symptom wird zur Ersatzbefriedigung und zugleich zur Beschränkung der Angst auf die phobische Bedingung (Gehen auf der Straße).

Indikation

Zur Überprüfung der Indikationsstellung in bezug auf das einzuschlagende Behandlungsverfahren halten wir uns an das von J. H. S c h u l t z eingeführte Einteilungsschema der Neurosen (S. 89).

Daß es sich nicht bloß um eine Fremdneurose handelt, d. h. die neurotischen Störungen nicht lediglich exogene, gewissermaßen fremdkörperartige Auflagerungen auf einen eigentlich intakt gebliebenen Menschen sind, geht schon daraus hervor, daß Pat. durch Milieuwechsel bei ihrer längeren wiederholten Abwesenheit von Haus und Beruf keine nennenswerte Besserung erzielt hat. Auch die »physiogene« Randneurose und die »psychogene« Schichtneurose wird der Schwere des pathologischen Geschehens in unserem Falle nicht gerecht. Erst die *Kernneurose* kennzeichnet das wirkliche Ausmaß der vorliegenden Persönlichkeitsveränderung. Ihr »Kern«, der Charakter, ist deformiert, und so ist ein entscheidender Unterschied zu den drei erstgenannten Gruppen des Schemas gegeben. Damit ist aber auch schon das Wesentliche für die Indikation gesagt.

Die jahrelangen *belehrenden Aufklärungen* des Hausarztes, der die Pat. wöchentlich behandelte, mußten aus diesem Grunde fehlgehen. Sie scheiterten nicht zuletzt auch deshalb, weil sie kombiniert wurden mit einer manuellen Behandlung durch den Arzt selbst in Form von Ganzmassagen und insbesondere durch Massage der Unterleibsorgane per vaginam.

Es war durch diese Koppelung von psychischer und manueller Behandlung eine erotische Bindung der Pat. an den Hausarzt erfolgt, deren krankheitsfixierende Macht aus vielen Stellen des obigen Berichtes hervorgeht und die die Behandlung durch den von ihr ausgehenden Widerstand erheblich erschwert hat. Desgleichen ist eine zweiwöchige Behandlung in der Universitätsklinik in Form von *Aufklärung*, *Persuasion* und *gutem Zureden* praktisch wirkungslos verlaufen, wie sich aus dem Zustand der Kranken kurz nachher, bei Beginn der tiefenpsychologischen Behandlung, zeigte. Die Tatsachen widerlegen die Annahme der Klinik, »daß die Pat. selbst sich über die Ursachen der Angstgefühle, die sie zeitweise befallen, im klaren ist und einen gewissen Abstand zu denselben gewonnen hat«.

Zu den rationalen psychotherapeutischen Möglichkeiten zählt auch die *Wachsuggestion*. An den Willen zu appellieren, um gegen die unbewußten Tendenzen anzukämpfen, würde gleichzeitig auch zu einer reaktiven Verstärkung dieser letzteren führen und damit im circulus vitiosus eine Verschlimmerung der Symptome mit sich bringen.

Dagegen ist ernsthaft abzuwägen die Möglichkeit einer Behandlung durch *tiefe Hypnosen*, da hierbei der entscheidende Persönlichkeitsbereich erfaßt würde. Aber gerade die hysterische Charakterveränderung würde, wie im Abschnitt über Therapie (S. 91) ausgeführt ist, nicht ausreichend und nicht nachhaltig korrigiert. Hinzu kommt, daß vielfach solche hypnotischen Symptombeseitigungen nicht gegen frühere oder spätere Rückfälle sichern.

Akzessorisch kann die Übungstherapie eingebaut werden, zumal bei fortgeschrittener Analyse. Verhaltenstherapie als ausschließliche Behandlungsmethode reicht nicht aus, wie an anderer Stelle dargelegt wurde. Wohl ist sie indiziert bei Phobien von Kindern sowie bei den sehr verbreiteten Phobien bei Erwachsenen, die keinen eigentlichen Krankheitswert haben. Diese bilden Belästigungen oder leichte Störungen, die das Leben nicht ernsthaft beeinträchtigen, wie etwa eine Schlangen-Phobie in unseren Breitengraden. Meist nehmen die Betreffenden die Vermeidung von phobischen Objekten in Kauf, ohne einen Therapeuten in Anspruch zu nehmen. Oft genieren sie sich und dissimulieren, weil sie das anscheinend Sinnlose Dritten gegenüber nicht eingestehen wollen.

Somit bleibt bei der Indikationsabwägung nur noch die Möglichkeit einer gründlichen *tiefenpsychologischen Behandlung*. Sie allein erfüllt die oben gestellten Anforderungen.

Diese Entscheidung verpflichtet uns zu einer ernsthaften Prüfung, ob der große Einsatz einer langwierigen Analyse im Rahmen der Poliklinik zu rechtfertigen ist. Diese Frage ist nicht generell zu beantworten. Die Behandlung hat bestätigt, daß die Würdigkeit der Patientin, auch vom erbbiologischen Standpunkt, und die gute Prognose, außer Frage steht. Trotzdem wird – bei dem derzeitigen Mangel an erfahrenen Psychotherapeuten – in der Poliklinik zu prüfen sein, ob nicht Anwärter vorzugsweise für eine 100- bis 150stündige Analyse in Betracht kommen, auf denen eine größere soziale Verantwortung lastet, deren Gesundung also in noch stärkerem Allgemeininteresse liegt.

Über das Ergebnis der Behandlung ist zusammenfassend festzustellen: die hysterische Charakterdeformierung ist weitgehend behoben. Die Organbeschwerden zum Teil erheblich gebessert, zum Teil geschwunden. Eine Zunahme des Körpergewichts hat eingesetzt (Verlust bis zu 21 kg). Suicid-Gedanken sind nicht wieder aufgetaucht. Das Hauptsymptom der Agoraphobie ist soweit beseitigt, daß die Pat. in der letzten Phase der Behandlung ohne Begleitung zu mir kommt. Bei mehr als 20 Besuchen ist sie in der Lage gewesen, trotz des starken Abendverkehrs Straßen und freie Plätze der Großstadt zu überqueren. Zudem ist die berufliche Leistungsfähigkeit erheblich gebessert.

Behandlungsdauer: etwas über ein Jahr, 136 Behandlungsstunden.

2. Darstellung des 1. Teils einer Analyse nach C. G. J u n g (Frau Clarisse)

Symptome und Biographisches

Frau Clarisse leidet an Treppenangst. Sie hat seit der Pubertät Schwierigkeiten beim Treppenhuntersteigen: das Gefühl zu stürzen; sie muß sich am Treppengeländer festhalten.

Frau Clarisse, im Alter von Mitte 40, ist von Beruf Schriftstellerin. Sie steht in einem schweren Lebenskonflikt und sucht wegen Schlaflosigkeit und schwerer Depressionen mit Suicidgedanken Hilfe in einer J u n g schen Analyse. Ermutigt wird sie dazu durch eine Jugendfreundin, die sie nach langer Zeit überraschend günstig verändert wiedersieht, und von der sie erfährt, daß sie eine längere J u n g sche Analyse durchgemacht hat. –

Die Patientin ist eine mittelgroße, vollschlanke, auffallend jugendliche Erscheinung, gut und geschickt gekleidet, wirkt äußerst lebhaft und vital, gelegentlich scharf in ihrer Sprechweise und Kritik. Im ganzen macht sie den Eindruck einer begabten Frau mit hysterischen Charakterzügen.

Frau Clarisse erzählt beim ersten längeren Besuch ohne die geringsten Widerstände und voll Vertrauen alle wichtigen Daten ihrer *Lebensgeschichte:* Sie ist die Tochter eines hohen Beamten mit vielseitigen Interessen; selbst äußerst vital, ist er keineswegs der Typ eines bürokratischen Beamten. Im Gegensatz zu dem etwas derben, den Genüssen dieser Welt nicht abholden Vater ist die Mutter der Patientin eine distinguierte, schöne, zarte Dame, die typische Frau des 19. Jahrhunderts. Der urwüchsige, originelle Vater fand nur während weniger Jahre seines Lebens in einer besonderen Aufgabe ein Ventil für seine sprudelnde Lebenskraft. Pat. hängt schwärmerisch an ihrem Vater und spricht noch heute, lange Jahre nach seinem Tode, in höchster Verehrung von ihm. Sie ruft ihn in schwierigen Situationen des Lebens visionär zu sich, um Klarheit zu finden. Zur Mutter hat sie – so wie sie es empfindet – ein schwesterlich-freundschaftliches Verhältnis. Familiär spielt noch eine große Rolle ein zwei Jahre älterer Bruder, ein sehr begabter, gut aussehender Mann, der in der ersten Lebenshälfte große Erfolge im Beruf und bei Frauen hatte. Frau Clarisse hat sich mit 24 Jahren verheiratet. Diese Ehe wurde geschieden und durch zwei höchst intensive, langwährende, ebenfalls dramatisch ausgehende Beziehungen abgelöst; die erstere führte wiederum zur Ehe und späteren Scheidung. Sie schildert ihre Partner als hochbegabte, ja genialische Männer, die auch im öffentlichen (nicht politischen) Leben vorübergehend eine bedeutende Rolle gespielt hätten, aber schwere Psychopathen seien. Mit ihrem jetzigen Partner N. steht sie in einer langjährigen, allerdings großen Unterbrechungen unterworfenen Verbindung, von der sie hofft, daß sie sich zu einer ehelichen Gemeinschaft entwickeln werde. N. wird als äußerst begabter, geistig hochstehender Mann mit künstlerischen Interessen geschildert. Schwer muttergebunden – er lebt in einer Hausgemeinschaft mit seiner vitalen Mutter – erscheint auch er als Neurotiker, der bisher keine dauernde Lebensbeziehung oder gar Ehe eingehen konnte. Die Mutter ist gegen Clarisse eingestellt, und deshalb ist diese Beziehung gefährdet. Die Krise ist auf dem Höhepunkt angelangt und scheint mit einem Auseinandergehen enden zu müssen. Schwere äußere Lebensumstände kommen hinzu und lösen starke Depressionen, verbunden mit schweren Schlafstörungen und Suicidgedanken aus. Diese Konfliktsituation und die Auswegslosigkeit, nicht die Treppenangst, war es, die die Pat. zu einer Analyse veranlaßte. – Pat. ist, wie ihre ganze Familie, katholisch, allerdings jahrzehntelang nicht praktizierend; seit einiger Zeit wendet sie sich der Kirche wieder aktiv zu.

Zur nächsten Behandlungsstunde am folgenden Tag bringt die Pat. den nachstehenden Traum, dem wir als erstem und Eröffnungstraum besondere Bedeutung beimessen und den wir *Initialtraum* nennen.

1. Traum:
»Ich machte eine Wanderung, dem Fluß entlang. Etwas hinter mir und immer sorgfältig den Abstand wahrend, wanderte ein Trupp Menschen mit. Ich erinnere mich nur noch an zwei von ihnen. Der eine war ein Maler, mit dem ich in den letzten Jahren des Krieges oft zusammen war. Dann erinnere ich mich noch an eine mir gut bekannte Frau.
Mit dieser Gefolgschaft kam ich nach X., wo ein sehr schönes, vielbesuchtes Strandbad ist. Die anderen, angelockt durch Musik und Gelächter, das uns aus dem Innern des Gebäudes entgegenschallte, wollten mich überreden, mit hineinzukommen. Ich wollte nicht. Es lockten mich weder die Menschen, noch ein eventuelles Bad in dieser Jahreszeit. Es war Vorfrühling, die Bäume hatten noch kaum Grün angesetzt. Es ging auf den Abend, und ein kühler Wind ließ mich zusammenschauern. Aber je mehr ich abwehrte, desto heftiger drängten sie mich, doch keine Spiel-

verderberin zu sein und mit ihnen zu baden. Gerade jetzt in dieser Jahreszeit wäre das Wasser schon nicht mehr kalt und es wäre besonders reizvoll, so in die Dämmerung hineinzuschwimmen.
Ich ließ mich überreden. Ich sonderte mich aber von den anderen ab, betrat nicht das Gebäude und zog mich hinter einem Busch aus.
Ich war allein, von den anderen sah ich nichts mehr. Ich ging ins Wasser. Es war nicht kalt. Unten an den Füßen fühlte ich sogar eine warme Strömung, die ich wohlig empfand. Ich ging tiefer hinein, begann zu schwimmen. Die warme Strömung in der Tiefe wurde wärmer und wärmer. Ich sah nach dem Ufer, es war verschwunden. Ich befand mich mitten im Fluß und wurde von der Strömung immer mehr fortgerissen. Die Angst stieg in mir hoch, ich rief nach den anderen. Doch auf einmal fing das Wasser an rings um mich zu dampfen, die Hitze stieg. Das Entsetzen packte mich. Ich schrie – und wachte auf.«

Pat. hat den Traum zu Papier gebracht und mir das Schriftstück überreicht, das ich langsam vorlese. Zunächst erzähle ich der Träumerin einiges über Wesen und Bedeutung der Träume. Es zeigt sich alsbald, daß sie – entgegen der allgemeinen Einstellung zu Träumen: »Träume sind Schäume« – ihren Traum durchaus ernst nimmt. Als Künstlerin steht sie dem Unbewußten viel näher als andere Menschen und ist von vornherein bereit, den Symbolwert der geträumten Bilder anzuerkennen. Es leuchtet ihr ein, daß der Traum ein mehr oder weniger wichtiger psychischer Vorgang ist, etwas, das ihrer Seele geschehen ist und – wie alle Geschehnisse der Natur – Sinn und Bedeutung hat. Ich machte sie darauf aufmerksam, daß Initialträume häufig in die wichtigsten Probleme, die die Seele beschäftigen einen Einblick gewähren. Sie zeigen die seelische Situation und weisen die Wege zum neuen Gleichgewicht und zur Heilung. Ich frage sie nach dem Gesamteindruck des Traumes: ob sie ein Gefühl dafür habe, was ihr in diesem Traum passiert, ob ihr bezüglich des Traumes etwas »aufgegangen« sei. Die Träumerin bemerkte lediglich, daß sie keine besondere Freundin des Schwimmens und überhaupt des Sports sei und daß, zu mal in der kühlen Vorfrühlingszeit, in der Wirklichkeit ja niemals das Schwimmen im Fluß in Betracht käme. Sie sieht ein, daß es sich also um Schöpfungen ihrer Traumphantasie handeln muß, um Bilder der Seele, die einen seelischen Prozeß oder die Vorwegnahme eines solchen darstellen. Im Gegensatz zu der F r e u d schen Traumtechnik lasse ich die Analysandin nicht frei assoziieren. Vielmehr frage ich sie, was ihr zu den einzelnen Traumfiguren einfalle; zunächst zu dem Mann, den sie in der Menge der ihr im Abstand nachfolgenden Menschen erkannt habe (»Amplifikation«[95]). Frau Clarisse erzählt nun, daß er sie in einer scheuen, stillen Art geliebt habe, daß er oft in seinen persönlichen Anliegen zu ihr gekommen sei, sie in seine sich immer steigernden seelischen Nöte habe hineinziehen wollen, und vor dem sie sich schließlich ganz verschlossen habe. Ich lasse die Patientin nun Einfälle zu der *Frau* bringen und frage sie nach den wichtigsten Eindrücken, die sie von ihr habe. »Die Frau hat mich einmal in einem persönlichen Anliegen um meine Hilfe gebeten. Doch damals, eingekreist von meinem eigenen Erleben, hatte ich sie ihr verweigert. Sie hat dann später eine verhängnisvolle Rolle bei der Mutter meines jetzigen Freundes gespielt, in dem sie unbeabsichtigt oder auch böswillig einen Ausspruch verdreht wieder erzählte, der mir in seiner Auswirkung sehr viel Kummer gemacht hat.«

Nun erläuterte ich der Patientin die Bedeutung des Unbewußten als der ihr dunkeln, unbekannten Seite ihrer Seele, mit seinen verschiedenen Funktionen, von denen einige in Träumen und Visionen durch bestimmte Personen figürlich dargestellt werden. Eine besondere Bedeutung für die Frau hat der *Animus*. Er ist ihre männliche Kompensierung im Unbewußten und erscheint in männlicher Gestalt. Der Maler ist eine solche Animusfigur der Träumerin. – Sodann erzähle ich der Patientin von einem anderen entscheidend wichtigen, unbewußt zu ihr gehörigen Seelenteile, dem *Schatten*. Er ist die gleichgeschlechtliche, also in diesem Fall als Frau geträumte Figur, die vom Ich aus als minderwertig empfunden wird[96]. Die Traumfigur stellt oft das Peinliche, das »Abgewertete«, nicht Anerkannte der bewußten Persönlichkeit dar.

---

[95] Siehe Seite 76.
[96] Siehe Seite 80.

Um eine solche Figur handelt es sich bei der Traumfrau. Sie hat Frau Clarisse um Hilfe gebeten und ist von ihr abgewiesen worden. Später hat diese Frau »eine verhängnisvolle Rolle bei der Mutter« des jetzigen Freundes gespielt und dadurch der Träumerin »sehr viel Kummer gemacht«. Die Analysandin ist bei fortschreitender Analyse mit ihrem Schatten wiederholt konfrontiert worden; sie lernte verstehen, daß ihr Schatten einen Teil ihrer Persönlichkeit ausmacht, und daß sie sich seiner annehmen muß, statt ihn, wie in diesem Traum, abzuweisen.

Der Träumerin wird im weiteren Verlaufe des Gesprächs verständlich, warum die Inhalte des Unbewußten *hinter* ihr wandern und, wie alle derartigen Manifestationen des Unbewußten, die Tendenz haben nach vorne zu rücken, also in Reih und Glied mit dem bewußten Anteil der Persönlichkeit zu marschieren, d. h. ins Bewußtsein aufgenommen werden wollen. Daß sie immer »sorgfältig den Abstand wahrt«, ist ein Beweis für die Abspaltung dieses Seelenteils von ihrem Bewußtsein. Das alles ist der Träumerin durchaus plausibel; auch, daß die indifferente Menge der andern ihr folgenden Menschen, der »Trupp Menschen«, das Kollektive, die Masse darstellt. Zu diesem Kollektiven gehören auch die vielen Menschen im Strandbad mit »Musik und Gelächter«, wodurch ihre Gefolgschaft angelockt wird. Alle diese Traumfiguren sind als Bilder ihrer Seele, als innere Vorgänge zu werten.

Es folgt der Hinweis auf die der Träumerin bevorstehende seelische Arbeit; auf den »Prozeß«, dargestellt durch das Baden im Fluß mit allen im Traum lebhaft empfundenen Sensationen. Frau Clarisse träumt: »ich wollte nicht«. Das ist bei dem aufregenden, ja Entsetzen auslösenden Ausgang der ihr bevorstehenden Traumerlebnisse nur allzu begreiflich. Es ist kühler Vorfrühling (Vorahnung des möglichen inneren Frühlings!). Der Abend beginnt zu dämmern (noch unbewußte Situation!). Schließlich läßt sie sich aber doch von ihren Begleitern nach heftigem Drängen und langer Abwehr bewegen, mit ihnen zu baden, um keine »Spielverderberin« zu sein. Und nun demonstriert der Traum noch einmal die innere Spaltung: »... ich sonderte mich aber von den andern ab ...«; »ich war allein, von den andern sah ich nichts mehr!«

Dann folgt das Kernstück des Traumes, die Vorwegnahme

des in einer erfolgreichen Analyse sich vollziehenden Vorganges. Er wird sehr plastisch und drastisch dargestellt: die Träumerin geht ins Wasser, in den Strom des Lebens. Als Christin und praktizierende Katholikin ist ihr der Vergleich mit der Taufe im Jordan einleuchtend. Das Wasser als Ausdruck des Unbewußten, der Libido überhaupt, kann so von ihr verstanden werden; der Fluß, im ständigen Gefälle (= Potential der Libido) von der Quelle bis zum Ozean, bis zum Unendlichen strömend, ist Symbol des Lebensstromes[97]. Sie muß sich dem Lebensstrom anvertrauen, wenigstens eine Zeitlang in ihm schwimmen, bis das neue Leben in ihr gewachsen ist. Aber noch mehr: *in der Tiefe* »wird die Strömung warm«, immer »wärmer und wärmer«. Am Schluß fing »das Wasser an, rings um mich zu dampfen, die Hitze stieg«. Der Analytiker weiß von dem alchemistischen Prozeß, in dem das Urelement Wasser sich vereinigt mit dem Urelement Feuer[98]. Die Träumerin wird im Feuer ihrer Emotionalität in ihren Leidenschaften gewissermaßen gekocht und erlebt einen Eindruck von der Möglichkeit einer Erneuerung und Wandlung im analytischen Prozeß. Alles das ist ihrem Verständnis nicht fern, sie ist an die Bildsprache der Bibel gewöhnt und als Künstlerin der symbolhaften Darstellung alles Lebendigen nahe. – Ich zeige der Patientin eine Abbildung, die das Traumerlebnis nicht besser illustrieren könnte: ein Mann sitzt in einem Kessel kochenden Wassers. Das Feuer wird unter dem Kessel geschürt. Es wird »gekocht«, bis die weiße Taube (pneuma) aus ihm aufsteigt[99].

---

[97] Siehe auch Hesekiel 47, Joel 4, 18, Sacharja 14, 8 Offenbarung d. Joh. 22, 1 und 17.

[98] »... nach der Auffassung der alchemistischen Philosophen (ist) die ›aqua nostra‹ ›ignis‹ (Feuer). Der Quell ist nicht nur das Fließen des Lebens, sondern auch seine Wärme, ja seine Hitze, das Geheimnis der Leidenschaft, die ja stets Feuersynonyme hat. Die ›aqua nostra‹, die alles auflöst, ist ein unerläßliches Ingrediens bei der Herstellung des Lapis. Die Quelle aber kommt *von unten*, und deshalb führt der Weg *unten durch*. Nur *unten* ist der feurige Quell des Lebens zu finden. Dieses Unten ist die Naturgeschichte des Menschen, seine Kausalverknüpfung mit der Instinktwelt. Ohne diese Verbindung kann kein Selbst werden.« (C. G. Jung, Psychologie und Alchemie, S. 174 ff.).

[99] Bei C. G. Jung, Psychologie und Alchemie, S. 361, wiedergegeben aus Salomon Trismosin 1582.

Träumerin sieht »nach dem Ufer, es war verschwunden«. Sie ist nun ganz ihrem Unbewußten, dem noch chaotischen, von ihr abgespaltenen, hilflos überlassen, völlig allein. Sie befindet sich mitten in dem breiten Fluß und wird »von der Strömung immer mehr fortgerissen«. Kein Wunder, daß die Angst in ihr hochsteigt, daß sie in ihrer Einsamkeit nach den anderen ruft, daß das Entsetzen sie packt: »ich schrie und wachte auf«.

Diese Interpretation von Traumsymbolen am Anfang einer Analyse kommt nur selten in Betracht. Im vorliegenden Fall schien sie vertretbar, weil die Patientin über Elemente J u n g scher Psychologie unterrichtet war und als Intuitive besonderen Zugang zur Symbolik hatte.

Die nächste Behandlungsstunde kann aus äußeren zwingenden Gründen erst im Abstand von etwa 2 Wochen stattfinden, wie auch die folgenden Behandlungen. Es zeigt sich, daß die Traumbesprechung das Unbewußte der Patientin stark beeindruckt und die analytische Arbeit gefördert hat. Das beweisen der neue Traum und die Notizen, die sie sich über den ersten Traum gemacht hat.

2. Traum:

»Es ist eine kalte, stürmische Winternacht. Ich bin nur dünn angezogen und friere. Kein Mensch ist weit und breit. Ich fahre mit einem kleinen, halb zerbrochenen Schlitten den Berg hinunter. Unten kippe ich um und bleibe liegen. Ich besehe mich und entdecke, daß ich jetzt ganz ohne Kleider bin, die Haut von meinem Leib wie abgezogen ist und das Gedärm, wie eine grausige Ansammlung ineinandergeschlungener Würmer, heraustritt. Es ekelt mich vor mir selber. Ich will aufstehen. Ich kann nicht und bleibe liegen, allein, frierend, in der Dunkelheit und im Schnee.

Das Bild ändert sich. Auf einmal bin ich in einer ärmlichen Flickstube. Es ist schlecht gelüftet, überall liegen Fetzen vielfarbigen Stoffes herum. Der Boden ist staubig, der Tisch verschmiert, die Fenster verhangen, so daß nur ein matter Lichtschein den Raum erhellt. Wieder will ich aufstehen und kann nicht. Da steht mein Bruder neben mir. Ich flehe ihn an, mir doch zu helfen. Doch er schüttelt nur den Kopf, schiebt den Mantel, den er anhat, etwas beiseite – und ich sehe auch bei ihm an seinem Leib eine geöffnete Stelle mit bloßgelegtem Gedärm. Ich frage ihn, wie er es gemacht hat, mit dieser Wunde zu gehen. Er antwortet mir, ich müsse sie bedecken, so tun, als sei sie nicht da. Niemand brauche sie zu sehen. Und dann solle ich wieder und wieder versuchen, aufzustehen. So lange, bis ich wie er gehen könne. Und als ich ihn wieder bitte, mir doch seine Hand zu geben, um mir wenigstens das erste Mal etwas zu helfen, schüttelt er nur traurig den Kopf. Damit bricht der Traum ab.«

Patientin ist von ihrem neuen Traum tief beeindruckt. Sie hat ein starkes, wenn auch nicht definierbares Gefühl, daß die Traumbilder ihre innere Situation aufdecken.
Zu den einzelnen Traumgegenständen (Schlitten, Flickstube usw.) hat sie keine bemerkenswerten Einfälle. Nur von ihrem *Bruder* berichtet die Träumerin in Ergänzung zu ihren Angaben in der 1. Stunde: er ist in seiner Wesensart mir sehr ähnlich. Auch er hat so vielen Menschen, die ihn liebten und brauchten, besonders Frauen, seine Hilfe und Anteilnahme aus egoistischen Gründen verweigert. Er muß wohl denselben menschlichen Schuldkomplex haben wie ich.
Ich stelle der Patientin das Landschaftsbild vor Augen, in dem das Traumerleben sich abspielt. Sie begreift, daß es sich um ihre eigene »seelische Landschaft« handelt: kalte stürmische Winternacht, kein Mensch weit und breit (wieder ein Hinweis auf die Isoliertheit des Ich und – bei aller äußeren Betriebsamkeit – im Grunde tödliche Einsamkeit!). Patientin ist nur dünn angezogen und friert: ihre der Welt zugerichtete Einstellung, ihre Persona, schützt sie nicht mehr. Sie ist unangepaßt. Ihre Gesamtsituation ist unhaltbar geworden. Auch die Mittel, mit denen sie diese noch zu bewältigen sucht, der kleine, halb zerbrochene Schlitten, trägt sie nicht mehr. In dieser hilflosen Situation, allein, ohne alle Kleider, die Haut wie abgezogen, tritt das ihr unbekannte Innere ihres Leibes heraus, ihr Unbewußtes. Sie ekelt sich zwar, aber bei der Besprechung dieses drastischen Bildes bemerkt sie, der ineinander verschlungene Darm sei doch »im Grunde ein wunderbar sinnvolles Kunstwerk, in seiner Verschlungenheit einer tiefen Gesetzmäßigkeit folgend«. Im Traum aber wird dieser ihr verborgen gebliebene Leibesinhalt als grausige, ekelhafte,

wurmartige Masse erlebt. Eine äußerst realistische Darstellung und Enthüllung ihrer psychischen Situation. Stehen doch die Würmer auf einer der niedrigsten Stufen des tierischen Lebens, vom »Kulturmenschen« ebenso abgewertet wie die entsprechend tiefen Schichten seines Unbewußten.

Das Milieu, d. h. das Bild des seelischen Raumes, ändert sich: Patientin ist nun in einer ärmlichen, schlecht gelüfteten Flickstube. Ihr war im ersten Traum auferlegt worden, sich dem Strom des Unbewußten zu überlassen und dort eine totale Erneuerung zu erfahren. Statt dessen sucht Patientin ihre Situation zu »flicken«. Erfreulicherweise gibt es selbst in diesem schmutzig-staubigen, halb dunklen Raum Fetzen *vielfarbigen Stoffes,* also eine Andeutung der positiven Möglichkeiten. Und nun erscheint der Bruder, der nach ihren eigenen Schilderungen gleichfalls ein tiefgestörter Mensch voller Konflikte ist und am Leben scheiterte. Auf ihren Hilferuf kann er nur auf seinen eigenen geöffneten Leib mit den bloßgelegten Gedärmen – d. h. auf sein eigenes chaotisches Unbewußtes – verweisen. Der einzige Bruder ist neben dem Vater der gegebene Träger ihres Animus. Ihn bewunderte sie von früh her wegen seiner künstlerischen Begabung. Als Neurotiker – im selben Milieu groß geworden – wird er vermutlich auch in Wirklichkeit den Grundsatz haben, vor allem Haltung zu bewahren. In diesem Traum hat der Bruder die Bedeutung ihres kranken Seelenanteils. Typisch in der Animusfunktion fordert er sie auf, die Wunde nicht zu beachten, sie zu bedecken, »so tun, als sei sie nicht da«. Sie soll also, wie sie es bereits immer im Leben getan hat, ihre inneren Probleme verdecken und bei allem Leid so tun, als ob... *Dieser* Animus kann ihr nicht helfen!

Ist der Patientin im ersten Traum der Weg zum neuen Leben gewiesen worden, so deckt dieser Traum ihre ganze Hilf- und Ratlosigkeit auf. Der Prozeß der Heilung muß davon ausgehen, daß sie ihre Lage, dargestellt an den obigen Traumbildern, zutiefst erkennt und sich selbst in dem Bruderbild wiederfindet.

3. Traum:
»Unser kleiner Hund kommt angeschwänzelt und legt ein Stück Holz vor mich hin. Obwohl ich keine Lust habe, mit

ihm zu spielen, ist der Ausdruck seiner Augen so flehend, daß ich ihm nicht widerstehen kann. Er lockt mich vor die Tür in den Garten, der in der Dämmerung liegt. Und nun läuft er um mich herum im Kreis, läßt mich herankommen; doch wenn ich schon glaube, das Holz zu haben, macht er eine unvorhergesehene Drehung, und wieder ist er mir entwischt. Ich rase und rase hinter dem Hund her, die Zunge hängt mir fast zum Hals heraus, ich keuche ebenso wie der Hund – doch er vor Wonne, ich selber vor Anstrengung und innerem Getriebensein. Ich muß hinter dem Hund herlaufen, als ginge es um meine Seligkeit. Doch ich kann ihn nicht fangen. Da läßt er auf einmal das Hölzchen los und nimmt einen Riesenprügel ins Maul, den er kaum schleppen kann. Er keucht und torkelt, sein Tempo verlangsamt sich. Ich freue mich über seinen Größenwahn, und ich muß noch denken, daß er es wie die Menschen macht, die vor lauter Siegeszuversicht im entscheidenden Moment ihre Kraft überschätzen. Ich mache noch einen Sprung, schon glaube ich ihn zu haben – da rennt er wieder weg, und jetzt vergrößert er sich. Auf einmal ist es nicht mehr der Hund, der vor mir springt, sondern ein Mann. Doch ich erkenne in der immer stärker werdenden Dunkelheit nur noch seine Umrisse. Ich bleibe stehen. Im selben Augenblick bleibt er auch stehen. Er dreht sich um. Nun sehe ich ihn besser. Ich erkenne ihn und erkenne ihn wieder nicht. Er hat eine große Ähnlichkeit mit meinem ersten Mann. Nur ist er sehr gealtert, seine Gesichtszüge sind durchzogen von Falten. Er trägt einen verdreckten Schlafanzug, den ich sofort als den von N. erkenne. Und jetzt bin ich auch auf einmal nicht mehr ganz sicher, ob es mein früherer Mann ist oder N. Die Hand, die jetzt an den Hals greift, ist die Hand von N. Auch die Augen, ihr Ausdruck, haben in ihrer Verstörtheit, in ihrem Gehetztsein, eine Ähnlichkeit. Ich gehe auf den Mann zu, will etwas sagen. Aber schon winkt er hastig ab, dreht sich um und ergreift die Flucht. Er verschwindet in der Dunkelheit. Ich will ihm nachstürzen. Dann bleibe ich stehen und horche. Ich höre stolpernde Schritte, Atemzüge und dann einen schweren Fall. Ist ihm etwas passiert? Doch jetzt ist Stille. Was soll ich tun? Da höre ich meinen Namen. Ganz leis' und erstickt, als drossle man N. den Atem. Denn es ist seine Stimme. Ich muß zu ihm. Doch ich will ihn nicht treten, ich sehe ja nichts. Deswegen rutsche ich auf allen Vieren vorwärts. Es scheint, daß ich mich auf einem frisch umgepflügten Acker fortbewege, denn meine Hände und Knie sinken tief ins Erdreich. Auch hackt manchmal jemand nach mir. Und nun sehe ich den Schatten vieler Vögel, die überall herumsitzen. Und dann sehe ich ihn liegen – doch viele dieser Vögel kauern in geduckter Haltung um ihn herum, als bewachten sie ihn. Sofort empfinde ich ihre Feindlichkeit, ich will sie fortscheuchen. Besonders auf den einen, unheimlichen, fledermausartigen habe ich es abgesehen, der N. auf der Brust sitzt. Aber nun kommt eine völlige Erstarrung über mich. Nichts kann ich rühren, keinen Ton bring ich aus der Kehle. Es ist eine namenlose Qual. Und nun sehe ich ihn mir an, wie er daliegt, und auf einmal habe ich Zweifel, ob es nicht doch mein erster Mann ist. Diese Ungewißheit martert mich am meisten. Da schließe ich die Augen, um mich zu konzentrieren, zu sammeln. Ich versuche zu beten. Anstelle meiner Hilflosigkeit will ich seinen Willen beschwören, seinen Zwang gegen den Zwang, der mich eingepanzert hält. Aber auch das gelingt mir nicht. Ich bin erschöpft, leer. So leer, daß nicht nur kein Gedanke, sondern auch keinerlei Gefühl in mir ist. Nur noch die Empfindsamkeit meiner Hände, die in der Erde eingegraben liegen. Die Erde fühlt sich warm an, fast lebendig, wohltuend. Doch jetzt bewegt sich etwas in der Erde – eine dritte Hand ergreift meine eine Hand, umschließt sie, nimmt Besitz von ihr, als wolle sie sie nie mehr loslassen. Und obwohl ich nichts sehe, weiß ich sofort, es ist die Hand von N., seine Art, sie zu fassen, sie zu drücken. – Ich erwache sehr langsam. Der Zwang, der mich umkrallt hält, löst sich schwer. Die rechte Hand, die in der Bettdecke verkrampft ist, hat weiße, erstorbene Finger. Ich muß sie wieder kneten, damit Leben in sie kommt.«

Nachdem der Initialtraum das Gesamtproblem der Analyse aufgeworfen, der 2. Traum unbarmherzig ihre tatsächliche, unbewußte Lage zutage förderte, bietet der *dritte Traum* eine Art Vorschlag für den Weg der Heilung.

Die Patientin bringt schriftliche Notizen zu diesem Traum mit. Sie erinnert sich aller Einzelheiten klarer als bei den ersten Träumen. Nichts ist verschwommen. Die eigene Deutung des Traumes versucht sie in der Weise, daß sie das Spiel mit dem Hund mit ihrem starken Spieltrieb überhaupt und besonders im Verhältnis zu ihren Partnern vergleicht. Aus ihrem Spiel sei immer ein furchtbarer Ernst geworden, auch für den Partner, bei dem es »alle Dämonen wachgerufen« habe, die dann wiederum auf sie selbst gehetzt worden seien. – Im einzelnen assoziiert sie zu den Traumfiguren: der *Hund* ist ihr eigener, mit dem sie manchmal in Wirklichkeit spielt, wie eingangs des Traumes. Im Traum jedoch sei sie durch das Spiel auf eine »seltsame, zwangsmäßige Weise gefangen« worden. Über ihren jetzigen *Freund N.* und den erwähnten *früheren Mann* ist in der Biographie zu Anfang des Berichtes das Wesentliche gesagt. Zu den *Augen* von N.: »So fast irr vor Angst sah mich früher mein Mann an, und so hat mich unlängst auch N. angesehen. Warum erkenne ich jetzt erst dieses wesenhafte Doppelgängertum?«

Ist die Patientin im letzten Traum im Schlepptau ihres kranken Animus gezeigt worden, so zeigt dieser Traum eine deutliche Heilungstendenz: ihr Hund, das Symbol ihres Instinktes, lockt sie zum Spiel mit einem Stück Holz, einem bekannten Sinnbild der »prima materia«. Sie kann seiner flehentlichen Aufforderung nicht widerstehen und folgt ihm in den Garten. Aus der Flickstube des vorigen Traumes ist ein Garten geworden! Der Hund läuft um sie herum, *im Kreis*. Es ist der magische Kreis um sie herum, innerhalb dessen sie gegen das anstürmende Unbewußte geschützt ist und in dessen Zentrum stehend sie die Wandlung erleben soll. Nun tritt sie aus dem Kreis heraus und rast hinter dem Hund her, voll »innerem Getriebensein«. Ihr Animus treibt und hetzt sie! Der Hund nimmt statt des Hölzchens einen Riesenprügel ins Maul, er muß deshalb keuchend und torkelnd sein Tempo verlangsamen – eine Projektion der Träumerin auf den »Größenwahn« des Tieres, von dem sie selbst bemerkt, daß er seine Kraft überschätze, »wie es die Menschen machen«. Ich kann auf ihren vorigen Traum hinweisen, in welchem auch sie ihre Kraft überschätzt und unter höchster Anspannung ihres Willens sich den Befehlen ihres Animus unterwirft. – Dann beginnt ein neuer Akt des Traumdramas: der Hund verwandelt sich in einen Mann. Allmählich hebt sich die Gestalt ihres früheren Mannes aus dem Dunkel des Unbewußten heraus, so daß sie ihn deutlich erkennt, bis er wieder schattenhaft versinkt. Sie weiß nur, daß er sehr gealtert ist – reif, überreif, um abgelöst zu werden von dem jungen, d. h. positiven Aspekt ihres Animus. Nun erkennt Träumerin, daß der frühere Mann identisch wird mit ihrem jetzigen Freund N. Die Animus-Personen sind also fungibel, auswechselbar. Immer wieder sind es dieselben Gestalten, mit denen sie sich auseinandersetzen muß. Diesen Typ, auf den sie ihren Animus projiziert, muß sie sich bewußt machen, bis sie aufhört, »ein ganzes Paradies hineinzuträumen«, wie sie selbst ihre bisherige Beziehung zu ihren Partnern charakterisiert; bis sie aufhört, den jeweiligen Partner »mit Wünschen und Träumen zu umgeben«, bis sie immer wieder am Ende »völlig unverhüllt« erkennt und dann aus den Wolken fällt (so umschreibt sie selbst den Mechanismus ihrer Projektion). »Wenn die Wirklichkeiten mich zu schrecken begannen, ergriff ich die Flucht.« – Wie in einem Spiegel erkennt sie in den *Augen* »ihre eigene Verstörtheit, ihr Gehetztsein«. »Irr vor Angst« hatte sie selbst den Augenausdruck in ihrer Assoziation zum Traumbild bezeichnet. – Im Fortgang des Traumdramas wagt die Patientin einen ersten Schritt ihrer Heilung entgegen: sie läßt sich fallen! In der Dunkelheit »rutsche ich auf allen Vieren vorwärts, wie auf einem frisch umgepflügten Acker ... meine Hände und Knie sinken tief ins Erdreich.« Sie ist von der Höhe der Treppe hinuntergestiegen, was ihr von frühester Jugend an Angst verursacht hat (Treppenangst). – Auch ihr Partner N. hat einen schweren Fall getan. Es ist, als ob man ihm »den Atem drossele«. So wie ihr selbst, der Träumerin, von *diesem* Animus der Atem, die Luft, der Geist genommen worden ist. Noch fällt es ihr schwer zu verstehen, daß dieser N. einen Teil ihrer Persönlichkeit ausmacht. Sie selbst ist umgeben von den »unheimlichen, fledermausartigen« Vögeln, diesen Symbolen des Pseudo-Geistes. Sie empfindet lebhaft ihre Feindseligkeit; sie hacken nach ihr, wie sie in Wirklichkeit alles echte, ursprüngliche Leben in ihr zerhacken und sie dem Dämon sklavisch zu folgen heißen. »Namenlose Qual« erfüllt sie, die völlig leer, erschöpft, ohne jedes Gefühl daliegt. Auch das Gebet, das sie die Kirche gelehrt hat, hilft ihr nicht, »Gottes Willen zu beschwören ... gegen den Zwang, der mich eingepanzert hält«. Es ist nicht der Geist-Vogel, nicht etwa ein Adler, der sie umgibt, sondern die nefaste Fledermaus, die der Dichter das Blut aus der Halsschlagader seiner Frauengestalt saugen läßt[100]. Bei allen Schrecken und Schmerzen kann dieses Traumgeschehen ihr heilsam sein. Pat. ist den dunkeln Gestalten des ihr Leben bestimmenden Unbewußten konfrontiert worden. Sie ist mit der Erde, dem Acker in enge Berührung gekommen. Die Träumerin selbst wirft bei der Besprechung des *Ackersymbols* ein: ich habe eine Sehnsucht nach der Erde, nach dem Acker, es ist fast wie eine wollüstige Empfindung einer Zugehörigkeit zur Erde; so nah fühle ich mich ihr, daß ich mir immer gewünscht habe, einmal ohne Sarg, unmittelbar der Erde ausgesetzt, begraben zu werden! Das haben ihr die heilenden Kräfte ihres Unbewußten vermittelt: sich der lebendig-warm und wohltuend empfundenen Erde anzuvertrauen, sich in den frischgepflügten Acker der Länge nach hineinzuwerfen, sich mit den Händen in ihn einzugraben. All das ist ein erstes Traumgeschehen, ein Vorwegnehmen von noch fernen Möglichkeiten: von der Höhe der Treppe herunterzusteigen in die Tiefe, auf die Mutter Erde, die prima materia par exellence, zu der sie selbst in ihrem Frauentum werden soll: »illa terra virgo nondum pluviis rigata« wie A u g u s t i n das Element der Erde bezeichnet hat[101]. Aber noch ist es nicht der neue Geist, der sie ergreift, es ist vielmehr die Hand von N., die die ihrige umschließt, sie so stark umkrallt hält, daß ihre Finger beim Erwachen blutleer und weiß, wie abgestorben, in der Bettdecke verkrampft sind.

Im *Traum Nr. 4* erfährt das schmerzhafte und qualvolle Ausgelöschtwerden durch den negativen Animus einen bildhaft nicht zu übertreffenden Höhepunkt. Es ist das Traumerlebnis einer sexuellen Vereinigung, die zur völligen Zerstörung und Auslöschung der Persönlichkeit der Patientin führt.

---

[100] Siehe den Roman Dracula von B r a m S t o k e r.
[101] Zit. nach C. G. J u n g, Psychologie und Alchemie, S. 463.

4. Traum:
»Die Arme des Mannes, die mich umschlungen halten, verlängern sich, werden dünn wie Fäden und umgarnen ganz meinen Körper. Ich fühle mich einer Raupe ähnlich im Stadium des Einpuppens. Und innerhalb dieser Hülle verwachsen die Körper miteinander. Vier Beine werden zu zwei Beinen, unser Leib, unsere Brust wachsen ineinander, es ist nur schmerzhaft, wie seine Stirn sich in meine senkt. Ich wehre mich gegen diesen Schmerz, will zurückweichen, aber es gelingt mir nicht. Diesen Prozeß, der wie eine Operation ist, muß ich über mich ergehen lassen. Und nun spüre ich, wie aus seinem Gehirn sich etwas in das meine ergießt, halb Flüssigkeit, halb Luft. Es füllt meinen ganzen Körper, der jetzt auch sein Körper ist. Es macht uns sehr leicht – schwimmfähig.
Ich befinde mich dann auch inmitten einer Strömung. Und nun sehe ich nach außen und sehe Meeresgrund, Algen, Fische, Pflanzen, aber auch wieder Häuser und Landschaften, so wie man sie vom Flugzeug aus sieht, entfernt und spielzeugähnlich. Und alles bewegt sich nach einem bestimmten Rhythmus, senkt und hebt sich, wie in einem alles umfangenden Atemzug, auf und nieder, auf und nieder. Es ist wie ein Schaukeln, das immer stärker wird – bis zur Besinnungslosigkeit...«

Dieser neue Traum ist der Patientin unverständlich, sie kann nichts damit anfangen. Nur der furchtbare Schmerz, dem sie wehrlos ausgesetzt war, klingt in ihrer Erinnerung nach. Die Deutung, die ich ihr vorschlage, nimmt sie mit lebhafter innerer Anteilnahme auf: hier ist sie völlig identifiziert mit dem unbewußten, männlichen Anteil ihrer Seele, so sehr von diesem »umgarnt« und »eingepuppt«, daß sie selbst völlig aufgelöst, zerstört wird. Diese Destruktion wird bis zum qualvollen Ende erlebt, bis sich nämlich auch ihr Gehirn, die oberste Führung ihres Ich, der ihr bewußten Persönlichkeit, mit dem seinigen vermischt, bis es durch sein Gehirn gänzlich ausgefüllt ist. Es ist halb Flüssigkeit, halb Luft. Jener Luft-Geist, der falsche, dämonische »Seelenführer«. So, mit Luft gefüllt, »sehr leicht – schwimmfähig«, wird sie, bar aller Erdenschwere, aller Wirklichkeitsnähe, dem Leben entrückt –

weit weg von jenem frischgepflügten, blutwarmen Acker des vorigen Traumes. Und so sieht sie auch im zweiten Teil des Traumes, zunächst noch inmitten des strömenden Wassers, später aus weiter Entfernung, im Flugzeug, das wirkliche Leben »spielzeugähnlich«. Wohl ist am Grunde des Meeres aller Reichtum zu finden, von den Pflanzen über die Algen und Fische bis zu den Landschaften mit Häusern. Aber Pat. ist in die Lüfte gehoben, sie sieht alles aus der Weite. Es gehört ihr nicht zu eigen, alles ist in tiefster Unbewußtheit dämmernd. Auch der Rhythmus des Lebens, das Auf und Nieder, das Heben und Senken führt »zur Besinnungslosigkeit«. So ist sie der Erde entzogen, wieder auf der Treppe hoch oben, in ihrer ganzen Verstiegenheit.

Übertragungssituation
Es besteht ein ausgesprochenes Vertrauensverhältnis, das eine positive Übertragung neben einer guten menschlichen Beziehung erwarten läßt. Nur auf diesem Hintergrund war es möglich, daß die Patientin sich die Opfer weiter Reisen zur Behandlung auferlegte, in den ersten fünf Analysesitzungen sehr viel – und ohne sich zu schonen, aus ihrem Leben berichtete. So kommt eine für die Struktur dieser Neurose besonders charakteristische Einzelheit zutage. Pat. hatte von der Mutter eine von ihren Eltern geübte sexuelle Perversität (coitus per anum) erfahren. Sie hat die in den Träumen genannten Männer auf diese Praktiken gebracht, die in ihrem Sexualleben eine auffallende Rolle spielen. – In diesem Stadium der Analyse kann Pat. noch nicht darauf hingewiesen werden, wie sehr sie im Unbewußten des Vaters lebt, so daß sie sein Triebleben bis auf eine solche Einzelheit nachahmen muß (Identifikation). – Über Widerstand in der späteren Phase der Analyse S. 210.

5. *Traum:*
»Ich sitze in der Untergrundbahn. Sie ist nur matt erleuchtet. Draußen vor den Fenstern ist eine helle Nacht. Man sieht die Umrisse einer vom Krieg zerstörten Stadt: Ruinen, Schutt.
Um mich herum sitzen lauter zerlumpte Menschen mit grauen, eingefallenen Gesichtern. Auch ich gehöre zu ihnen,

auch ich bin zerlumpt, alt. Aus dem Rahmen dieser trostlosen Gesellschaft fällt allein die Stiefmutter meines Mannes, die mir gegenüber sitzt. Sie ist schön, strahlend, glücklich. Ich bin sehr mit ihr befreundet und bei ihrem Anblick muß ich unwillkürlich an einen Ausspruch von ihr denken, der mir damals einen tiefen Eindruck machte. Sie war 56 Jahre alt und äußerte zu mir, daß jetzt für sie und ihren Mann ein ganz neues Leben beginnen würde. Eine neue Seligkeit! Mit keinem jungen Mädchen möchte sie mehr tauschen. Sie beginne ihres Mannes Seele zu lieben und er die ihre. Und als ob sie meine Gedanken selbst erraten würde, wendet sie ihr Gesicht zu mir, lächelt und nickt mir zu. Und ich fühle mich durch sie irgendwie beschämt, noch älter und ärmer. Da fällt mein Blick zufällig auf einen Mann, der am Ende des Wagens sitzt: auch alt, auch ärmlich gekleidet, mit zahnlosem Mund. Und ich erkenne langsam in ihm N. Auf einmal sitzt er neben mir, sieht mich an. Und nun schiebt er die Hand zu mir hin. Sie ist wie früher, jung und gepflegt und steht im Gegensatz zu seinem sonstigen Äußeren. Sie beglückt und beruhigt mich. Der Traum bricht ab.«

Die wesentlichen *Assoziationen* zu der *geträumten Frau* hat Patientin bereits in den Traumbericht eingeflochten. Wieder die realistische Zeichnung ihres seelischen Raumes; alles ist heruntergekommen, unhaltbar geworden; Ruinen und zu Ruinen gewordene Menschen. Auf meine Frage, ob Patientin sich eines früher geträumten Bildes ähnlicher Ausmalung erinnert, fällt ihr die Flickstube im 2. Traum ein. Daß es sie selbst geht, um die trostlose Situation ihrer Seele, bestätigt der Traumtext: ich gehöre zu ihnen, auch ich bin zerlumpt, alt. So kann sie das Traumbild als Ausdruck ihrer inneren Lage annehmen. – Zum ersten Mal taucht nun eine fremde Frau auf, die das Ziel der analytischen Arbeit anzuzeigen scheint. Diese wird dargestellt durch die Stiefmutter des früheren Gatten, strahlend vor Glück. Sie hat ihr Selbst gefunden und ein ganz neues Leben begonnen: so kann sie die Seele ihres Mannes lieben. Sie lächelt der Pat. zu, als ob sie sie ermutigen möchte. – Der Traum nimmt die Lösung eines Kardinalproblems der Pat. vorweg. Er ist eine Reaktion auf den letzen Traum, in dem die Pat. von ihrem Animus vernichtet wird. Da die Traumfrau keinerlei aktuelle Bedeutung im Leben der Frau Clarisse hat, kann diese Traumfigur nicht von der realen Schwiegermutter des Exgatten abgeleitet und auf der Objektstufe gedeutet werden. Sie ist vielmehr Trägerin des Seelenbildes der Träumerin und somit auf der Subjektstufe zu verstehen. Dieses ihr Bild gibt einen Hinweis auf den Weg der Gesundung: die Pat. soll sich dem männlichen Bezirk im Unbewußten zuwenden, wie die Schwiegermutter die *Seele ihres Gatten* in später Ehe lieben gelernt. Wie diese könnte auch die Pat. ein neues Leben beginnen, wenn sie sich mit ihrer »Seele« vereinigen würde. – Pat. wird sich bei der Begegnung mit der glücklichen Frau ihrer eigenen inneren Verarmung noch bewußter. Sie erblickt ihren Freund N., der ihrem reduzierten Zustand angepaßt, sich ihr mit zahnlosem Mund, auch alt und ärmlich präsentiert. Aber es ist, als ob die Vision ihrer Selbstfindung, das Bild der zu neuer Glückseligkeit gelangten Frau, auch ihren Partner verjüngt: die Hand, die sie so liebt, und die sich nun in die ihrige schiebt, ist wieder jung und gepflegt. So geht der Traum mit einer Wendung zum Positiven zu Ende.

6. Traum:
»Ich stehe am Fenster unseres Hauses. Draußen ist Dämmerung. Es stürmt und schneit. Und doch ist es kein Schnee, manchmal sieht es so aus, als seien es Fetzen Schmutzes, Erdbrocken, die in der Luft wirbeln. Die ganze Natur scheint in Aufruhr.
Da sehe ich ein riesiges Tier, halb Elefant, halb Drachen, in diesem Unwetter auftauchen und auf mich zustürmen. Die Angst, daß dieser Koloß fähig sei, unser kleines Haus einzurennen, läßt mich zurücktreten. Einen Augenblick schließe ich die Augen.
Als ich sie wieder öffne, hat sich das Unwetter draußen gelegt. Ich trete näher ans Fenster, schaue hinaus. Eine Schneedecke ist über das Erdreich gebreitet. Und nah am Haus sehe ich eine Erhöhung, welche die Umrisse des riesigen Tieres wiedergibt. Und jetzt sehe ich deutlich, wie es atmet. Die Decke über ihm hebt und senkt sich. Ganz gleichmäßig. Alle Angst weicht von mir.«

Dieser Traum zeigt aufs neue, wie tief die Pat. unbewußt aufgewühlt und von der bisherigen analytischen Arbeit gepackt ist. Man könnte ihn einen »großen« Traum nennen. Tiefe, archaische Bezirke des kollektiven Unbewußten haben im Symbol des Drachen-Elefanten ihren archetypischen Ausdruck gefunden. Die Träumerin ist selbst von ihrem Traumerlebnis stark beeindruckt, ohne daß sie in Worten einen adäquaten Ausdruck finden könnte. Ich muß ihr beipflichten: solche Erlebnisse aus dem Unbewußten lassen sich nicht beschreiben, man kann sie nur umschreiben. Besser noch: die Pat. sollte sie in Zeichnungen wiedergeben. Sie scheint den Wert der zeichnerischen Darstellung zu ahnen und übernimmt es, ausgehend von diesem Traumbild, einen Versuch zu machen. – Im ersten Teil des Traumes ist wieder die Exposition, der Ort der Handlung skizziert. Sie spielt sich vor ihrem Hause ab, d. h. vor der bewußten Persönlichkeit der Träumerin. Was dann »draußen«, vom Fenster aus sichtbar, in Erscheinung tritt, spielt sich ab im Nicht-Ich. Dort ist alles »in Aufruhr«: es stürmt und schneit; Erdbrocken wirbeln durch die Luft, wie bei einem Vulkanausbruch. »Die ganze Natur« der Träumerin ist aufgewühlt. So sind alle Bedingungen erfüllt, um ein sagenhaftes Untier, halb Drachen, halb Elefant, aus den Tiefen ihres Unbewußten auftauchen zu lassen. Wir wissen aus vielfältiger Erfahrung, welch Schrecken ein solches Fabeltier auslöst. Kündigt es doch, ebenso wie die Schlange, in Träumen und Visionen wichtige Ereignisse an. »Die Angst, daß dieser Koloß ... unser kleines Haus einrennen« könnte, ist nur zu berechtigt. Wie gefährlich ist in der Mythologie aller Zeiten und Völker, in Sagen und Märchen, der Kampf des »Helden« mit dem Drachen! Es ist erstaunlich und für den Heilungswillen der Träumerin ein gutes Omen, daß sie nur einen Augenblick erschreckt zurücktritt, die Augen schließt, und dann wieder ans Fenster herangeht, um das Schauspiel draußen zu betrachten. Siehe da, das Unwetter hat sich gelegt, das Untier steht in der Nähe des Hauses, atmend, also lebendig. Es ist zwar mit einer Schneedecke bedeckt und dadurch der Träumerin distanzierter. Aber wie sie selbst, ist auch dieses Tier dem Gesetz des Lebens unterworfen, es atmet gleichmäßig, die Decke über ihm hebt und senkt sich. Es ist der ewige Rhythmus des Lebens, Goethes Systole und Diastole, jene Lebensordnung, die der Patientin Gesundheit bringen soll und bei deren sinnfälliger Betrachtung alle Angst von ihr weicht. – Die Analysenstunde erlaubt nur andeutend auf die tiefe Symbolik dieser archetypischen Erscheinung einzugehen: die Vereinigung von Drache und Elefant. Der Drache, das Tier aus sagenhafter Vorzeit, der archaische Kaltblütler, das chthonische Tier, Symbol der verschlingenden Mutter[102], bekannt aus zahlreichen Mythen und Sagen. Wie gegensätzlich der Elefant! Er ist der Koloß, der als einziger die vorgeschichtliche Zeit überlebt hat; der stärkste und größte Warmblütler auf der Erde, der sich hat domestizieren lassen; der in den indischen Heiligen Schriften als Symbol der beherrschten Libido fungiert. Der Maharadscha, auf einem weißen Elefanten thronend, läßt sich von seinen Untertanen huldigen und zeigt ihnen symbolisch, daß er das gewaltige Tier, die Animalität, beherrscht. Diese grundverschiedenen Symbolträger treten im Traum der Patientin als *ein* Tier auf. In diesem Fabeltier wird für die Träumerin die Brücke geschlagen von den archaischen Tiefen ihres kollektiven Unbewußten zum Bewußtsein. Die Gegensätze vereinigen sich. Indem die Träumerin den Mut aufbringt, das zunächst furchterregende Untier in Ruhe zu betrachten, wird dieses Bild in der seelischen Wirklichkeit »trächtig« und damit hilfreich. Ein großes Sütck Traumarbeit ist geleistet, und »alle Angst weicht von mir«.

7. Traum:
»Ich komme an unser Haus und sehe unten an der Eingangstür, vor dem Gartenzaun, einen breiten Graben gezogen, den ich nicht überschreiten kann. Ich bin verärgert und überlege, wer mir diesen Streich gespielt hat und mir damit den Eintritt in mein Haus verweigern will. Da sehe ich, daß auch die Bäume, die ich liebe, der Reihe nach gefällt worden sind. Meine Empörung und mein Schmerz erreichen aber ihren Höhepunkt, als ich einen Hund daherkommen sehe – er ist etwas größer und langbeiniger als mein eigener – und bei seinem Anblick sofort feststellen

---

[102] Über das Symbol des Drachens siehe C. G. J u n g , »Wandlungen und Symbole der Libido«, 1928; ferner »Psychologie und Alchemie«, 1943.

muß, daß ihm zwei Beine abgeschnitten worden sind. Trotzdem kann er noch gehen. Ich überlege, ob ich nun gezwungen bin, diesen armen Krüppel noch vollends zu töten. Denn einen Moment erscheint es mir als Grausamkeit, ihn so leben zu lassen. Aber wie ich ihn beobachte, muß ich feststellen, daß er keine Schmerzen hat. Auch kann er ohne viel Anstrengung sich ganz normal fortbewegen. Da beschließe ich, ihn leben zu lassen. Das Zwischenstück des Traumes ist mir entfallen. Ein kleiner Traumfetzen kurz vor dem Aufwachen ist mir aber noch erinnerlich: Ich gehe einer Art riesigem Mond entgegen. Doch mitten in dem fahlen Licht, das aber wieder zwischendurch hell und sonnenhaft ist, sehe ich breite Adern, gleich Strömen, schwarz und glänzend wie Onyx. Dieses Licht mit seinen dunkeln Adern gefällt mir sehr. Ich wache mit einem großen Glücksgefühl auf.«

Die Träumerin befindet sich außerhalb ihres Hauses, von ihm durch unübersteigbare Hindernisse getrennt. Der tiefe Graben, der sie von ihrem Ich, ihrer bewußten Persönlichkeit, trennt, hat die gleiche Symbolkraft wie ein Fluß, der den Träumer von dem anderen Ufer fernhält. Er zeigt erneut die tiefe Spaltung in der Psyche der Patientin. Bereits im allgemeinen Teil ist der Bedeutungsgehalt des Grabens umschrieben worden. Patientin fragt sich verärgert, wer ihr »diesen Streich gespielt hat« und ihr damit den Eintritt in ihr Haus verweigern will. Sie sucht im Traum – wie in der Wirklichkeit – den Sündenbock draußen, im andern, z. B. ihrem Freund, in den äußeren Lebensumständen; sie sieht nicht, daß es ihr Animus-Dämon in ihrem Unbewußten ist, der die Zerstörungen angerichtet hat und sie seelisch verstümmelt. Es gelten auch im Unbewußten die Gesetze der Projektion. Die Einsicht in diese Mechanismen in diesem Stadium von der Patientin zu erwarten, wäre verfrüht. – Die folgenden Traumbilder demonstrieren die Störungen im Unbewußten: die Bäume sind gefällt worden, der Hund der Träumerin ist furchtbar verstümmelt. Bewußt ist die Träumerin eine große Natur- und Hundeliebhaberin. Sie erkennt daher ohne Schwierigkeiten den Sinn der Bilder des Traumes: die Bäume als Prototyp des Wachstums in der Vegetation, als positives

Muttersymbol, als Lebensbaum in der Mythologie; den Hund, das domestizierte Tier, als Repräsentant ihres Instinkts, als Brücke zur Welt des Tierhaft-Primitiven in ihrem Unbewußten. Die Bäume sind der Reihe nach gefällt und ihrem Hund sind zwei Beine abgeschnitten worden. Einen Augenblick hat die Träumerin das richtige Empfinden, daß der Hund furchtbare Schmerzen haben müsse, d. h. daß ihre eigene innere Situation unerträglich geworden ist. Sofort aber beschwichtigt sie sich und findet sich mit der Verkrüppelung ab, wie sie sich in der Wirklichkeit ja auch immer wieder über die Unhaltbarkeit ihrer seelischen Lage hinwegsetzt. Sie muß die Illusion aufgeben, daß dieser grausam verkrüppelte Hund keine Schmerzen habe, daß er »ohne viel Anstrengung sich ganz normal fortbewegen könne«.

Auf diesen düsteren Hintergrund folgt am Schluß die Lysis, der Hinweis auf den Ausweg aus der Sackgasse: Patientin geht einem riesigen Mond entgegen, dem Symbol des weiblichen Prinzips. Ist die Sonne die Repräsentantin des Lichts, der Bewußtheit, und damit des männlichen Prinzips, so ist der Mond der passive Lichtträger, das Symbol des Empfangenden. Von alters her ist die Beziehung zwischen Mond und Weiblichkeit bekannt. Die Antike weihte den Mond weiblichen Gottheiten. Die christliche Kunst stellt die Madonna häufig auf der Mondsichel dar. Der Mond wird verglichen mit der Schönheit Marias und in Gegensatz gebracht zu Christus, der Sonne des Lebens[103]. Die Alchemisten gehen noch weiter: »Der Vollmond ist das Wasser des Philosophen und die Wurzel der Wissenschaft. Denn der Mond ist die Herrin der Feuchtigkeit, der vollkommene und runde Stein und das Meer, woraus ich verstanden habe, daß diese (Luna) die Wurzel dieser verborgenen Wissenschaft ist.«[104] Nachdem Frau Clarisse im ersten Teil des Traumes die verheerenden Wirkungen der Animus-Macht in sich gesehen hat, wendet sie sich hier der ihr immanenten hilfreichen Funktion des Weiblichen zu.

In dem fahlen, zwischendurch sonnenhaft-hellen Mondlicht gewahrt die Träumerin breite Ströme, glänzend wie Onyx.

[103] Doering-Harting, »Christliche Symbole«, 1940, S. 88.
[104] Senior: »De Chemia« (1566), S. 35 und 36, zit. nach C. G. Jung, »Psychologie und Alchemie«, S. 544.

Der Kontrast des dunkeln Steines auf dem Mondlicht zeigt der Pat. die Gegensätze in ihrer Seele, die sie hier annehmen und vereinigen kann; die Gegensätze zwischen bewußt und unbewußt wie zwischen dem harten schwarzen Stein und dem weichen fahlen Mondlicht. – Ich schlage Frau Clarisse diese Deutung des abschließenden Bildes in ihrem Traum vor, verweise aber auf eine andere durchaus mögliche Auslegung. Der schwarze Stein kann ebensowohl das Prinzip des dunkeln Weiblichen darstellen und eine Verstärkung des Mondsymbols und damit ihrer eigenen Weiblichkeit. Gelten doch die tiefe, dunkle Nacht und viele andere Ausdrucksformen der Dunkelheit von jeher ebenfalls dem weiblichen Prinzip.

8. Traum:
»Ich bin in einer Bauernstube, in der Bekannte von mir wohnen. Ich sitze auf der ›Kunst‹, während das bekannte Ehepaar sich am Tisch vor mir unterhält. Sie fühlen sich nicht von mir beobachtet. Sie steht auf und überquert das Zimmer und fällt auf den Boden. Er springt auf – ich denke, er kommt ihr zu Hilfe –, beugt sich zu ihr herunter und trampelt dann in einer halb übermütigen, halb brutalen Weise auf ihr herum. Als er von ihr abläßt, erhebt sie sich mühselig, schüttelt sich und versucht mit Mühe das Weinen zu verbeißen. Ich sitze wie festgenagelt auf meiner Ofenbank und fühle nichts als Entsetzen, daß ein Ehepaar, von dem ich annahm, daß es gut miteinander steht, derart aneinandergeraten könne. Dann gehe ich fort an die nächste Omnibushaltestelle. Während ich gehe, wird mir bewußt, daß ich viel zu spät daran bin und der letzte Omnibus, der mich heimbringen soll, schon abgegangen sein muß. An der Haltestelle merke ich in der Dunkelheit, daß noch jemand dasteht und wartet. Ich frage, ob der Omnibus schon abgegangen sei. Ich bekomme keine Antwort, spüre aber die jetzt fast unsichtbare Gestalt mir näherkommen. Sofort wird mir klar, daß ich in Gefahr bin. Ich will fortrennen und kann nicht. Ich will rufen, und meine Stimme bleibt im Hals stecken.
Das Bild ändert sich zu meinem Entsetzen. Ich stehe auf meiner Terrasse und sehe in der Dunkelheit, wie unsere Hühner den Hahn zerfetzen. Der angegriffene Hahn hat

schon ein Bein verloren und versucht blutend zu entfliehen. Ich jage die Hühner von ihm fort. Doch jetzt sehe ich, wie ein Fuchs den Hahn packt, würgt und zu Tode beißt. Seine Augen sind während dieser Tötungsaktion funkelnd auf mich gerichtet. In der Angst, daß er sich nun auch noch auf die anderen Hühner stürzen und sie gleichfalls töten wird, halte ich Ausschau nach ihnen. Sie sitzen alle zusammen, unbeweglich, auf einem Fleck, auf einem beschneiten Hügel. Die Farbe ihrer weißen Federn und die des Schnees fließen fast zusammen. Während ich sie dort sitzen sehe, wundere ich mich noch im Stillen, warum sie eigentlich nicht schon längst in ihrem Stall sind und sich noch nachts herumtreiben. Ich will dem Mädchen rufen, es soll die Hühner hineintreiben. Aber das Mädchen antwortet nicht, das Haus ist wie ausgestorben. Ich sehe jetzt auch keine Hühner mehr, keinen Hahn, keinen Fuchs. Ich bin allein auf der nächtlichen Terrasse und wache auf.«

Es handelt sich bei dem Ehepaar, wie Pat. berichtet, um evakuierte, also »entwurzelte« Städter (der Mann ist Bankier). Der Kontrast dieser Menschen auf dem Hintergrund einer Bauernstube, also dem Bodenständigen, Primitiven, ist evident. – Wie immer zu Beginn einer Analyse, fällt es der Pat. schwer, das Traumgeschehen als Vorgänge ihrer eigenen Seele anzunehmen. Ihre Assoziationen lassen aber eine Anwendung auf das konkrete Ehepaar, das in guter Ehe lebt, nicht zu. So ist es die Träumerin selbst, das Frauliche in ihr, das von ihrem Animus zertrampelt, vergewaltigt wird. Es sind die »Meinungen« und Schablonen, die ihr Gefühl und damit ihr ureigenstes Leben nicht aufkommen lassen. Wiederum, wie in früheren Träumen, beherrscht sich die Malträtierte, versucht sie, »mit Mühe das Weinen zu verbeißen«.

Daß dieses Traumgeschehen sich in ihr selbst, auf der sogenannten Subjektstufe, und nicht in der konkreten Wirklichkeit vollzieht, wird aus dem folgenden Traumstück verständlich: ein ihr unbekannter Mann nähert sich ihr drohend in der Dunkelheit in fast unsichtbarer Gestalt. Diese Bedrohung scheint eine Wiederholung und zugleich Fortsetzung des ersten Traumteils zu sein, gilt also wohl ihr, der Träumerin selbst. Und an verschiedenen Tierbildern wird in voller Deutlichkeit am Schluß der blutige Kampf noch einmal demonstriert. Er spielt sich im Unbewußten ab, und zwar in jenen tiefen Schichten, die den Entwicklungsstufen dieser Tiere entsprechen. Die Hühner zerfetzen den Hahn, dem dann nach Verlust eines Beines ein Fuchs den Garaus macht. Eine Umkehrung der Fronten hat stattgefunden. Der Animus, das männliche Prinzip, dargestellt als Hahn, wird das Opfer der Hühner, die das Symbol der undifferenzierten weiblichen Sexualität sind. Schon im frühen Mittelalter erscheint der *Hahn* auf Kirchtürmen als Symbol des erwachenden Lichtes; als Geist-Prinzip, als Symbol oder Attribut Petri und vieler Heiligen, als Erwecker schlafender Seelen, ja als Symbol des Logos, Christi selbst[105].

Es wäre Aufgabe der Träumerin, ihre eigene primitive Weiblichkeit, dargestellt am Bild der zusammenhockenden Hühner, zu erkennen und anzunehmen. Die »Hühnerqualität« lehnt sie ab, deren Bejahung Vorbedingung ist für alle weibliche Differenzierung. Fasziniert durch Vater und Bruder, an denen sie schon sehr früh bewundernd heraufblickt, entwertet Frau Clarisse ihre eigene Weiblichkeit. Damit wird das tiefe Ressentiment wach gegenüber dem Männlichen. Und so kommt es zum Kampf der Hühner gegen den Hahn. Eine Umkehrung des ersten Traumbildes findet statt, die Auflehnung und Rache der zu Boden getrampelten Frau!

Am Schluß steigert sich der Kampf unter den Tieren zum tödlichen Angriff des Fuchses gegen den Hahn. Im *Fuchs* wird die dämonische Seite des Animus repräsentiert. Er ist seit alters her das Hexentier, ja der Dämon selbst, der vom Menschen Besitz ergreift[106]. Mit funkelnden Augen richtet der Fuchs den Blick auf die Träumerin, während er den Hahn zu Tode beißt[107]. Der Fuchs in ihr selbst ist fremd und feindselig, sie kann den »Fuchs-Aspekt« nicht annehmen, und so wird das Tier zum Dämon. Clarisse fürchtet, daß der Fuchs sich nun auch auf die Hühner stürzen werde und will das *Dienstmädchen* rufen, damit es die Hühner in den Stall

---

[105] Siehe auch D o e r i n g - H a r t i n g, a. a. O.
[106] G a r n e t t D a v i d, »Lady into Fox«.
[107] Über den faszinierenden Fuchsblick siehe H. D. L a w r e n c e s »Fuchsnovelle« in der Sammlung »Die Frau, die davonritt«.

treibe. Es handelt sich, wie Träumerin zu dieser Figur assoziiert, um das Hausmädchen ihrer Schwester, die als »halb irre Kranke« charakterisiert wird. Es ist das kranke Schattenbild der Träumerin selbst, die gestörte primitive Seite; sie ist, wie der Schatten in ihren früheren Träumen, abgespalten. Das Mädchen antwortet nicht, das Haus ist wie ausgestorben. Wie ein Leitmotiv schließt der Traum wieder mit dem Gefühl der Einsamkeit und Verlassenheit: »ich bin allein auf der nächtlichen Terrasse und wache auf«.

Zwischen dem 8. und 9. Traum liegt eine mehrwöchige Pause, verursacht durch unbewußten *Widerstand* gegen die analytische Arbeit. Nach den schweren aufwühlenden letzten Träumen war mit diesem Widerstand zu rechnen. Pat. muß das in der Analyse Erfahrene verarbeiten. Der Prozeß geht weiter und wird zur schöpferischen Pause. Im Gegensatz zur F r e u d schen Analyse wird dieser Widerstand als durchaus verständliche, legitime Reaktion auf die tiefgehenden Vorstöße der Träumerin in ihr Unbewußtes aufgefaßt und nicht als ein Negativum aufgelöst. Wie stark dieser Widerstand angewachsen ist, zeigen briefliche Äußerungen der Pat., wonach die seelische und nervliche Anspannung sich derart zugespitzt hat, daß sie nur mit starken Schlafmitteln zur Ruhe kommt und infolge dösiger Nachwirkungen nicht einmal Fetzen ihrer Träume zusammenbekommt. Sie ist einem »Nervenzusammenbruch« nahe. Eine innere Stimme sagt ihr, »daß dieses ganze Leben gänzlich sinnlos ist«: »ich lebe allein, ohne männlichen Gegenpol, der die Spannungen zwischen innen und außen ... mildern könnte.« – Patientin hat in der üblichen Weise diesen Zustand durch äußere Lebensumstände, die sie auch an ihrer künstlerischen Produktivität hindern, rationalisiert. Sie projiziert auf ihren Freund: »er (hat) überhaupt keine Du-Beziehung, er (ist) so absolut in sich eingekreist und so ... erstarrt und unfruchtbar geworden, so ohne Verwandlungsmöglichkeit durch dieses Nur-für-sich-dasein, daß (ich) resigniere.« Sie spricht von ihrem »Hang zum Selbstzerstörerischen« und bittet um Aufschub der Analysenstunde: »So will ich ... mein Unterbewußtes, das sehr aufgewühlt ist und von mir in keiner Weise geschont wurde, wieder etwas zur Ruhe kommen lassen. Ich hoffe, Sie werden das nicht in meiner Situation als Auskneifen ansehen. Es ist das nicht der Fall. Es reicht momentan einfach nicht die Kraft, das Seziermesser noch tiefer schneiden zu lassen. Es geht an den Lebensnerv.« Um den Aufschub der weiteren analytischen Arbeit zu erzwingen, hat sich Patientin einen Unfall »arrangiert«: Sie hat kochendes Wasser über ihre Füße gegossen und sich eine Verbrennung zweiten Grades zugezogen! So ist sie objektiv am Gehen gehindert. Als sie mit dem nachfolgenden Traum nach einigen Wochen, mit verbundenen Füßen und trotz schmerzhaften Gehens wieder erscheint, wird ihr nach kurzer Aussprache klar, daß dieser »Unfall«, wie sie ihn ähnlich niemals in ihrem Leben gehabt hat, als äußerste »unbewußt arrangierte« Abwehr, als Fehlleistung aufzufassen ist.

Die Berechtigung dieses Widerstandes wird durch den 9. Traum unterstrichen.

9. Traum:

»Ich sitze in einem völlig ausgeräumten Zimmer; es ist schmutzig, die Tapeten an den Wänden zerrissen. Das eine Fenster geht auf die Straße. Draußen regnet es in Strömen und manchmal sehe ich Menschen wie auf der Flucht vorbeijagen. Sie sind nackt. Ich sehe sie ganz deutlich, jeden einzelnen: es sind lauter häßliche, alte Körper, teilweise mit Beulen und seltsamen Auswüchsen. Ich mache die Augen zu, um sie nicht mehr zu sehen, und ich fühle eine Art von Genugtuung, daß ich allein in dieser Stube sitze und keinerlei Gemeinschaft mit all dem fliehenden Leben da draußen habe.

Da ruft mich etwas leise an. Ich hebe den Kopf und sehe meine jung verstorbene Pflegetochter vor mir stehen, die mich anlächelt. Aber sie hat den Kopf etwas krampfhaft auf die Seite gedreht wie an ihrem Sterbebett. Ich rufe sie an. Da lächelt sie noch mehr. ›Warum hast du mir nicht geholfen?‹ frage ich sie. Doch ich bewege kaum meinen Mund, ich höre kaum meine eigene Stimme. Aber sie hat mich verstanden. ›Du sträubst dich ja immer‹, sagt sie. Und sofort weiß ich, was sie meint. Ich spüre meinen Willen, der sich immer und immer durchsetzen will und nie ergeben kann. Und ich bin so trostlos, daß ich sie selbst und ihr Lächeln nicht mehr sehen mochte.

Das Bild ändert sich. Ich gehe über die Brücke, am Zoll vorbei... Nun entdecke ich, wie ich meine Umgebung genauer mustere, daß sie sich sehr seltsam verändert hat. Bis ans Zollhaus heran ist ein riesiger Graben aufgeworfen. Die Erdschollen liegen in hohen Wällen darum herum. Sofort weiß ich, daß dies ein großes Grab sein muß, das für viele Tote geschaufelt wurde. Und ich weiß auch, daß gleich das Leichenbegängnis stattfindet. Aber ich sehe keinen einzigen Menschen. Nur Tiere: Affen, die auf einem Erdwall sitzen, sich gegenseitig kraulen und Unfug machen und nach mir hin Grimassen schneiden. Und dann sehe ich einen Riesenzug mit Löwen. Sie kommen ganz langsam und gravitätisch heran, sie heben gleichmäßig die Tatzen wie im Marschschritt. Und ich fühle keinerlei Furcht, denn keiner wendet sich nach mir hin, sie schreiten an mir vorbei, als existiere ich gar nicht. Und nun lassen die Affen ihren Unfug und werden auf einmal auch feierlich. Aber wie ich den Kopf nach der Brücke hindrehe, sehe ich, wie sie zittert unter dem starken Anprall des Wassers, und auf einmal habe ich Angst, daß sie zusammenstürzt und ich nicht mehr auf das jenseitige Ufer hinübergelangen kann. Ich fange an zu laufen, die Brücke schwankt unter meinen Füßen, ich will nach Hilfe rufen – und wache auf.«

Pat. hat sich »auf das jenseitige Ufer« in ihr Unbewußtes so weit vorgewagt, daß der Rückweg gefährdet ist, da die Brücke unter ihren Füßen schwankt und unter dem starken Drucke des Wassers zusammenzustürzen droht. Wie begründet ihr Widerstand ist, geht aus diesem Bild aufs deutlichste hervor. Es müßte zunächst eine Stärkung des Bewußtseins durch Verarbeitung und Assimilation der bisherigen Traumbilder erfolgen, damit Pat. sich ungefährdet weiteren Einwirkungen ihres Unbewußten aussetzen kann. Eine besonders tiefe Wirkung muß von dem 6. Traum ausgegangen sein: ein Heraufkommen aus tiefsten archaischen Schichten war in dem Drachen-Elefanten-Traum der Pat. geschehen. Ich erinnere Pat. an die dann einsetzenden Rückschläge und bestätige ihre brieflich geäußerte Motivierung ihrer Analysen-Pause, die kein feiges Ausweichen, sondern ein vom Unbewußten diktiertes und daher für den Arzt zu berücksichtigendes Unterbrechen der analytischen Arbeit bedeutet. Aus diesem Grunde stelle ich eine Besprechung der einzelnen Punkte des vorstehenden Traumes zurück. Ich behalte mir vor, später auf diesen Traum zurückzugreifen. Um dem Leser das Verständnis für den analytischen Prozeß zu erleichtern, seien jedoch jetzt schon einige Bemerkungen angeführt. Der Traum beginnt mit der Exposition: der Ort der Handlung ist ein völlig ausgeräumtes, schmutziges Zimmer mit zerrissenen Tapeten an den Wänden. So trostlos sieht die innere Situation der Patientin aus, weil sie von den Quellen ihres Unbewußten abgespalten ist. Der strömende Regen draußen könnte befruchtend und heilsam wirken auf den krankhaften Zustand ihrer Psyche, der sich im Bild fliehender, alter, häßlicher und kranker Menschen darstellt. Aber Pat. will von dieser ihrer kranken Seele nichts wissen, sie schließt die Augen, und so flieht das Leben an ihr vorbei. – Dann wird Träumerin angerufen von ihrer verstorbenen Pflegetochter, zu der sie assoziiert: »reiner Geist, der in die Seligkeit eingegangen ist«. Es ist die ihr immanente jüngere Schwester, ihre eigene von ihr abgespaltene Gefühlsseite, die ihr den Grund ihrer Abgespaltenheit, ihren ich-haften Willen und ihr Sträuben gegen ihr Unbewußtes vor Augen führt. Aber Frau Clarisse läßt sich nicht belehren, sie »sträubt sich« weiter, ihr schwaches Ich wendet sich ab von der Pflegetochter, der Personifikation ihres weiblichen Gefühls. – Nun kommt der sie beängstigende Schlußteil des Traumes: die Brücke, die sie überschreitet, ist das von alters her bekannte Symbol des Übergangs. In früheren Jahrhunderten haben die Menschen den Symbolcharakter der Brücke real erlebt. Sie errichteten auf ihr Heiligen-Statuen (Nepomuk, Stadtheilige) und kleine Kapellen. – Jenseits der Brücke ist ihr Unbewußtes, von ihrem Ich getrennt. Hier findet sie ein vorbereitetes Massengrab. Die vorbeijagenden, deformierten Körper im ersten Teil dieses Traumes, Teilseelen ihrer Persönlichkeit, sind dem Tode geweiht. Pat. schaufelt sich ihr eigenes Grab (sie selbst nennt es das »Selbstzerstörerische« in ihr). Sie begegnet ferner wiederum Tieren, Gestalten unbewußter Funktionen: Affen und Löwen. Es käme darauf an, daß die Pat. sich in ihren Traumbildern richtig zu den Tieren einstellt oder, was auf dasselbe hinausläuft, von den Tieren in einer Weise träumt, die deren natürlicher Wesensart entspricht. Der Traum zeigt jedoch das

Gegenteil: die Löwen werden zu einer Art Zirkus-Löwen; sie erscheinen in Marsch-Dressur. So degeneriert dieses Sonnentier, dieser König der Tiere, das Symbol unbändiger Kraft und Wildheit, zu einem ungefährlichen, gezähmten Geschöpf. Der Löwe in der Patientin wird abgewertet, abgespalten, »verharmlost«. Wohl muß die durch den Löwen repräsentierte Macht, Leidenschaft, Wildheit und Kraft gebändigt und gewandelt werden. Dazu bedarf es zunächst des Erkennens und der Anerkennung dieser seelischen Funktion, des Komplexes der Macht und elementaren Leidenschaft. Auch die Affen, die dann auf einmal dieselbe feierliche Haltung annehmen, werden ihrer eigenen, wahren Natur nicht gerecht. – Es ist ihre Ich-Verkrampfung, ihr Intellekt, die sie von der angemessenen Behandlung der inneren Tierwelt abhalten. Ein langer Weg liegt vor ihr, bis die Träumerin diese Repräsentanten ihres Unbewußten als das annehmen und behandeln kann, was sie in ihrem psychischen System werden wollen; bis sie sich die Kräfte und Mächte des Unbewußten dienen lassen und die Brücke ohne Gefahr überschreiten kann.

10. Traum:
»Ich liege hinter einer Wand auf dem Boden. Der Raum, in dem ich mich befinde, ist ohne Tür, ohne Fenster. Zuerst fühlt sich die Wand hart an, doch unter meinen tastenden Fingern wird sie immer weicher, bis sich mir schließlich der Gedanke aufdrängt, daß es Zeltwand ist. Mit dem Nagel reiße ich sie auf und sehe durch den aufklaffenden Riß hindurch. Dahinter kommt wieder eine Wand, im Zwischenraum aber am Boden wimmelt es von Ameisen; wo ich nur hinsehe, nichts als Ameisen. Es hat also keinen Zweck, durch den Riß hindurchzuschlüpfen, denn dann muß ich auf die Ameisen treten. Außerdem aber kommt dahinten wieder eine Wand und es ist fraglich, ob es auch Zeltwand ist, die ich aufreißen kann. Wohl sehne ich mich heraus aus meinen Käfig, trotzdem aber bleibe ich liegen. Da sehe ich, wie durch den Riß die Ameisen hereinkriechen, direkt auf mich zu. Ich rege mich nicht, sehe jetzt auch nicht nach ihnen, aber bald spüre ich sie deutlich auf meinem Körper. Überall wuseln sie auf mir herum, am Hals entlang, in die Ohren hinein. Aber sie beißen nicht, ob-

wohl ich aufmerke und warte, daß das typische Ameisenbrennen beginnt. Aber es brennt nicht, es ist fast wohliges, belebendes Prickeln auf meinem Körper.
Ich habe immer noch meinen Kopf in meinen Armen vergraben und liege auf dem Bauch, als ich auf einmal das Gefühl habe, daß jemand neben mir liegt. Ich sehe auf die Seite, direkt in das Gesicht eines früheren Freundes. Ich wundere mich gar nicht, daß er auf einmal neben mir auftaucht, obwohl ich weiß, daß er in der Ferne unerreichbar weilt. Mit einem Blick stelle ich fest, daß es ihm gut geht, daß er nur darauf wartet, mich aus meiner Klemme zu befreien. Und ich höre ihn neben mir lachen, und es ist auch eine kleine Verlockung für mich, in dieses Lachen einzustimmen. Alle Gutheit, Tapferkeit, alle Grübeleien, jede Gewissensangst würde ich damit fortlachen. Er ist für mich die personifizierte Weltlust, aber zugleich auch die Bejahung und Entfesselung meiner dunkelsten Wünsche und Triebe. Aus dieser Erkenntnis heraus habe ich mich damals ihm entzogen. Aber auch mit einiger Bitterkeit stelle ich jetzt fest, daß ich ohne ihn in dieses dunkle Loch hineingeraten bin. Und wer hilft mir sonst heraus? Ich denke an mich, ich denke an N. Aber ich bin müde und N. ist fern. Ich weiß nicht, was ich tun soll, zu nichts kann ich mich entscheiden. Ich bleibe liegen, verberge meinen Kopf in meinen Armen und schließe die Augen. Zerschlagen wache ich auf.«

Patientin befand sich vor diesem Traum noch unter den Nachwirkungen des Widerstandes. Sie fühlte sich immer noch aufgerissen und aufgewühlt, wie »in einer umgestülpten Igelhaut. Hoffentlich wird sie bald glatt und weich«. Noch wirkt also der Schrecken nach, den die Erlebnisse »jenseits des Flusses«, in ihrem Unbewußten, ausgelöst haben, und die Angst, nicht wieder zu ihrem Ich zurückzukehren. – In diesem Traum tritt eine neue männliche Erscheinung, das Gesicht ihres früheren Freundes, auf. Über ihn berichtet Pat.: Es handelt sich »um einen langjährigen Freund, den endgültig zu »überwinden« mir sehr schwer fiel. Ich war jahrelang erotisch sehr an ihn gebunden, durch ihn ist meine zweite Ehe kaputt gegangen, und es ist sicher nur der positive, gute Teil in mir, der mich bestimmt hat, mich von ihm zu trennen. Er ist ein nur lebensgenießerischer Mensch, eine Renaissancenatur, die keinerlei Hemmungen kennt, um sich seine Wünsche zu erfüllen. Sein Einfluß war für mich ziemlich katastrophal, er hat etwas sehr Verführerisches gehabt. Nun ist er wieder aus langjähriger Versenkung aufgetaucht ... und versucht, den von mir gezogenen Trennungsstrich wieder auszulöschen. Und obwohl das nicht mehr für mich in Frage kommt, wird mir doch durch meine Träume klar, daß er immer noch nicht aufgehört hat, eine Versuchung für mich zu sein. So wie er selbst immer leichtlebig und gewissenlos um alle Schwierigkeiten und Unannehmlichkeiten herumzuschiffen versuchte, hat er auch seine jeweilige Partnerin beeinflußt. Diese Menschen ... schieben und betrügen auf Kosten der anderen.«

Als Reaktion auf den vorangehenden Traum und die sich positiv auswirkende Analyse werden die Wände ihres Käfigs weich und nachgebend wie Segeltuch. Pat. reißt die Zeltwand auf und läßt die Ameisen in ihren Käfig hereinkriechen. Sie setzt sich also dem Gewimmel und den Stichen dieser Tierwelt aus, die wohl die größte animalische Primitivität darstellt. In der physiologischen und anatomischen Struktur entsprechen sie dem entwicklungsgeschichtlich ältesten, dem Sympathikus-Nervensystem. Pat. wehrt sich zunächst nicht gegen den Überfall der Ameisen, obwohl sie mit den wie Feuer brennenden Stichen rechnen muß. Sie ist also bereit, das Feuer der Emotionalität auszuhalten, das aus der entsprechend tiefen Schicht ihres Unbewußten aufsteigt. Deutlich wird die Abspaltung im Traum dargestellt: die Ameisen befinden sich in einem von ihr abgetrennten Raum, dessen Zeltwand sie mit dem Nagel aufreißt. Das erwartete Ameisenbrennen setzt nicht ein, statt dessen ein fast wohliges, belebendes Prickeln auf ihrem Körper. Es ist aber, als ob sie weiterhin Vogelstraußpolitik treiben möchte, denn sie hält den Kopf in ihren Armen vergraben. Zu dem dann neu erscheinenden ehemaligen Freunde brauche ich nur auf die Assoziationen der Träumerin hinzuweisen und ihr ihre eigene Haltung, projiziert auf diese Animus-Figur, deutlich zu machen: die »Wendigkeit« des hysterischen Charakters, der aus Schwarz Weiß machen kann u. a. m. Wieder denkt sie an Hilfe durch eine andere Animus-Erscheinung, ihren jetzigen

Freund, dessen Krankhaftigkeit in ihren früheren Träumen illustriert worden ist. Und anstatt sich der Einwirkung aus der Tiefe auszusetzen, den Prozeß »durchzustehen«, fragt sie sich, was sie *tun* soll. Ihrer ganzen neurotischen Entwicklung widerspricht es, einmal nichts zu tun, sondern sich dem Geschehen im Unbewußten zu überlassen. Den Kopf in den Armen verborgen, mit geschlossenen Augen, wacht sie »erschlagen« auf.

11. Traum:
»Ich bin in einer Hotelhalle, in der es seltsamerweise ein Schwimmbassin gibt. Auch tummeln sich alle Gäste im Badekostüm. Es ist ein absolut leichtes, beschwingtes Leben um mich. Ich selbst liege gleichfalls im Badedreß neben einer sehr jungen Frau, die ich nicht kenne und die mich sterblich langweilt. Ich sehe zu dem Fenster hinaus, hinter dem sich dicker Nebel staut. So dick, daß man nichts von der das Haus umgebenden Landschaft sieht. Ich lege mich auf den Rücken und sehe hinauf an die Decke, die im Gegensatz zur Sicht aus den Fenstern durch ihr Glasdach hindurch den nächtlichen Sternenhimmel sichtbar werden läßt. Ich fühle mich allein und von dem Treiben um mich angeekelt und versuche, mich so in die Ruhe und Schönheit der fernen Sterne zu versenken, daß ich fast schon vergessen habe, wo ich liege. Da schiebt sich von der hohen Galerie ein Kopf in mein Blickfeld. Es ist der Freund meines letzten Traumes. Er gibt mir ein Zeichen, daß er herunterkommt. Ich erwarte ihn. Und mich über mich selbst wundernd, verabrede ich mich für den Abend mit ihm. Ich habe gänzlich vergessen, daß ich mit ihm gebrochen habe, daß Jahre vergangen sind, seit ich ihn das letzte Mal sah. Er ist jung und frisch und für mich aufgeschlossen wie in früherer Zeit. Doch als er sich umwendet, streift er die junge Dame neben mir mit einer Verächtlichkeit, als sei sie ein ›Putzlumpen‹. Und ich freue mich ein wenig, daß ich noch nicht der ›Putzlumpen‹ geworden bin. Zugleich aber ist auch schon die freudige Erwartung auf das abendliche Rendezvous, das ich verabredet hatte, geschwunden. Ich nehme mir vor, nicht hinzugehen. Und wieder ist alles leer und tot und kalt in mir.«

Das Bademotiv, das Schwimmen des ersten (Initial-) Traumes, wird wieder aufgenommen. Diesmal ist der offene, sich beängstigend erweiternde Strom zu einem Schwimmbassin geworden, d. h. zu etwas, das vom Unbewußten abgegrenzt und damit dem Bewußtsein unterworfen worden ist. Ein weiterer Fortschritt: die Patientin badet nicht mehr allein, sie liegt neben einer *jungen Frau*. Noch will sie sich allerdings mit dieser Schattenfigur nicht befassen, sie ist ihr »sterblich langweilig«! Da ihr zu dieser Traumfigur nichts einfällt (sie ist ihr gänzlich indifferent, blaß), kann ich nicht auf einzelne Qualitäten dieser Frau eingehen. Die Tatsache der Abwehr gegen das unbewußte Schattenbild hat zur Folge, daß die Träumerin »draußen« dicken Nebel feststellen muß. Die Landschaft, d. h. ihr psychischer Raum, ist umnebelt. Und da sie auch angeekelt wird durch das Treiben der Menge (ihr Kollektives), flüchtet sie sich zu den »Sternen«. Es ist ein Ahnen in ihr von den kosmischen Zusammenhängen, sie ist angezogen von der Schönheit und Ruhe des bestirnten nächtlichen Himmels. Aber ohne »das Gewicht der Erde«, ihres Kollektivs, ihres Schattens, gibt es kein verweilendes Versenken in die Sternenwelt oben: »ich fühle mich allein«! Da winkt die Hilfe. Ein Kopf »schiebt sich in mein Blickfeld«, eine Figur entsteigt ihrem Unbewußten. Es ist der Freund des letzten Traumes. Und nun regt sich das werdende Leben in Clarisse: der Mann ist jung und frisch, sie selbst verabredet sich voller Erwartung und innerer Bereitschaft. Aber siehe da, die hilfreiche Hand aus ihrer Tiefe wird zurückgewiesen. Die Träumerin, wie ihr Animus stoßen die Schattenfrau verächtlich von sich, wie »einen Putzlumpen« (ein schönes Bild für den »lumpigen« Schatten, das Aschenbrödel). Der verheißungsvolle Anlauf ist steckengeblieben, der Vorschlag des Unbewußten zur Heilung wird zurückgewiesen, »und wieder ist alles leer und tot und kalt in mir«!

12. Traum:
»N. kommt mir entgegen, zum Fasching angezogen. Sein Kostüm ist höchst bizarr – halb Mädchen, halb Vogel. Er trägt ein kurzes Schottenröckchen mit lauter Schleifen besteckt. Der Oberkörper ist flaumig und befiedert, die Arme sind gleichfalls befiedert, nur die Hände sind N.s Hände,

die sich aber an jedem Fingerende zu einer gebogenen Vogelkralle zuspitzen. Auch der Kopf ist voller Federn, man sieht nichts von der Kopfhaut, doch baumelt über dem einen Ohr gänzlich unmotiviert eine rote Haarschleife. Mund und Wangen sind geschminkt wie bei einem Mädchen. Er tänzelt um mich herum, dann wieder macht er faunhafte Sprünge, schwingt drohend seine Vogelkrallen über mir, als wolle er auf mich einhacken. Und jedes Mal, wenn ich zurückweiche, schüttet er sich aus vor Lachen. Als er mir dann vorschlägt, mich auch in einen Vogel zu verwandeln und mit ihm zu kommen, weigere ich mich. Ich habe keine Lust. Darauf verbeugt er sich mit Grandezza, lacht mich aus und rast gut gelaunt davon. Nun packt mich plötzlich der Ärger über mich selbst, daß ich ihn allein gehen ließ. Ich renne ihm nach, doch es ist Nacht um mich und nirgens finde ich eine Spur von ihm.

Das Bild ändert sich. Ich gehe in ein Wohnzimmer, das aber statt der Wände lauter Glasscheiben hat. Eine wundervolle Landschaft schaut herein. In der Ferne sind schneebedeckte Bergrücken, im Tal schlängelt sich der Rhein, und bis ans Haus heran ist kurzgeschorener, samtener Rasen und sind blühende Rosenbeete. Die Sonne scheint, im Zimmer ist es warm wie in einem Treibhaus. Der Boden hat keinen Teppich, sondern festgestampfte Erde. Wie ich aber darauf hinsehe, wimmelt es von allerhand Getier: kleine Käfer, Schnecken mit perlmutternen Häuschen auf dem Rücken, aber auch Würmer und große Schlangen ringeln sich in Knäueln. Vögel picken an milchweißen Keimen, die aus der Erde hervorschauen. Ich bin unbekleidet und lege mich auf den warmen, besonnten Boden. Ich fühle die Sonne wohlig auf meinen Rücken brennen und die Tiere unter mir kriechen.

N. kommt herein, gleichfalls unbekleidet, und zu meinem Erstaunen – er ist sonst nicht sehr tierliebend – hält er einen Riesenigel im Arm. Trotz der Stacheln streichelt er ihn und scheint Gefallen an ihm zu finden. Dann setzt er das Tier vor mich hin. Auf einmal wächst es, pumpt sich auf, wird zum Wildschwein und größer, immer größer. Nun liegt es riesenhaft, fast urweltlich vor mir, atmet gewaltig und sieht mich mit grünen, funkelnden Augen an.

Aber nicht so, als ob es mich anfallen wolle, sondern es schien ganz einverstanden mit meiner Gesellschaft. Und da ich sehe, wie N. es furchtlos anfaßt, greife ich auch nach ihm. Dann sammle ich die kleinen Schnecken, die Käfer, N. holt auch eine Schlange, und wir lassen sie auf dem Ungetüm spazieren. So liegen wir nebeneinander, N. und ich, spielen mit den Tieren und spielen dann mit uns.«

Pat. ist stark beeindruckt von diesem Traum und hält ihn für bedeutsam. Nach *Einfällen* zu der seltsamen Faun-Erscheinung gefragt, weiß sie nichts mit ihr anzufangen. Dann kommt zögernd die Bemerkung: »Zuerst sah N. meiner jüdischen Freundin ähnlich!« – Und wie würden Sie diese charakterisieren? – »Sie ist menschlich und gescheit, in ihrem Äußeren etwas grotesk.« Ferner: »Mein Freund ist stark am Körper behaart.« – Ich frage Frau Clarisse, ob ihr in Sagen und Mythen Wesen bekannt seien, die halb einen Menschen, halb ein Tier darstellen. Sie nennt einige solcher Gestalten, die dem Mann gefährlich werden können: Undine und das Meerweib in Goethes Gedicht »Der Fischer«. »Und das Tänzelnde, Spielerische der Traumerscheinung?« frage ich sie. – Pat. erinnert sich an einen der ersten Träume, ihres Spieles mit dem Hund und bemerkt dann, daß sie selbst etwas Spielerisches habe, auch in ihren erotischen Beziehungen.

Frau Clarisse hat in der Traumerscheinung eine Verdichtung ihres Schattens mit ihrem Animus vorgenommen, verschiedene seelische Funktionen sind darin projiziert: die jüdische Freundin als Schatten (das Abgewertete im Unbewußten, das im Ghetto Lebende!); die reichlich kokette Frau, geschminkt und »gänzlich unmotiviert« geschmückt durch eine rote Haarschleife – das Kokottenhafte, das im Gegensatz zu dem eher soliden Äußeren der Patientin Schatten-Eigenschaften verrät. Der gefiederte Kopf und Körper des Freundes deuten scheinbar das geflügelte Element, das Geistige, an. Wenn nicht die Vogelkrallen, die er »drohend« schwingt, »als wolle er auf mich einhacken«, den Pseudogeist, den negativen Animus-Aspekt, verrieten. Diese clownhafte Figur ist nicht die Repräsentantin des heiteren Spiels, nicht das Dionysische, der homo ludens, sondern der nefaste Animus, ihr Dämon, der sie dazu verführen will, sich in einen ähnlichen Vogel zu verwandeln, mitzumachen. Die Animus-Faszination, die die Frau zu spielerischer Erotik verführt, ihr wechselnde sexuelle Erlebnisse als attraktiv vorgaukelt, sie ihre Tiernatur spielerisch ausleben läßt.

Diesem Animus verweigert die Pat. die Gefolgschaft: sie läßt ihn allein losziehen. Ihre Absage deutet die mögliche innere Wende an, sie kann als Ahnung einer Ablösung von diesem unbewußten, sie bisher beherrschenden Prinzip, aufgefaßt werden. Und unmittelbar anschließend wie als Belohnung präsentiert der Traum ein Bild größten Reichtums durch eine herrliche Landschaft, wie sie anschaulicher als im Traumtext selber nicht zu schildern ist! Noch sieht sie dieses Bild durch Glasfenster. Aber die Sonne durchflutet das Zimmer und bewirkt eine treibhausartige Fruchtbarkeit. Jetzt kann sich auch der Freund ohne Faunverkleidung neu zu ihr gesellen und an ihrer Gemeinschaft mit den Tieren teilnehmen. Er liebt – im Gegensatz zur Wirklichkeit – all die verschiedenen Tiere und spielt mit ihnen, auch mit dem Igel, den er dann vor die Träumerin hinstellt. All das Getier – Symbol zersplitterter Seelenteile, aufgelöster Phantasien, konzentriert sich am Schluß zu einem einzigen Tier von »urweltlichem« Umfang, zu einem riesenhaft großen Wildschwein! Es ist wie der Kontrapunkt zum Ausgangsbild des Traumes, zum Faun, dessen Gegenaspekt. War der Faun, ihr Animus-Vogel, der Repräsentant des Pseudogeistes, so ist das übergroße Wildschwein derjenige des echt Erdhaften, Chthonischen in überwältigendem Ausmaß. Das Schwein war in Ägypten das Tier des Seth, des dunklen Gottes. In der Antike war es Demeter geweiht oder gehörte Hekate, der dunklen Göttin. Ein Schwein wurde (und wird noch bei manchen Primitiven) bei Totenfeiern geopfert als Gabe an die Dämonen der Unterwelt. Mit grünen, funkelnden Augen schaut es auf die Träumerin. Aber nicht feindlich ist sein Blick wie der vom Fuchs im früheren Traum, sondern das gewaltige Tier »schien ganz einverstanden mit meiner Gesellschaft«. – In harmonischem Spiel mit allen Tieren, zu denen sich noch die Schlange gesellt, schließt dieser große Traum.

Traum 13:
»Ich sitze hoch oben auf einem Berg auf einer Felsplatte.

Um mich herum ist Abgrund; ich kann mich kaum bewegen, wenn ich nicht in diesen Abgrund stürzen will. Vor mir liegt eine weite, herrliche Landschaft ausgebreitet. Ich genieße die Weite des Blicks, meine Einsamkeit, und die Begrenztheit meines Sitzes stört mich kaum. Da fällt an mir vorbei ein menschenähnlicher Affe in den Abgrund. Im Moment des Falles – er streift mich fast, so nah ist er mir – sehe ich genau seinen glatten, speckigen Nacken, die feste Feistheit seines Körpers. Unter mir ist ein Fluß, und angstvoll beuge ich mich vor, weil ich fürchte, das Tier wird in dem Fluß untersinken und ertrinken. Aber seltsamerweise fällt das Tier wie ein Gummiball auf das Wasser und treibt wie in einem Kahn auf ihm dahin, ohne Schwimmbewegung, ohne Anstrengung. Wenn er zwischendurch mit den Armen in der Luft rudert, so scheint mir das eine Gebärde höchster Lebensfreude. Und ich fühle mich in seinem Anblick, wie er auf dem Fluß dahintreibt, wohl und glücklich.«

Dieser letzte Traum gibt Anlaß, Pat. aufmerksam zu machen auf den psychischen Hintergrund ihrer Treppenangst. Der Traum zeigt Frau Clarisse »hoch oben auf einem Berg«, hart am Abgrund. Sie hat sich mit der Begrenztheit ihres Platzes und der Einsamkeit in schwindelnder Höhe fast abgefunden: ein eindringliches Bild ihrer psychischen Verstiegenheit und Isoliertheit. – Auf meine Frage, ob sie sich diese innere Situation erklären könne, fällt Frau Clarisse ein, daß sie als Kind mondsüchtig gewesen sei; bei Vollmond habe es sie auf die Terrasse gelockt. Sie sei auch heute noch in mondhellen Nächten unruhig, zumal während der Menstruation. Sodann berichtet Frau Clarisse weitere Einzelheiten ihrer Jugendentwicklung. Die Atmosphäre zu Hause ist bürgerlich-konventionell verkrampft gewesen. Die Erziehung kirchlich-katholisch, auf Verdrängung der Gefühle ausgerichtet. Diese Dressur sei so weit gegangen, daß sie als kleines Mädchen nicht weinen durfte, wenn sie gefallen war oder heftige Schmerzen hatte. Die ständige Mahnung zur Selbstdisziplin sei vom Vater ausgegangen. Selbst nicht traditionell, sondern originell und humorvoll, hat der Vater sein eigenes cholerisches, bisweilen tyrannisches Temperament in der Tochter wiedergefunden und offenbar unterdrücken wollen. »Ich habe alle väterlichen Eigenschaften mitbekommen und der Vater pflegte zu sagen: schade, daß Du eine Frau geworden bist.« So wurde ihre Gefühlsseite früh verkümmert. Das übrige tat die Klosterschule mit streng katholischer Erziehung. Das Ergebnis ist aus diesem Traumbild und aus früheren Träumen abzulesen, sowie aus dem Lebenslauf und den Symptomen. Pat. selbst bemerkt bei ihrem Bericht: »ich habe eine männliche Triebhaftigkeit geerbt.« Bei ihrer Schwester hat – eine häufige Rollenverteilung in solchem Milieu – eine totale Triebverurteilung und -verdrängung zu nonnenhaftem Leben geführt (jahrelang ohne jede körperliche Beziehung zu ihrem Ehemann!); also zum anderen Extrem, zur Verachtung des »weltlichen« Lebens der Pat. Der Hang zum »Mystischen« bei der Schwester hat Pat. bisher davon abgehalten, visionäre Bilder aus dem Unbewußten als Ausgang zur »aktiven Imagination« im Sinne von Wachträumen zu verwerten. Die Schwester sei ein so abschreckendes Beispiel für »mystische Verstiegenheiten«, daß sie seither eine unüberwindliche Abneigung gegen solche Versuche habe, obwohl sie den Wert für die Intensivierung der Analyse theoretisch bejahen könne.

Zum zweiten Teil des Traumes frage ich Pat., was ihr zu dem Menschenaffen in den Sinn kommt. Frau Clarisse: ich liebe die Tiere, nur nicht Affen. Sie sind unästhetisch und geil. – Ob sie besondere Erinnerungen an Affen habe? Ja, ihr Onkel – ein Abenteurer und Sonderling – habe in ihrer Jugend aus den Tropen Menschenaffen (Gorillas?) mitgebracht und später ausgestopft an Museen verschenkt. Seit dieser Zeit datiere bereits ihre Ablehnung gegen Affen. – »Und was bedeutet wohl die Begegnung mit dem Menschenaffen in diesem Traum?« – »Ich soll wohl zu meiner Primitivität stehen!« –

Pat. ist auf der richtigen Fährte: der Menschenaffe als Symbol der Primitivität, ihrer Triebhaftigkeit (mit Tendenzen zu Perversion), kurz, als Träger ihres Schattens. Träumerin ist bereits in einem früheren Traum (Nr. 11) Affen begegnet, jedoch ohne daß auf ihre Bedeutung näher eingegangen werden konnte. Jetzt geht es um eine wichtige Erkenntnis für die Träumerin. Der Affe zeigt ihr, was zu tun ist gegen die auf die Dauer unmögliche Lage auf der Bergspitze. Zuvor kommt er ihr so nahe, daß sie fast von ihm gestreift wird. Es geht sie also persönlich an. Dann springt er in den Abgrund. Zum Erstaunen der Träumerin kommt er heil unten an und schwimmt mit dem Zeichen »höchster Lebensfreude« dahin. Es ist also gar nicht gefährlich, sich fallen zu lassen, die psychische Verstiegenheit aufzugeben – wenn Pat. nur ihrem Schatten folgen würde. Das setzt natürlich voraus, daß sie ihn erkennt und anerkennt, »zu ihm steht«, d. h. ihn in allen inferior empfundenen Qualitäten annimmt, zu sich nimmt.

Zum Schluß erzähle ich der Pat. einiges über die psychologische Bedeutung des Menschenaffen. Der Affe gilt als Symbol des Unverschämten, Lüsternen, Eitlen, ja des Teufels selbst. Als menschenähnliches Tier, als behaarter »Vormensch« erscheint der Affe als der menschliche Schatten in Tiergestalt. Nach dem psychologischen Gesetz der Polarität bietet dieser »teuflische Schatten« zugleich alle Möglichkeiten des Göttlich-Dämonischen[108]. »Den verlorenen Dionysos ... wieder an die religiöse Welt anzuschließen« (C. G. J u n g), liegt in diesen Versuchen des Unbewußten.

Jeder Mensch hat in der Tiefe einen solchen fackeltragenden Affen, seinen Anthropoiden. Er ist das »dunkle Licht« in der Natur des Menschen, ein »Gegenspieler zum intellektuellen Licht«, – Pat. folgt mit starker Anteilnahme und findet es nun auch erklärlich, warum sie im Traum tief beglückt ist von dem Sprung des Tieres in die Tiefe und den Fluß. –

Befund und Diagnose

Nach etwa 60 Behandlungsstunden innerhalb eines halben Jahres sind einige der lästigsten Symptome verschwunden: die schwere Depression und die Selbstmordgedanken; andere sind gebessert, so die Treppenangst. Die Schlafstörungen dauern allerdings an. Das subjektive Gesamtbefinden hat sich erheblich gehoben. Pat. ist trotz Verschlechterung ihrer äußeren Lage optimistischer und trägt sich mit Plänen zur völligen Umstellung und Verbesserung ihrer Lebenslage. Die Tatsache, daß der bei Beginn der Behandlung zu befürchtende Verlust

---

[108] Siehe Abbildung eines Dämons in Affengestalt (aus dem 14. Jahrhundert) in C. G. J u n g, Psychologie und Alchemie, S. 194.

des Freundes nicht eingetreten ist, muß bei der Beurteilung mitberücksichtigt werden. Bedeutsamer ist aber, wie jeder erfahrene Psychotherapeut weiß, die aus der Übertragung resultierende psychische Entlastung und Hilfe. Dennoch dürfen wir bei zurückhaltender Wertung der eigentlichen Analysevorgänge einen erheblichen Teil dieses Anfangserfolges dem beginnenden innerseelischen Prozeß zuschreiben. Pat. hat Abstand und eine gewisse Einsicht gewonnen in die Verflechtung ihres inneren und äußeren Schicksals. Sie beginnt ihre eigene psychische Lage zu verstehen und ahnt die Wege zur Wandlung. Daraus resultiert die sich vorsichtig anbahnende Zurücknahme der Projektionen, die eines der ersten Ziele jeder Analyse sein muß. Frau Clarisse erkennt, daß nicht ein böses äußeres Schicksal ihr stets Schwierigkeiten mit dem Partner auferlegt hat. Es dämmert in ihr, daß ihre eigene, ihr bisher völlig unbewußte seelische Konstellation die Wiederholung ihrer tragischen Erfahrungen erzwungen hat (Wiederholungszwang). Über die neurotische »Verzahnung« ihrer jetzigen Beziehung, die psychologische Entsprechung im Partner, äußert sie sich selbst spontan: ich habe männliche Eigenschaften; mein Freund N. ist »eine Frau«! Noch kann sie nicht klar erkennen, welche sich entsprechenden intrapsychischen Konflikte diese Beziehung bedingen. Trotzdem setzt ein Prozeß der »Ernüchterung«, der Realitäts-Anpassung ein. Hier ist besonders die Beziehung zu der eigenen Familie zu nennen, die Pat. wirklichkeitsgetreuer zu sehen lernt. Die unbewußten Bindungen und die entsprechenden Einflüsse auf die Komplex-Bildungen können ihr in diesem ersten Stadium der Analyse naturgemäß nicht klar werden. Die prospektiven Träume, das beginnende Verständnis der Symbole und die Reaktionen der Pat. im Unbewußten (Traumgestaltungen) wie im praktischen Leben geben dieser Analyse eine gute *Prognose*. Über einen wichtigen Faktor, die *Übertragung*, läßt sich allerdings Endgültiges jetzt noch nicht sagen. Der Eindruck, wie er oben nach den ersten fünf Sitzungen erwähnt ist, hat sich verstärkt: es entwickelt sich eine positive Übertragung neben der Vertrauensbeziehung. Dazu hat auch wohl die Art der Handhabung des Widerstandes beigetragen: ihn ernst zu nehmen, indem seine Berechtigung anerkannt wird.

Typen-Einordnung. Mit Sicherheit liegt eine Inferiorität der Gefühlsfunktion vor. Das ergibt sich aus der ganzen Lebensgeschichte, besonders aber der Partnerwahl. Ferner ist zweifellos die introvertierte Seite bei der Patientin zu kurz gekommen. Soweit bisher erkennbar, ist Frau Clarisse eine *extravertierte Intuitive.* Diese Typisierung wird jedoch mit allem Vorbehalt gegeben. Bei einer weiteren Analyse sind sehr wohl Korrekturen möglich. Angesichts der Hypertrophie der Persona (zu starke Anpassung an die äußere Welt) wäre denkbar, daß die Patientin sich infolge ihres Lebensschicksals früh eine extravertierte Einstellung angeeignet hat, obwohl ihr die Introversion angeboren ist; sie wäre dann eine Pseudo-Extravertierte, in Wirklichkeit introvertiert. – Die Intuition ist ihre führende *Funktion;* das Gefühl (als rationale Funktion) kommt als Hilfsfunktion in Betracht. – Aufgabe der Analyse ist also, in erster Linie die minderwertige Introversionseinstellung und Gefühlsfunktion zur Entfaltung zu bringen.

Zur Diagnose: Es liegt eine Kernneurose vor mit folgenden Symptomen und Symptomkomplexen: Treppenangst seit der Pubertät, Depressionen und Schlaflosigkeit; Konflikte mit ihren Partnern (Ehe-Unfähigkeit); Perversionen. Alle diese Symptome und Symptomkomplexe beruhen auf einer *Kern-Neurose.* – Weder Zwangssymptome noch latent psychotische Anzeichen sind aufgetaucht. Anhaltspunkte für eine erbliche Degeneration (echte Psychopathie) sind gleichfalls nicht gegeben. – Die Diagnose erscheint gesichert aus Symptomen, Träumen und dem Verhalten der Pat. während der Analyse und im Leben.

3. Erläuterungen zu den Berichtsfällen

Es ist kein Zufall, daß ausführliche Darstellungen analytischer Behandlungen recht selten sind. Aus ärztlichen Diskretionsgründen ist entweder die Zustimmung des Patienten – auch des poliklinischen – Voraussetzung für die Publikation, oder das biographische Material muß derart abgeändert werden, daß kein Leser erraten kann, um welchen Patienten es sich handelt. In der Regel werden beide Bedingungen erfüllt werden müssen. – Analysen von Kernneurosen erfordern je nach Alter meist etwa 200 Behandlungsstunden. Die genaue Veröffentlichung des Materials würde also Bände füllen. Aber selbst bei stenographischer Wiedergabe des Gesprochenen würde Wesentliches fehlen: die »Atmosphäre«, in der die Analyse erfolgt, die subtile, begrifflich nicht faßbare Beziehung zwischen Arzt und Patient, die »Vermischung« des Unbewußten der beiden Teilnehmer des analytischen Prozesses. Trotz dieser Schwierigkeiten ist hier auf wiederholt geäußerten Wunsch der Versuch gemacht worden, die praktische Anwendung der Freudschen und Jungschen Analyse gegenüberzustellen. Wir glauben, daß bei den vorgestellten Patienten zwei Fälle von Raumangst vorliegen, für die in einem Fall die Freudsche und im anderen die Jungsche Psychologie und analytische »Technik« angezeigt sind. Es gibt einige ganz allgemeine Gesichtspunkte für die Indikation der Freudschen oder Jungschen Analyse. Zunächst das Lebensalter: die erste Patientin, Fräulein Elisabeth, ist Anfang dreißig. Das Sexualproblem ist also für diese Patientin rein altersmäßig von vordringlicher Wichtigkeit. Anders Frau Clarisse, die die Lebensmitte überschritten hat und zweimal verheiratet war. Auch für sie, wie für jede Frau, kommt es darauf an, daß sie »ehefähig« wird, aber in ganz anderem Sinne. Sie kann keine Kinder mehr erwarten und muß einem Mann in gereiftem Alter Kameradin und Gehilfin in seinem menschlichen und beruflichen Streben werden (im Idealfall eine »femme inspiratrice«). Die künstlerische Persönlichkeit und das überdurchschnittliche Niveau von Frau Clarisse läßt sie für die Jungsche Symbolik aufgeschlossen erscheinen. Bei Fräulein Elisabeth geht der Konflikt vom persönlichen, bei Frau Clarisse überwiegend vom kollektiven Unbewußten aus.

Beschäftigen wir uns zuerst mit *Fräulein Elisabeth*. Bei ihr liegt offensichtlich eine Störung der infantilen Sexualentwicklung im Sinne Freuds vor. Daraus ergibt sich eine Fixierung an die Eltern, die in diesem Fall als konkrete Ödipus-Situation angesehen werden muß. Wie oben dargelegt, liegt eine ambivalente Beziehung zu Vater und Mutter vor im Bereich des *persönlichen Unbewußten*. Insbesondere auf die Mutter werden infantile Gefühle von Haß-Liebe projiziert.

Wie im allgemeinen Teil gezeigt worden ist, gilt der unbewußte Haß bei der Agoraphobie ganz besonders der Begleitperson, der Mutter oder einer mütterlichen Figur. Im Gegensatz zu der Projektion auf die persönliche Mutter würde die J u n g sche Analyse überwiegend vom Mutter-*Archetypus* ausgehen, d. h. vom immanenten Mutterbild. Im vorliegenden Fall ist jedoch der traumatische Archetypus Mutter im Sinne der J u n g schen Psychologie, d. h. die Projektion des Archetypus auf die eigene Mutter, weniger vordringlich. Sie wird nicht eigentlich als Magna Mater, als gefährliche, alles verschlingende Mutter, als Hexe erlebt. Der Jungianer würde trotzdem auch in der Analyse von Frl. Elisabeth geneigt sein, vom Mutter-Archetypus auszugehen. Er würde z. B. hinweisen auf den Traum, in dem die Mutter der Patientin das Baby, das sie fest an sich schmiegt, vom Arm reißen will (s. S. 173). Die Mutter mache ihr das neue Leben, das in ihr Werdende, symbolisiert durch den Säugling, streitig. Der orthodoxe Freudianer hingegen würde in dem Säugling ein Penissymbol sehen, den Traum also aus dem Penisneid verstehen. – Allgemein gilt nach J u n g für den Mutterkomplex: er bewirkt eine Atrophie des Mütterlich-Weiblichen in der Frau, unter der sie unbewußt leidet und die ihr alles Mütterliche hassenswert macht. In solchen Fällen des Mutterkomplexes wird die eigene Mütterlichkeit abgeschwächt bis zur Auslöschung. Infolgedessen bleibt der Eros in dem persönlichen Leben der Patientin unbewußt. »Ein unbewußter Eros äußert sich immer als Macht.«[109] Tatsächlich muß die Patientin immer eine Reihe von Männern um sich haben, die sie durch ihre Pseudoerotik zu beherrschen versteht. Auch die wenigen asexuellen Beziehungen sind durch Macht- und Beherrschungstendenzen bestimmt.

A d l e r würde von den Machttendenzen ausgehen, von dem Geltungsdrang und Willen, die Umwelt zu beherrschen. Die »Leitlinie« der Patientin besteht in der Tat darin, eine Rolle zu spielen, »oben« zu sein, um damit ihre Insuffizienz zu kompensieren. Auch ihre Krankheit ist eine unbewußte Hilfe dabei.

---

[109] C. G. J u n g , Eranos, 1938.

Die Familienkonstellation würde nach Künkel zeigen, daß ein »Wir-Bruch« vorliegt: Patientin ist als Kleinkind »aus dem Nest gefallen«, aus der Gemeinschaft: das Ich reagiert auf die Welt draußen, symbolisiert durch die Straße, mit Todesangst, falls im späteren Leben neue, die Neurose auslösende Belastungen eintreten. – Uns scheint bei aller Würdigung der Bedeutung der Psychologie von Adler und Künkel, daß sie, allein angewendet, der Schwere der Erkrankung unserer Patientin nicht gerecht würde.

So verschieden die psychologischen Aspekte der Freud schen und Jungschen Schule, so verschieden gestaltet sich auch die *Technik* der analytischen Behandlung. Das A und O der Freudschen Analyse besteht, wie wir im allgemeinen Teil unter Analyse (Therapie) ausgeführt haben, in der Bewertung und Handhabung von *Übertragung* und *Widerstand*. Der Analytiker muß dieses Phänomen vom ersten Augenblick der Begegnung mit dem Patienten im Auge haben. Wir haben dementsprechend im Falle von Fräulein Elisabeth die Analyse wesentlich unter diesem Gesichtspunkt geführt und ihm bei unserer Beschreibung Rechnung getragen. Nicht nur die Deutung der Träume und die Mitteilung des biographischen Materials, sondern auch die Haltung der Patientin in allen Nuancen in der Analysestunde ist bestimmt durch Übertragung und Widerstand. Die wechselnde Übertragungssituation (Analytiker als Vater, Mutter, Geliebter) und die Abwehrhaltungen haben wir in der Analyse bewußt zu machen versucht. Die äußere Plazierung des Patienten während der Behandlung ist für die Übertragungsentstehung und -verwertung nicht gleichgültig. Gegenüber der »klassischen« Freudschen Anordnung (der Patient liegt vor dem Arzt auf der Chaiselongue, ohne ihn sehen zu können), halte ich in jedem Falle eine Modifikation für zweckmäßig, nach der die Patientin neben dem Arzt liegt, so daß sie ihn sehen kann. – Entsprechend der Freudschen Regel hat unsere Analysandin 4–5 Sitzungen in der Woche wahrgenommen, so daß außer dem Sonntag nur ein- bis zweimal ein analysefreier Tag entstanden ist und damit der »Prozeß« nicht zur Erstarrung gelangen konnte.

Die in vieler Beziehung abweichende Jungsche Psychologie bringt auch einen anderen Aspekt der Übertragung mit sich und eine andere Analysetechnik, wie sie im Fall der Frau Clarisse ersichtlich ist.

Zur Analyse von Frau Clarisse: Bei dieser Patientin *tritt*, wie oben schon erwähnt, das *persönliche* Unbewußte *hinter dem kollektiven zurück*. Die persönlichen Bindungen an Vater und Mutter und an die Geschwister oder an die entsprechenden Ersatzfiguren ergeben sich nicht unmittelbar aus den Träumen der Analysandin. Eine Ausnahme scheint der *Bruder* im 2. Traum zu machen. Wir glauben jedoch, daß dieser Traum auf der Subjekt- nicht auf der Objektstufe zu deuten ist: es handelt sich hier nicht um den realen Bruder, sondern um eine Symbolfigur. Wir haben in diesem Bruder die Personifikation des Animus vor uns (Animus, wie im allgemeinen Teil dieser Arbeit ausgeführt, im Sinne eines autonomen Komplexes, einer psychologischen Funktion). Diese Deutung scheint sich uns aus dem Gesamteindruck des Traumes zu ergeben: der Bruder zeigt der Träumerin den geöffneten Leib mit dem bloßgelegten Gedärm, nachdem sie im ersten Teil des Traumes dasselbe grausige Bild des bloßgelegten Darms an sich selbst erlebt hat. Am Bruder wird ihr ihre eigene verborgene Erkrankung demonstriert. Auch sein Zudecken der Wunde zeigt ihre eigene Haltung der Welt gegenüber, ihre anerzogene Disziplin, ihre hypertrophierte Persona. Der Bruder ist ihr eigener kranker Animus. – Der Freudianer würde auf Grund dieses Traumes zum realen Bruder frei assoziieren, konkrete Erlebnisse möglichst bis zur frühesten Jugend erinnern oder aus der Verdrängung hervortreten lassen, um diese analytisch anzugehen. So würde er in diesem reduktiven Verfahren wahrscheinlich zu einer mehr oder weniger gravierenden Bruderbindung gelangen. In Verbindung mit dem Vaterkomplex, der sich bereits aus dem biographischen Bericht ergibt, würde der Freudianer die Ödipussituation aufzudecken versuchen und in ihr die Hauptursache der sexuellen Konflikte annehmen. Desgleichen würde nach F r e u d das Ehepaar im 8. Traum als Deckfigur der *konkreten Eltern* der Träumerin erscheinen. Diese sind jedoch, wie das Traumehepaar, in Wirklichkeit harmonisch verbunden gewesen. Wenn sich nun vor den entsetzten Augen der Träumerin eine Ehetragödie abrollt, in der der Mann die Frau zu Boden wirft und auf ihr herumtrampelt, so würde

Freud darin frühkindliche Erlebnisse der Analysandin vermuten. Er würde auf die »Urszene« schließen, auf die Belauschung des elterlichen Coitus, bei der die Mutter in masochistischer, der Vater in einer entsprechend sadistischen Haltung erlebt worden ist.

All dieses Material müßte nach Freud in jahrelanger Analyse bei fast täglichen Behandlungen aus der Verdrängung geholt und die Entwicklungsstörungen in der konkreten Beziehung der Pat. nachgewiesen werden. Aber würde in diesem rückwärts gerichteten Verfahren, das die Ereignisse eines nun schon lange währenden Lebens aufrollen würde, der Pat. besser und schneller geholfen — abgesehen von der praktischen Unmöglichkeit einer solchen Behandlung aus äußeren zwingenden Gründen (räumliche Entfernung und Kostenfrage)? Uns scheint auch dieser letzte Traum nicht auf die konkrete Situation, nicht auf die Objektstufe zu weisen, sondern auf die Subjektstufe und das kollektive Unbewußte. Der Mann figuriert als Animus und zertrampelt das »Frauliche« in der Träumerin. Die weiteren Bilder dieses Traumes, besonders der Kampf der Tiere, bestätigen die Richtigkeit dieser Deutung. — Damit ist nicht ausgeschlossen, daß im Laufe der weiteren Analyse wichtige, die Entwicklung der Patientin bestimmende konkrete Erlebnisse einer breiteren Erörterung unterworfen würden, sollten Eltern und Geschwister in den entsprechenden Träumen und Phantasien vorkommen. In weiteren ca. 20 Stunden ist das nicht geschehen. Im Gegenteil, der Vater erscheint in einem späteren Traum mit »göttlichen« Eigenschaften ausgestattet, hoch über allem menschlichen Elend.

Es wurde also in diesem Falle nicht versucht, das gesamte frühkindliche Material mosaikartig herauszuarbeiten und die Amnesie aufzuheben. Im Sinne der Jungschen Analyse wurde mehr den *finalen, prospektiven Tendenzen des Unbewußten* nachgegangen als der kausalen Genese[110].

Die Figur des *Animus* tritt nicht nur in den beiden erwähnten Träumen auf. Sie ist auch in den meisten anderen Träumen das entscheidende Element. Von ähnlicher Bedeutung

---

[110] C. G. Jung ist in bezug auf das Prospektive der Traumarbeit Alphonse Maeder gefolgt, der sich gleichfalls 1913 von S. Freud getrennt hat.

sind die Tierbilder. Auch sie sind Schöpfungen des kollektiven Unbewußten, haben also archetypische Bedeutung. Für Frau Clarisse eindrucksvoll und therapeutisch wirksam war besonders die Bearbeitung der Traumerlebnisse mit dem Drachen (Traum 6), mit dem Affen (Traum 13) sowie mit den kämpfenden Tieren (Traum 8). Alle diese Träume bestätigten unseren Eindruck des Initialtraumes, daß nämlich in diesem Fall eine J u n g sche Analyse indiziert ist. Zur Verstärkung dieser Indikationsstellung dient der Eindruck der Gesamtpersönlichkeit der Analysandin: intuitive Künstlerin mit religiösem Streben in der Wende zur 2. Lebenshälfte.

Die Struktur der Neurose und die Differentialdiagnose bestätigen sich in den Träumen. Die Dissoziation, die Abspaltung vom Unbewußten wird evident in dem tiefen Einsamkeitserlebnis, das in den meisten Träumen von der Analysandin hervorgehoben wird. Im einzelnen sind es die Archetypen des Animus und des Schattens, die vom Bewußtsein nicht integriert worden sind und die daher teils indifferent, teils feindlich und nur in Ausnahmefällen hilfreich auftreten. Dasselbe gilt von den Tieren als Repräsentanten unbewußter Funktionen. Das Spezifische dieser hysterischen Abgespaltenheit ist der Raumkonflikt, der sich bei der Patientin als Treppenphobie manifestiert. Es ist also die psychische »Verstiegenheit«, die Spaltung zwischen Höhe und Tiefe, die die Analysandin im Traum wiederholt beschäftigt (Träume Nr. 3, 4 und vor allem Nr. 13).

Zum Schluß seien noch einige Bemerkungen zur *Technik* dieser Analyse angeführt. Im Gegensatz zu Fräulein Elisabeth sitzt Patientin dem Analytiker gegenüber, es findet eine zwanglose Aussprache statt entsprechend den Grundsätzen der J u n g schen Auffassung von Übertragung und Widerstand, wie sie im allgemeinen Teil unter Analyse (Therapie) dargelegt sind. Die in der J u n g schen Analyse übliche Zahl von etwa zwei bis drei Analysenstunden in der Woche konnte im Fall der Frau Clarisse aus äußeren zwingenden Gründen nicht eingehalten werden. Sie mußten meist in einer Hotelhalle auf halbem Weg zwischen dem Wohnsitz des Arztes und dem der Pat. stattfinden, und zwar in Abständen von durchschnittlich zwei Wochen und einer Behandlungsdauer von je etwa zwei Stunden. Das sind störende äußere Bedingungen. Ohne sie wäre diese Analyse aber überhaupt nicht durchführbar gewesen, und es erscheint als ein Vorteil der Jungschen Psychologie, daß sie so großen Spielraum läßt.

Obwohl die Träume, ihre Deutung und die Technik diese Analyse als typisch Jungsche erscheinen lassen, müssen wir darauf hinweisen, daß bisher wesentliche Ausdrucksformen des Unbewußten nicht zutage getreten sind. Wir meinen die aktive Imagination und das Zeichnen von Bildern aus dem Unbewußten. Hiergegen bestand eine Abwehr wegen des Mystizismus der religiös übersteigerten Schwester (siehe Kommentar zum Traum 13).

Der skeptische intellektuelle Leser wird mit Vorbehalten und Zweifeln dem Gang der Jungschen Analyse gefolgt sein, weil Symbole begrifflich nicht scharf umrissen werden können. Als empirische Psychologie bedient sie sich der wissenschaftlich anerkannten Methode der Beobachtung und Statistik. Auf dieselben soliden Grundlagen der statistischen Häufigkeit kann der erfahrene Psychotherapeut hinweisen, der Tausende von Traumbildern mit Symbolen aus dem kollektiven Unbewußten analysiert hat. Dem Skeptiker können wir darüber hinaus die uralte Erfahrung entgegenhalten, die in allen Kulturen mit der Wirkungskraft von Symbolen gemacht worden ist. – Die Divergenz zwischen exakter Naturwissenschaft und Geisteswissenschaft ist durch die Atomphysik überbrückt und das Kausalitätsprinzip auch und besonders auf psychologisch-anthropologische Wissenschaften nur noch beschränkt anwendbar. Die Parallelen zwischen der Jungschen analytischen Psychologie und der neueren Physik sind aus zahlreichen Publikationen evident, besonders aus dem gemeinsamen Werk von C. G. Jung und dem Physiker und Nobelpreisträger W. Pauli »Naturerklärung und Psyche«, Zürich 1952, sowie der Arbeit von Marie-Louise v. Franz »Zahl und Zeit«, Stuttgart 1970.

Abschließend muß ich den Leser um Nachsicht bitten, daß das große Gebiet der Neurosenlehre mit dem zentralen Phänomen der pathologischen Angst nur begrenzt erfaßt werden konnte und Wiederholungen zur Verständlichmachung mir zur Einführung angebracht erschienen.

Die beiden Berichtsfälle stützen sich auf die Freudsche und Jungsche Psychologie. Bei anderen Fällen von Phobien ist die Adlersche Individualpsychologie indiziert. Die von mir vertretene Synopsis der Schulen wird durch den ursprünglich von der Individualpsychologie kommenden Johannes Neumann bestätigt, der undogmatisch die Jungsche Psychologie anwendet. Er stellt einen Fall von Pruritus dar, der anscheinend auf der Grundlage starker Organminderwertigkeit ein ausgesprochen individualpsychologisch indizierter Fall zu sein schien. »Aber die betreffende Patientin setzte sofort mit einer über 180 Träume umfassenden Traumserie rein archetypischer Symbole an, die ausschließlich mit Kenntnis der komplexen Psychologie Jungs bearbeitet werden konnte. Das Ganze der Seele bedarf sowohl der Perspektive der Naturhaftigkeit wie der sozialen Bedingtheit wie der seelischen archetypischen Tiefe, aber sie bedarf nicht minder des metaphysischen Aspektes. Wir werden bescheiden werden müssen; die Seele ist wie ein kostbarer Edelstein, der geschliffen wird. Jede Schule schleift eine Facette. Sehen wir zu, daß wir alle Facetten in den Blick kriegen. So wird die eingangs vorgeschlagene Verbindung der Schulen unter voller Erhaltung der Substanz und ohne verwaschene Vermischung unter dem Gesichtspunkt der Facette uns zu einem Gemeinschaftsgefühl untereinander bringen.«[111]

---

[111] In: Zeitschr. f. Psycho-somatische Medizin, 2. Vierteljahresheft 1963, S. 114/5.

Studienausgaben

JOHN BOWLBY
Bindung
Eine Analyse der Mutter-Kind-Beziehung
382 Seiten

L. BRYCE BOYER
Psychoanalytische Behandlung Schizophrener
ca. 200 Seiten (erscheint Februar '76)

ANNA FREUD
Das Ich und die Abwehrmechanismen
184 Seiten

EDRITA FRIED
Der intensive Mensch
264 Seiten

H. GOETZE/W. JAEDE
Die nicht-direktive Spieltherapie
220 Seiten

IWAN PETROWITSCH PAWLOW
Die bedingten Reflexe
248 Seiten

JOSEF RATTNER
Psychoanalyse und Gruppenpsychotherapie der Angst
196 Seiten

CARL R. ROGERS
Die nicht-direktive Beratung
(Counseling and Psychotherapy)
360 Seiten

CARL R. ROGERS
Die klient-bezogene Gesprächstherapie
(Client-Centered Therapy)
474 Seiten

H. F. SEARLES
Der psychoanalytische Beitrag zur Schizophrenieforschung
(Collected Papers on Schizophrenia and Related Subjects)
276 Seiten

B. F. SKINNER
Wissenschaft und menschliches Verhalten
(Science and Human Behavior)
428 Seiten

B. F. SKINNER
Die Funktion der Verstärkung in der Verhaltenswissenschaft
(Contingencies of Reinforcement)

D. W. WINNICOTT
Die therapeutische Arbeit mit Kindern
(Therapeutic Consultations in Child Psychiatry)
326 Seiten mit 351 Zeichnungen

verlegt bei Kindler

Psyche des Kindes

Herausgegeben von Dr. Dr. Jochen Stork

BRUNO BETTELHEIM
Die symbolischen Wunden
Pubertätsriten und der Neid des Mannes
256 Seiten, Paperback

JULIEN BIGRAS
Gute Mutter — Böse Mutter
Das Bild des Kindes von der Mutter
216 Seiten, Paperback

EDWARD DE BONO
Kinderlogik löst Probleme
224 Seiten, Paperback

MELANIE KLEIN/JOAN RIVIERE
Seelische Urkonflikte
Liebe, Haß und Schuldgefühl
156 Seiten, Paperback

MELANIE KLEIN
Der Fall Richard
Das vollständige Protokoll einer Kinderanalyse
durchgeführt von Melanie Klein
700 Seiten, Paperback

HANNA SEGAL
Melanie Klein
Eine Einführung in ihr Werk
180 Seiten, Paperback

DANIEL WIDLÖCHER
Was eine Kinderzeichnung verrät
Methode und Beispiele psychoanalytischer Deutung
244 Seiten, Paperback

D. W. WINNICOTT
Reifungsprozesse und fördernde Umwelt
(Maturational Processes and Facilitating Environment)
376 Seiten, Paperback

D. W. WINNICOTT
Von der Kinderheilkunde zur Psychoanalyse
304 Seiten (erscheint April '76)

---

verlegt bei Kindler